BITEF (Hrsg.)

**Intensivschulung
Lotus 1-2-3
Version 3**

BITEF (HRSG.)

INTENSIV-SCHULUNG-LOTUS 1-2-3
VERSION 3

Erarbeitet von Werner Peters und Heidi Raddatz-Löffler

CIP-Titelaufnahme der Deutschen Bibliothek

Peters, Werner:
Intensivschulung LOTUS 1-2-3 Version 3 /
erarb. von Werner Peters u. Heidi Raddatz-
Löffler. BITEF (Hrsg.). – Braunschweig;
Wiesbaden: Vieweg, 1990

ISBN-13: 978-3-528-04745-0   e-ISBN-13: 978-3-322-83902-2
DOI: 10.1007/978-3-322-83902-2

NE: Raddatz-Löffler, Heidi:

Das in diesem Buch enthaltene Programm-Material ist mit keiner Verpflichtung oder Garantie irgend-
einer Art verbunden. Der Herausgeber, die Bearbeiter und der Verlag übernehmen infolgedessen keine
Verantwortung und werden keine daraus folgende oder sonstige Haftung übernehmen, die auf irgendeine Art aus der Benutzung dieses Programm-Materials oder Teilen davon entsteht.

Der Verlag Vieweg ist ein Unternehmen der Verlagsgruppe Bertelsmann International.

Entwurf: Schrimpf & Partner, Wiesbaden

VORWORT

Das vorliegende Buch richtet sich an alle, die in Ausbildung oder Beruf zur Aufgabe haben, Daten und Informationen tabellarisch zu erfassen, Berechnungen und Auswertungen durchzuführen, Datenbestände zu verwalten und grafische Präsentationen des Datenmaterials aufzubereiten. Ziel dieses Buches ist es, dem Leser einen sicheren und geübten Umgang mit den Hauptfunktionen von LOTUS 1-2-3 zu vermitteln, um dieses Anwenderprogramm als Werkzeug effektiv für aktuelle wie zukünftige Aufgaben einsetzen zu können.

- *Anfängern gibt dieses Buch einen soliden, in kurzer Zeit zu bewältigenden Einstieg in das Programm.*

- *LOTUS-Anwender, die sich mit den Neuerungen der Version 3.0 vertraut machen wollen, finden alle wesentlichen Erweiterungen in fachlichen Zusammenhängen vorgestellt.*

- *Darüber hinaus werden fortgeschrittene Techniken erläutert und geübt, deren Einsatz der Lösung komplexer fachlicher Fragestellungen dient.*

Langjährige praktische Erfahrungen im Bereich der Aus- und Weiterbildung - speziell auf dem Gebiet der EDV-Schulungen - bestimmen das didaktische Konzept des Buches. Zum Selbststudium eignet es sich ebenso wie als begleitende Schulungsunterlage in Seminaren. Die *praxisbezogenen Fallbeispiele* wurden auf der Grundlage enger Zusammenarbeit mit professionellen LOTUS-Anwendern entwickelt und leiten den Nutzer von der einfachen Datenerfassung und -berechnung, über grafische Präsentationen der Daten, Kombinationen von Tabellen hin zu komplexen Auswertungen unter Einsatz von Datenbankfunktionen. Anhand fachlicher Aufgabenstellungen werden alle wesentlichen Befehle des Programms schrittweise entwickelt und das gesamte praxisrelevante Anwendungsspektrum von LOTUS 1-2-3 erarbeitet. Dieses exemplarische Lernen ermöglicht, neu erworbenes Wissen auf individuelle Aufgabenstellungen zu übertragen.

Es wurde Wert darauf gelegt, nicht den gesamten Befehlsvorrat und Funktionsumfang von 1-2-3 einfach aufzulisten. Unsere Schulungserfahrungen bestätigen, daß nicht allein die Kenntnis der Befehlsfolgen, sondern darüberhinaus das Begreifen von Zusammenhängen zum flexiblen, kenntnisreichen Einsatz des Programms befähigt. Anwender, deren Ansprüche über eine normale Programmeinführung hinausgehen, finden in der *Intensivschulung* LOTUS 1-2-3, Version 3.0 ein bewährtes Hilfsmittel.

1-2-3 zählt zu den Standardsoftware-Paketen, mit integriertem Grafik- und Datenbankteil. 1-2-3 ist so ausgelegt, daß es in verschiedenen Bereichen für unterschiedliche Aufgabenstellungen eingesetzt werden kann. Als *Tabellenkalkulationsprogramm* dient es dem Sammeln, Analysieren, Auswerten und Präsentieren von Daten und Informationen. Ob betrieblicher Soll-Ist-Vergleich, Finanzplanung, Vertriebsanalysen, Kalkulationen oder Trendberechnungen - für diese und weitere Problemstellungen ist 1-2-3 einsetzbar. Mit Hilfe des *Grafikprogramms* besteht die Möglichkeit, Balken-, gestaffelte Balken-, Linien-, XY-, Aktien-, Kreis- und Mischdiagramme zu erstellen. Der *Datenbankbereich* ermöglicht die Verwaltung, Pflege und das Sortieren von Datensätzen, sowie einfache statistische Auswertungen.

Im Gegensatz zu Individualsoftware, die auf spezielle Anforderungen hin eigens entwickelt wurde, verlangt Standardsoftware vom Anwender gezielte Überlegungen darüber, für welche Problemstellungen das Programm als effektives Werkzeug eingesetzt werden soll. Voraussetzung dafür, Aufgabenstellungen mit 1-2-3 adäquat zu lösen, ist die sichere Kenntnis seiner vielfältigen Möglichkeiten und Funktionen. Dazu soll dieses Buch verhelfen.

Hinweise zum Arbeiten mit dem Buch

Ohne eigene Übungen wird sich der Lernerfolg nicht einstellen. Insbesondere in Bezug auf Computer-Anwenderprogramme bestätigt sich diese Erfahrung immer wieder. Das vorliegende Buch kommt Ihnen in dieser Hinsicht besonders entgegen:

-   Die vorgestellten Beispiele in den einzelnen Kapiteln sind so beschrieben, daß sie unmittelbar am Computer nachzuvollziehen sind. *Musterlösungen* für alle entscheidenden Lernschritte finden Sie auf der beigefügten Übungsdiskette.

- Am Ende eines jeden Kapitels finden Sie diejenigen Befehle und Funktionen, mit deren Einsatz Sie vertraut gemacht wurden, vollständig und übersichtlich aufgelistet.

- Für *selbständige Übungen* stehen Ihnen nach Abschluß wichtiger Lernschritte Aufgaben mit Musterlösungen zur Verfügung. Die Beispiele orientieren sich in ihrem Schwierigkeitsgrad am bisher erreichten Kenntnisstand. Der Vorteil für Sie: Je nach Bedarf können Sie zur Wiederholung oder Vertiefung des Gelernten auf ein Übungsbeispiel zurückgreifen, das Ihrem jeweiligen Wissensstand angemessen ist. Auch diese Übungen sind einschließlich ihrer Lösungen auf der beigefügten Übungsdiskette gespeichert.

Im Buch verwendete Tastenbezeichnungen	IBM PC	IBM-MF
<Pfeiltaste rechts>	→	→
<Pfeiltaste links>	←	←
<Pfeiltaste oben>	↑	↑
<Pfeiltaste unten>	↓	↓
<Bild oben>	PgUp	Bild↑
<Bild unten>	PgDn	Bild↓
<Pos1>	Home	Pos1
<Ende>	End	Ende
<Return>	↵	↵
<Tab>	⇤	⇤
	⇥	⇥
<Esc>	Esc	Esc
<Leertaste>		
<Rücktaste>	←	←
<Strg>	Ctrl	Strg
<Umschalt>	⇧	⇧
<Alt>	Alt	Alt
<Entf>	Del	Entf
<Einfg>	Ins	Einfg

Übersicht: Tastenbelegung

-   Die Tastenbezeichnungen orientieren sich an der deutschen IBM-MF-Tastatur. Die folgende Abbildung gibt Ihnen eine Übersicht über IBM-Standardtastaturen und die im Buch gewählten Tasten-Bezeichnungen.

-   Die beschriebenen Verfahren beziehen sich auf LOTUS 1-2-3 Anwendungen, Version 3, unter dem Betriebssystem DOS.

-   Solange nur mit einem aktiven Arbeitsblatt gearbeitet wird, wird in den Bereichsangaben der Übungen die Arbeitsblattbezeichnung A: nicht immer ausdrücklich genannt. Es werden dann lediglich die Bereichsadressen (A1..A1) innerhalb des Arbeitsblattes angegeben.

INHALTSVERZEICHNIS

1 EINFÜHRUNG IN LOTUS 1-2-3

Das erste Kapitel

- *gibt Hinweise zu notwendigen Hardware- und Betriebssystemvoraussetzungen sowie zur Installation des Programms;*

- *erläutert den Umgang mit dem Startmenü und zeigt, wie das Anwenderprogramm LOTUS 1-2-3 gestartet und wieder verlassen wird;*

- *gibt einen Überblick über den Aufbau des elektronischen Arbeitsblattes und erklärt die wichtigsten Datentypen, ferner die Eingabe, Korrektur und das Löschen von Texten, Zahlen und Formeln;*

- *beschreibt die Handhabung des Befehlsmenüs, die Abfolge der Befehlsauswahl und die Auswahl von Arbeitsblattbereichen;*

- *gibt an, wie die HILFE-Einrichtung genutzt werden kann.*

1.1 Die Voraussetzungen schaffen

Bevor Sie beginnen, 1-2-3 als Werkzeug zur Lösung Ihrer fachlichen Aufgaben einzusetzen, müssen Sie zunächst die Voraussetzungen dafür schaffen. Unumgänglich ist, das Programm richtig zu installieren; d.h. Geräte (Hardware) und Programm (Software) aufeinander abzustimmen, sie anzupassen. Aus diesem Grunde sollten Sie sich vorher informieren über Fabrikat und Typ Ihres Computers, des angeschlossenen Bildschirms sowie des Druckers.

Die folgenden Abschnitte leisten Ihnen dabei Hilfestellung, die für die Anwendung von 1-2-3 richtigen Einstellungen vorzunehmen.

1.1.1   Technische Bezugspunkte

Ein Computer-System zu konfigurieren heißt, die verschiedenen hard- und softwareseitigen Komponenten (Zentraleinheit, Betriebssystem, Anwenderprogramm, Bildschirm, Drucker) aufeinander abzustimmen und die Kapazität des Systems (der internen und externen Speicher zum Beispiel) den Anforderungen entsprechend auszulegen.

Für den Einsatz von 1-2-3 Version 3.0 gilt:

- Das Programm ist lauffähig auf IBM PC und PS/2-Computern und allen kompatiblen Rechnern mit 80286- bzw. 80386-Prozessoren. Als Gerätestandard ist eine Festplatte erforderlich.

- 1-2-3 kann unter dem Betriebssystem DOS (ab Version 3.0) und unter OS/2 (Version 1.0 und 1.1) eingesetzt werden.

- Die Mindestkapazität des verfügbaren Arbeitsspeichers muß 1 MB RAM für die unter dem Betriebssystem DOS laufende Version betragen. Dabei müssen die über den Standardspeicher von 640 KB hinausgehenden 384 KB unbedingt als Zusatzspeicher konfiguriert sein. Informieren Sie sich bei Ihrem PC-Händler. Für die OS/2 Version liegt die Mindestkapazität des Arbeitsspeichers bei 3 MB RAM , empfohlen werden jedoch 4 MB.

Die Abstimmung der einzelnen Computer-Bestandteile übernimmt bei Anwenderprogrammen ein sogenanntes Installationsprogramm. Dieses Programm sorgt dafür, daß sich Ihre Geräte und Programme wechselseitig "verstehen".

1.1.2   1-2-3 installieren

Um mit 1-2-3 arbeiten zu können, müssen Sie das Programm auf der Festplatte Ihres Computers installieren. Das dafür erforderliche Installationsprogramm befindet sich auf der mitgelieferten INSTALL-Diskette. Dieses Programm führt Sie bei der Installation Schritt für Schritt im Dialog. Sie sollten sich jedoch schon vor Beginn der Installation über verschiedene Informationen im Klaren sein, deren Eingabe während der Installation von Ihnen verlangt wird.

So sollten Sie kennen:

- was als Name und/oder Firmenname eingegeben werden soll; diese Eingabe darf zweimal 30 Zeichen enthalten und ist unwiderruflich: sie kann nicht mehr abgeändert werden und wird nach jedem Programmaufruf eingeblendet

- den Buchstaben des Festplattenlaufwerks, auf dem 1-2-3 gespeichert werden soll (in der Regel C)

- das Verzeichnis, in dem Sie die Programmdateien ablegen wollen. Hier schlägt das Installationsprogramm das Verzeichnis 123V3 vor, das Sie möglichst übernehmen sollten. Auch für Anwender, die bereits mit früheren 1-2-3 Versionen gearbeitet haben, empfiehlt sich die Einrichtung eines neuen Verzeichnisses für die neue Version.

- die von Ihnen verwandte Ausrüstung; Sie sollten wissen, welche Bildschirmkarte Sie benutzen und mit welchen Druckermodellen und -typen Sie arbeiten wollen.

Darüberhinaus benötigen Sie zur Installation:

- die 1-2-3 Systemdiskette, auf der sich die Arbeitsblatt-, Grafik- und Datenbankprogramme befinden;

- die Treiber-Diskette, auf der sich Treibersätze befinden. Nachdem Sie im Rahmen des Install-Programms Angaben zu der von Ihnen verwandten Ausrüstung gemacht haben, wählt 1-2-3 die für Sie erforderlichen Treibersätze aus und speichert sie in einer Treiber-Konfigurationsdatei.

- die Font-Diskette, die Schriftarten enthält; 1-2-3 wird nur diejenigen Fonts auf die Festplatte übertragen, die auf den zuvor ausgewählten Druckermodellen verfügbar sind.

Es wird empfohlen, zunächst die Installation durchzuführen und erst anschließend eine Sicherungskopie der Originaldisketten zu ziehen. Verwahren Sie die Kopien sowie die Originaldisketten an einem gesicherten Ort, möglichst entfernt von elektrischen Geräten.

Bevor Sie von Laufwerk A aus mit der eigentlichen Installation von 1-2-3 unter Einsatz des Installationsprogramms beginnen, sollten Sie einen Blick in zwei wichtige Betriebssystemdateien werfen und diese nötigenfalls entsprechend den Erfordernissen der Version 3.0 verändern. Es handelt sich um die Dateien CONFIG.SYS und AUTOEXEC.BAT.

- Die Datei CONFIG.SYS muß folgende Anweisungen enthalten:

>   Buffers=20 (oder mehr)
>   Files=20 (oder mehr)

Eine geringere Anzahl von Files und Buffers führt zu Fehlern bei der Arbeit mit mehreren Dateien und im Grafikbereich.

- Eine PATH-Anweisung in der Datei AUTOEXEC.BAT muß identisch sein mit dem Pfad, unter dem Sie 1-2-3 mit Hilfe des Installationsprogramms auf die Festplatte kopieren. LOTUS schlägt als Verzeichnis vor: 123V3. Die in die Datei AUTOEXEC.BAT einzutragende PATH-Anweisung würde dann lauten:

>   PATH=C:\;C\DOS\;C:\123V3

Sollten Sie einen Bildschirm einsetzen, auf dem Farben als Schattierung angezeigt werden -wie bei einem Plasmabildschirm-, muß die Datei AUTOEXEC.BAT zudem noch folgende Anweisung bekommen:

>   SET 123CPBW=Yes.

Falls Sie Verständnisschwierigkeiten bei der Ergänzung der beiden Dateien haben, informieren Sie sich bitte in Ihrem DOS-Handbuch. Die Ergänzungen können Sie mit einem Texteditor vornehmen.

Nach diesen Vorbereitungen können Sie mit der Installation von 1-2-3 Version 3 beginnen.

Legen Sie die Installationsdiskette in Laufwerk A und rufen das Programm mit INSTALL auf.

>   A>INSTALL   *<Return>*

Das Programm selbst leitet Sie im Dialog durch die Installation.

1.1.3 Aufruf des Programms und Umgang mit dem Startmenü

Wenn Sie die Installation beendet haben und in der AUTOEXEC.BAT den entsprechenden Pfad eingegeben haben, starten Sie 1-2-3 mit dem Aufruf *LOTUS*.

Ohne Pfadangabe in der AUTOEXEC.BAT wechseln Sie vom Laufwerk A zur Festplatte C.
A>*C: <Return>*

Dann wechseln Sie mit dem DOS-Befehl "change directory" (cd) vom Hauptverzeichnis der Festplatte in das Unterverzeichnis 123V3, in dem die Programmdateien gespeichert sind.
C>*cd* 123V3*<Return>*

Auf dieser Ebene rufen Sie 1-2-3 auf mit *LOTUS*.
C:\123V3>*LOTUS   <Return>*

Daraufhin wird Ihnen der 1-2-3 Startbildschirm eingeblendet.

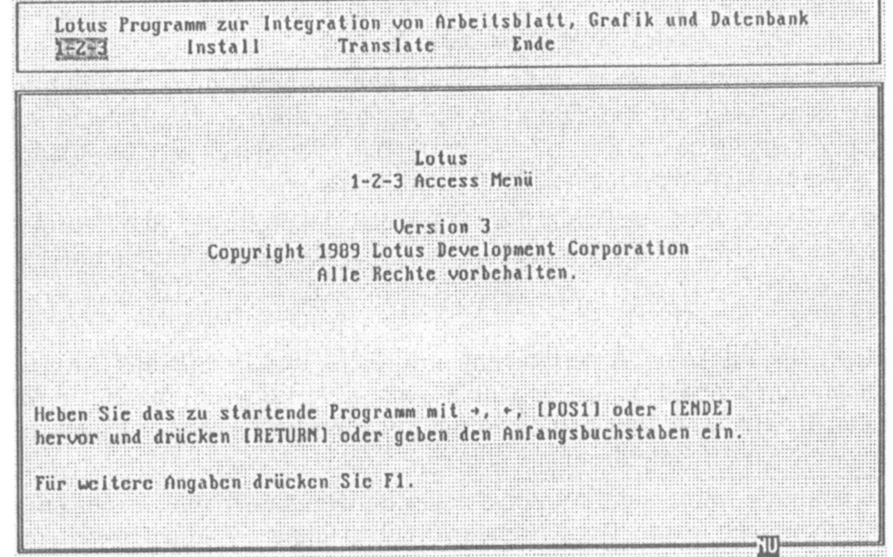

Abb. 1-1: Start- oder Access-Menü von LOTUS 1-2-3

Im oberen Teil dieses Bildschirms sehen Sie eine Leiste mit dem Start- oder Accessmenü von 1-2-3. Um einen der angezeigten Menüpunkte aufzurufen, muß dieser zunächst ausgewählt werden. Das kann auf unterschiedliche Art erfolgen:

-   der gewünschte Befehl wird markiert und mit der *<Return>*-Taste bestätigt. Die Markierung erfolgt mit Hilfe der *<Pfeiltaste rechts>* bzw. der *<Pfeiltaste links>* oder der *<Leertaste>*. Mit den Tasten *<Ende>* und *<Pos1>* wird direkt der letzte bzw. der erste Befehl erreicht.

-   Jeder Befehl kann durch Eingabe des Anfangszeichens ausgelöst werden.

Die Methode, Befehle erst zu markieren und dann zu bestätigen, eignet sich insbesondere für Einsteiger, da 1-2-3 für den jeweils markierten Menüpunkt einen erklärenden Kommentar einblendet. Mit mehr Übung wird man die zweite, schnellere Methode vorziehen.

Mit dem Befehl *1-2-3* starten Sie das Programm, in dem Arbeitsblatt, Grafik und Datenbank integriert sind.

Der *Install-Befehl* ermöglicht nachträgliche Installationsänderungen oder Erweiterungen bezüglich der Druckertreiber und Bildschirmadapter sowie eine Änderung der landesspezifischen Vorgaben.

Die Anwahl von *Translate* bewirkt - jedoch nur, wenn Sie diese Anwendung bei der Installation auf die Festplatte übertragen haben -, daß Dateien aus anderen Programmen in das 1-2-3-Dateiformat "übersetzt" werden können bzw. 1-2-3-Dateien in Formate anderer Programme.

Mit dem Befehl *Ende* verlassen Sie 1-2-3 und gelangen auf der Betriebssystemebene wieder in das Verzeichnis, von dem aus Sie das Programm aufgerufen hatten.

Beginnen Sie nun eine Arbeitssitzung mit 1-2-3, indem Sie das Arbeitsprogramm durch Auslösen des Befehls *1-2-3* starten. Entweder markieren Sie dazu den Befehl *1-2-3* und bestätigen ihn mit *<Return>* oder Sie geben das Anfangszeichen des Befehls, eine *1* ein.

Es erscheint ein Impressum mit Angabe der Seriennummer Ihrer lizensierten Programmausgabe sowie Ihres Namens/Firmennamens . Dieses Impressum macht jedoch nach einigen Sekunden automatisch dem Arbeitsblatt-Bildschirm Platz.

HINWEIS:
>   Um schneller in das Arbeitsblatt zu gelangen, können Sie das Programm unter Umgehung des Startmenüs direkt mit *123* starten.

1.2 Bildschirm, Zellzeigersteuerung und Menüaufruf

1.2.1 Der Bildschirm

Das Arbeitsblatt

Auf dem Bildschirm sehen Sie den Ausschnitt eines elektronischen Arbeitsblattes. Statt "Arbeitsblatt" werden auch die Namen "WORKSHEET" oder "SPREADSHEET" verwendet, gemeint ist das Gleiche. Von Ausschnitt des Arbeitsblattes ist die Rede, weil nur ein Teil des verfügbaren Raumes auf dem Bildschirm sichtbar ist, nämlich standardmäßig 8 Spalten (A..H) und 20 Zeilen. Das gesamte 1-2-3-Arbeitsblatt besteht aus insgesamt 8192 Zeilen und 256 Spalten. Die Spalten sind am oberen Bildschirmrand durch Buchstaben in alphabetischer Reihenfolge gekennzeichnet, die Zeilen am linken Bildschirmrand durchnumeriert.

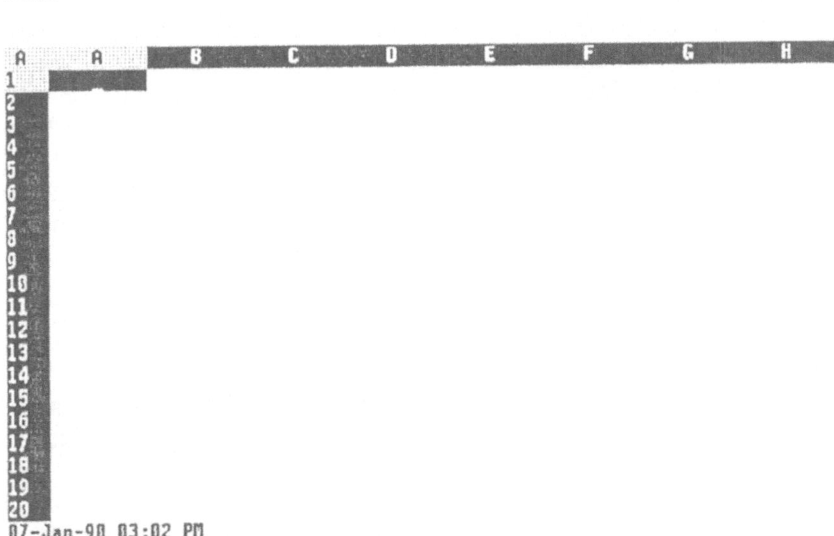

Abb. 1-2: Arbeitsblatt-Bildschirm (ohne Menü)

Die kleinste Einheit des Arbeitsblattes wird als Zelle bezeichnet und läßt sich durch je einen Spaltentitel und eine Zeilennummer (z.B C6) räumlich zuordnen. Man spricht in diesem Zusammenhang von Zelladressen. Mit Hilfe dieser Zelladressen läßt sich jede einzelne Zelle ansprechen. Zum Beispiel befindet sich der leuchtende Zellzeiger augenblicklich in der obersten linken Ecke des Arbeitsblattes. Präziser läßt sich die Position des Zellzeigers angeben mit A1, d.h. er befindet sich im Schnittpunkt der ersten Spalte mit der ersten Zeile, in der aktuellen Zelle A1.

Vermerkt wird die Adresse der aktiven Zelle, d.h derjenigen Zelle, auf der sich der Zellzeiger befindet, im Bedienfeld am oberen linken Rand des Bildschirms. Wenn Sie den Zellzeiger mit der *<Pfeiltaste rechts>* in die nächste Zelle nach rechts bewegen, ändert sich automatisch die Zelladresse von A1 in B1, bewegen Sie ihn dann mit der *<Pfeiltaste unten>* um eine Zelle tiefer, wird die Adresse B2 angezeigt. Der Buchstabe A vor der Zelladresse (A:B2) bedeutet, daß sich die Zelle im ersten Arbeitsblatt befindet. Diese Information wird dann von Wichtigkeit, wenn wir dazu übergehen mit mehreren Arbeitsblättern zu arbeiten.

Die Modus-Anzeige

Außerhalb des Arbeitsblattes bemerken Sie in der oberen rechten Ecke des Bildschirms ein hell unterlegtes Rechteck mit der Anzeige "BEREIT". Dabei handelt es sich um die Modus-Anzeige von 1-2-3. Im Bereit-Modus können Sie Daten im Arbeitsblatt eingeben. Wenn es sich um Texte handeln sollte, wird in der Modus-Anzeige die Bezeichnung "Label" stehen, der zu entnehmen ist, daß 1-2-3 die Eingabe als Text verarbeitet. Längere Rechenoperationen oder die Ausführung von Befehlen werden die Anzeige "Warten" zur Folge haben. Und der Aufruf des Menüs wird von der Modus-Anzeige "Menü" begleitet. In jedem Fall gibt die Modus-Anzeige immer zu erkennen, welche Art von Operationen aktuell durchgeführt wird.

Datum und Uhrzeit

In der linken unteren Ecke des Bildschirms zeigt 1-2-3 das aktuelle Datum und die Uhrzeit an. Standardmäßig erfolgt das in dem angelsächsischen Format TT-MMM-JJ für das Datum und SS:MM PM/AM für die Uhrzeit. Die Datums- und Uhrzeit-Anzeige kann ganz ausgeblendet, auf ein alternatives Format umgestellt oder durch den Namen der aktuellen Datei ersetzt werden.

1.2.2   Zellzeigersteuerung

Wie Sie bereits gesehen haben, hebt der Zellzeiger die aktuelle Zelle hervor.
Über die Tastatur können Sie den Zellzeiger mit Hilfe der Pfeiltasten steuern.

__Bewegen des Zellzeigers um jeweils eine Zelle__

<Pfeiltaste rechts>	Zellzeiger um ein Zelle nach rechts bewegen
<Pfeiltaste links>	Zellzeiger um ein Zelle nach links bewegen
<Pfeiltaste oben>	Zellzeiger um ein Zelle nach oben bewegen
<Pfeiltaste unten>	Zellzeiger um ein Zelle nach unten bewegen

Bewegen Sie jetzt einmal den Zellzeiger nach rechts , bis er in der Spalte H
steht (Zelle H1). Beobachten Sie, was passiert, wenn Sie den Zellzeiger weiter
nach rechts bewegen. Der Zellzeiger bleibt weiterhin sichtbar, während sich
die Spaltentitel des Bildschirmausschnitts verschieben. Wenn Sie den Zellzeiger zum unteren Rand des Bildschirm bewegen, zum Beispiel zur Zelle
G27, verschieben sich die Ausschnitt-Zeilen entsprechend.

Wenn Sie später in der Praxis mit längeren Tabellen arbeiten, sollten Sie
effektivere Techniken der Zellzeiger-Steuerung einsetzen. So können Sie zum
Beispiel den Bildschirm um jeweils eine Seite weiterblättern.

__Bewegen des Zellzeigers um jeweils eine Bildschirmseite__

<Strg>+<Pfeiltaste rechts>	Ausschnitt um 1 Bildschirmseite nach rechts verschieben
<Strg>+<Pfeiltaste links> oder *<Umschalt>+<Tab>*	Ausschnitt um 1 Bildschirmseite nach links verschieben
<Bild oben>	Ausschnitt um 1 Bildschirmseite nach oben verschieben
<Bild unten>	Ausschnitt um 1 Bildschirmseite nach unten verschieben

Von besonderer Bedeutung für die Steuerung des Zellzeigers sind die Tasten
bzw. Tastenkombinationen:

> *<Pos1>*
> Mit *<Pos1>* kehrt der Zellzeiger, unabhängig davon, in welcher Zelle er
> steht, sofort zu Ausgangzelle A1 zurück.
> *<Ende> + <Pos1>*
> Mit dieser Tastenkombination bewegen Sie den Zellzeiger auf die
> unterste Zelle des Arbeitsblattes, in der eine Eingabe erfolgt ist
> GEHEZU-Funktionstaste *<F5>*
> Mit *<F5>* springt der Zellzeiger zur eingegebenen Zelladresse, sobald
> diese mit *<Return>* bestätigt wird.

1.2.3   Aufruf des Hauptmenüs und Verlassen des Programms

Um 1-2-3 zu veranlassen, unterschiedlichste Rechen-, Format- und System-
operationen durchzuführen, steht ein umfangreicher Befehlsvorrat zur Verfügung. Dieser wird -wie Sie beim Startbildschirm des Programms bereits
kennengelernt haben- in Form eines Menüs angeboten, dessen einzelnen
Punkten Untermenüs oder weitere Optionen zugeordnet sein können.

Das Menü rufen Sie auf, entweder
>   mit dem Schrägstrich / (*<Umschalt>+<7>*)
>   oder
>   mit der *<-Taste* (kleiner als).

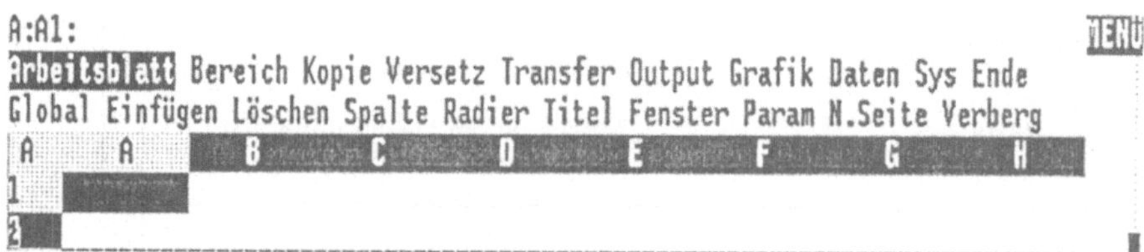

Abb. 1-3: Hauptmenü von LOTUS 1-2-3

Ist das erfolgt, sehen Sie in der rechten Ecke die Modus-Anzeige "MENÜ"
und im Bedienfeld drei Zeilen eingeblendet:

- In der ersten Zeile werden der Buchstabe des Arbeitsblattes und die Zelladresse, auf der sich der Zellzeiger befindet angezeigt. In unserem Falle: *A:A1:*

- In der zweiten Zeile sehen Sie das Hauptmenü. Befehle des Menüs können - analog zum Startmenü - ausgewählt werden, indem Sie entweder mit Hilfe der *<Pfeiltasten>* oder der *<Leertaste>* markiert und anschließend mit *<Return>* aufgerufen oder durch Eingabe des ersten Buchstabens des Befehlsnamens aktiviert werden.

- In der dritten Zeile erscheint ein Untermenü oder ein Befehlskomentar zu dem jeweils gerade markierten Hauptmenüpunkt.

Über das Hauptmenü ist es Ihnen möglich, die Arbeit mit 1-2-3 zu beenden, indem Sie den Befehl *Ende* auf eine der eben beschriebenen Arten ausführen.

VORGEHEN: Verlassen des Programms

- Rufen Sie mit / das Menü auf und wählen Sie den Befehl *Ende.*

- Bestätigen Sie Ihre Absicht, indem Sie mit der *<Pfeiltaste rechts>* oder der *<Leertaste>* den Befehl *Ja* markieren
  Ja
  1-2-3 beenden

- und mit *<Return>* bestätigen.

Wenn Sie den Befehl *Nein* ausführen, kehren Sie ins Arbeitsblatt zurück.

Falls kein Menübefehl vorhanden ist, eine Befehlsfolge abzubrechen, gelangen Sie mit der Taste *<Esc>* schrittweise zurück und mit der Tastenkombination *<Strg>+<Untbr>* brechen Sie die Befehlsfolge vollständig ab.

1.3   Eingeben, Korrigieren und Löschen von Daten

Nach so vielen Vorübungen gehen wir nun dazu über, die ersten Daten einzugeben. Werden Daten eingegeben, folgt oft die Notwendigkeit, falsche Eingaben zu korrigieren (zu editieren) oder gar vollständig zu löschen. Grundlegende Korrekturtechniken werden Ihnen daher bereits in diesem Abschnitt vorgestellt.

1.3.1 Eingabe von Werten, Formeln und Texten

1-2-3 unterscheidet streng zwischen den verschiedenen Datentypen. Eingegeben werden können Zahlen, Formeln (Modusanzeige = WERT) und Texte (Modusanzeige = LABEL).

Eingabe von Zahlen

Allgemein gilt für Zahleneingaben, die von 1-2-3 als Werte behandelt werden sollen:

- Zahleneingaben können beginnen mit einer Ziffer (von 0 - 9), mit einem Plus- oder einem Minuszeichen;

- eine Zahl darf keine Leerzeichen enthalten oder unmittelbar mit Texten gemischt werden;

- 1-2-3 kann Zahlen mit bis zu 15 Dezimalzeichen speichern.

Aufgabe: In der Zelle A2 soll die Zahl 1365 eingegeben werden.

VORGEHEN: Zahleneingabe

- Bewegen Sie den Zellzeiger zur Zelle A2.

- Geben Sie den Wert 1365 ein. In der zweiten Zeile des Bedienfeldes wird die aktuelle Eingabe angezeigt und die Modusanzeige schaltet um auf: WERT.

- Mit der Taste *<Return>* schließen Sie die Eingabe ab und die Zahl wird in der Zelle A2 gespeichert. In der ersten Zeile des Bedienfeldes können Sie Zelladresse und Zellinhalt überprüfen (A:A2: 1365). Die Modusanzeige steht nun wieder auf BEREIT.

Geben Sie nun mit der gleichen Technik in Zelle A3 den Wert: 1365,00 ein. Die Anzeige der Zahl in der Zelle A3 ist völlig übereinstimmend mit der vorherigen Eingabe - die Nachkommastellen erscheinen nicht. Das liegt daran, daß 1-2-3 standardmäßig für Berechnungen überflüssige Nullen abschneidet. Geht die Zahl über 8 Zeichen hinaus , geht 1-2-3 zur Exponentialschreibweise über.

Eingabe von Formeln mit Konstanten

Aus der Kenntnis, wie Zahlen einzugeben sind, folgt der nächste Schritt, nämlich, mit diesen Zahlen Formeln zu erstellen.

Aufgabe: Geben Sie in die Zelle A5 die Addition der Zahlen 5 und 11 ein.

VORGEHEN: Formeleingabe mit Konstanten

- Bewegen Sie den Zellzeiger in die Zelle A5.
- Geben Sie ein: 5+11.

  Beachten Sie bitte, daß eine Formel kein Leerzeichen enthalten darf!

- Lösen Sie die Berechnung mit *<Return>* aus. Die Formel wird von 1-2-3 sofort berechnet und das Ergebnis wird im Arbeitsblatt ausgegeben. In der ersten Zeile des Bedienfeldes dagegen wird für die Zelladresse A5 der Zellinhalt, nämlich die eingegebene Formel angezeigt.

HINWEIS:
1-2-3 eröffnet die Möglichkeit, Zellinhalte auch ohne *<Return>* zu bestätigen. Indem mit der *<Pfeiltaste>* die nächste Zelladresse angesteuert wird, gilt die Eingabe als beendet und wird im Arbeitsblatt angezeigt.

Bei Mischberechnungen ist unbedingt zu beachten, in welcher Reihenfolge 1-2-3 rechnet - von dieser Reihenfolge ist nämlich das Ergebnis abhängig.

Rechenzeichen nach der Reihenfolge der Berechnung:	
^	Potenzierung
* /	Multiplikation/Division
+ -	Addition/Subtraktion

Testen Sie das selbst, indem Sie in der Zelle C5 die Formel: 2+7*2 eingeben. Zuerst wird 7*2=14 multipliziert, dann 2 addiert. Das Resultat ist 16. Geben Sie dann in Zelle C6 die Formel: 7+2*2 ein. Zuerst wieder die Multiplikation 2*2=4 und danach die Addition 4+7=11. Durch die Verwendung von Klammern kann man die Reihenfolge der Berechnungen ändern. Geben Sie in Zelle

E5 die Formel: 2*(2+7) ein. Zuerst berechnet 1-2-3 den Klammerausdruck 2+7=9 und danach die Multiplikation 2*9=18.

Texteingaben

Für Texteingaben gilt:

- Jede Eingabe, die von 1-2-3 nicht als Wert oder Formel erkannt wird, gilt als Text.

- Texte können maximal 512 Zeichen lang sein.

- Texte können mit Zahlen beginnen, aber nur, wenn das erste eingegebene Zeichen ein Justierungszeichen ist. Mit Zahlen, die als Text eingeben wurden, kann nicht mehr gerechnet werden.

Aufgabe: Geben Sie in Zelle A11 das Wort: "Seminar" ein.

VORGEHEN: Texteingabe

- Den Zellzeiger auf die Zelle A11 bewegen.

- Geben Sie nun den Text ein: Seminar

  In der Bedienzeile des Bedienfeldes wird die aktuelle Eingabe angezeigt und die Modusanzeige hat bereits bei Eingabe des ersten Buchstabens auf LABEL umgeschaltet.

- Schließen Sie die Texteingabe mit *<Return>* ab. Neben der Zelladresse A11 in der ersten Zeile des Bedienfeldes wird nun der Zellinhalt angezeigt.Das Apostroph-Zeichen   ist ein Justierungszeichen und bedeutet, daß der Zellinhalt von 1-2-3 als Text definiert und linkbündig ausgerichtet wird.

1-2-3 vergibt standardmäßig für Texteingaben das Justierungszeichen Damit werden Texte linksbündig gesetzt, d.h. sie beginnen am linken Zellrand. Mit der Eingabe von ^ oder " haben Sie die Möglichkeit, Texte zentriert oder rechtsbündig auszurichten. Im Arbeitsblatt werden diese Justierungszeichen nicht mit angezeigt. Sie sind nur im Bedienfeld als Bestandteil des Inhalts einer bestimmten Zelladresse zu sehen.

<u>Justierungszeichen:</u>

'   richtet den Texte am linken Rand der Zelle aus.

"   richtet den Texte am rechten Rand der Zelle aus.

^   zentriert den Text zwischen dem linken und rechten Rand der Zelle.

Bewegen Sie nun den Zellzeiger in die Zelle A12 und geben -nach dem oben beschriebenen Verfahren- den Text:"Intensiv-Seminar" ein. Sie werden feststellen, daß die Textanzeige über die Zelle A12 hinaus in die Zelle B12 reicht. Diese zusammenhängende Schreibweise vollzieht 1-2-3 nur dann, wenn die benachbarte Zelle (hier: B12) leer ist. Sobald diese mit einem Inhalt belegt ist, wird die Anzeige des Textes abgeschnitten.

Überprüfen Sie das praktisch, indem Sie in die Zelle B12 den Text: "Unvollständiger Text" eingeben. Das Wort: "Intensiv-Seminar" wird in der Anzeige nach dem Bindestrich abgeschnitten, währenddessen die neue Eingabe vollständig erscheint.

Das liegt daran, daß 1-2-3 standardmäßig 9 Zeichen pro Spalte anzeigt. Daß der Gesamttext nicht verlorengegangen ist, erkennen Sie daran, daß - wenn Sie den Zellzeiger auf die Zelladresse A12 bewegen - im Bedienfeld das vollständige Wort als Zellinhalt neben der Zelladresse vermerkt ist. Sie werden im Kapitel 2 lernen, wie man die Breite der Spalten so verändert, daß die gesamte Eingabe in der Zelle auch dann angezeigt wird, wenn die Nachbarzelle besetzt ist.

Über die Dateneingabe haben Sie drei - für die Arbeit mit 1-2-3 - wesentliche Begriffe kennengelernt, die hier nochmals anhand eines Beispiels konkretisiert werden:

Zelladresse:	A:A5
Zellinhalt:	5+11
Zellanzeige:	16

Der Zellinhalt ist eine Formel, die in der Zelle mit der Adresse A:A5 eingegeben wurde und als Anzeige das Ergebnis der Formel ausweist.

1.3.2   Korrigieren von Eingaben

Es wird häufig vorkommen, daß sich bei der Eingabe von Daten Fehler ein-
schleichen. Tippfehler lassen sich ebensowenig vermeiden wie Fehleingaben
oder Eingaben in die falsche Zelle.

Sie haben verschiedene Möglichkeiten, fehlerhafte Eingaben zu berichtigen.
Für die Korrekturtechniken ist von Bedeutung, ob Sie den Fehler schon während der Eingabe bemerkt haben oder erst, wenn die Eingabe in die Zelle bereits mit *<Return>* abgeschlossen ist.

Korrektur während der Eingabe

Die *<Rücktaste>*
>   löscht das - von der Position des Zeigers aus gesehen -
>   linksstehende Zeichen

Die *<Esc>*-Taste
>   bricht den Befehl ab, d.h. sämtliche gerade eingegebenen
>   Zeichen werden zurückgenommen

Korrektur nach der Eingabe

Überschreiben
>   Der alte Inhalt einer aktuellen (d.h. durch den Zellzeiger
>   markierten Zelle) wird durch eine neue Eingabe vollständig
>   überschrieben.

Funktionstaste *<F2>*
>   Mit dieser Funktionstaste (Editieren) können Sie den Inhalt
>   der aktuellen Zelle in die Bedienzeile des Bedienfeldes
>   zurückholen und bearbeiten (editieren). Innerhalb der Eingabe
>   bewegen Sie den Zeiger mit der linken bzw. rechten
>   *<Pfeiltaste>* auf das zu korrigierende Zeichen. Mit *<Pos1>*
>   springt die Markierung sofort auf das erste, mit *<Ende>* auf
>   das letzte eingegebene Zeichen.
>   Von dem markierten Zeichen aus kann nun gelöscht werden
>   mit der

- *<Rücktaste>*
>   (die von der Position des Zeigers aus gesehen
>   linksstehenden Zeichen)

- *<Entf>* -Taste
>   (das markierte und -bei erneuter Betätigung dieser Taste-
>   das von rechts nachrückende Zeichen)

Bei Korrektureingaben fügt 1-2-3 die neuen Zeichen an der Stelle ein, wo sich die Markierung befindet. Um die alten Zeichen direkt zu überschreiben, muß zunächst die Taste *<Einfg>* betätigt werden. In der Statuszeile, am unteren rechten Bildschirmrand, vermerkt 1-2-3 die Meldung: ÜBR.

Aufgabe: Die Texteingabe in Zelle B12 soll mit Hilfe der Funktionstaste *<F2>* in "Unvollständige Texteingabe" geändert werden.

VORGEHEN:

- Bewegen Sie den Zellzeiger auf die Zelle B12.
- Mit *<F2>* holen Sie den Zellinhalt zurück in das Bedienfeld.
- Der Zeiger steht am Ende des Eintrags. so daß Sie den fehlenden Text "eingabe" einfach eingeben können.
- Entfernen Sie den Buchstaben "r" im Wort "Unvollständiger", indem Sie den Zeiger mit der *<Pfeiltaste links>* auf diesen Buchstaben setzen und mit der Taste *<Entf>* löschen.
- Bestätigen Sie den überarbeiteten Text mit *<Return>*.

Auf die eben beschriebene Weise können Sie Eingaben korrigieren, einzelne Zeichen löschen oder durch andere ersetzen; aber Sie können damit nicht den Zellinhalt insgesamt löschen. Um ihn tatsächlich zu entfernen, muß man sich eines Menübefehls bedienen.

1.4 Arbeiten mit Menübefehlen

Viele Befehle des Hauptmenüs eröffnen, wenn sie aufgerufen werden, eine Liste weiterer Befehle. Diese Untermenüs werden analog zum Hauptmenü gehandhabt. Die Befehlsauswahl erfolgt mit den gleichen - bereits bekannten - Methoden. Die Aktivierung eines Unterbefehls führt oftmals zu Eingabeaufforderungen, mit denen die zu bearbeitenden Bereiche konkretisiert werden. Die Handhabung der verschiedenen Menüebenen lernen Sie am Beispiel des Radierens von Zelleingaben kennen.

1.4.1 Das Bereichs-Menü - Radieren von Inhalten in einzelnen Zellen und Zellbereichen

Es passiert häufig, daß eine Eingabe versehentlich in einer falschen Zelle erfolgt. Um eine solche Fehleingabe für eine bestimmte Zelladresse oder einen Zellbereich rückgangig zu machen, stehen Ihnen die Menübefehle *Bereich Radier* zur Verfügung.

Aufgabe: Radieren Sie den Inhalt der Zelle mit der Adresse A11

VORGEHEN:

- Bewegen Sie den Zellzeiger auf die Zelladresse A11

- Rufen Sie dann das Hauptmenü mit / oder < auf und wählen den Befehl *Bereich*, indem Sie entweder:

  den Anfangsbuchstaben *B* eingeben oder

  den Zellzeiger mit Hilfe der *<Pfeiltaste>* oder der *<Leertaste>* auf den Befehl bewegen und die *<Return>*-Taste drücken.

- Wählen Sie mit einer der eben genannten Techniken den Bereichs-Befehl *Radier*.

  Radier
  Löscht eine Zelle oder einen Zellbereich

- Im Bedienfeld wird nach dem zu radierenden Bereich gefragt und 1-2-3 schlägt die Zellzeigerposition vor:

  Zu radierender Bereich: A:A11..A:A11

- Bestätigen Sie den Bereichsvorschlag mit *<Return>*. Wie Sie sehen, ist der Zellinhalt gelöscht und Sie befinden sich wieder im BEREIT-Modus.

Nicht nur der Inhalt einzelner Zellen läßt sich auf diese Weise löschen, darüberhinaus kann dieser Befehl auf größere Zellbereiche angewandt werden. Sie lernen zunächst kennen, wie Arbeitsblattbereiche festgelegt werden.

Zellbereiche für einen Befehl festlegen

Zellbereiche werden Sie während der Arbeit mit 1-2-3 immer dann definieren müssen, wenn ein Befehl für mehrere Zellen zugleich zur Anwendung kommen soll.

Ein Bereich wird durch zwei Zelladressen festgelegt, die durch einen Bereichsoperator (..) verbunden sind. Durch diese beiden Punkte begreift 1-2-3 die beiden Zelladressen als Eckpunkte eines Bereichs "von..bis".

Ein Bereich kann auf zweierlei Weise definiert werden:

- Nach dem Befehlsaufruf wird der gewünschte Zellbereich eingegeben. Der von 1-2-3 vorgeschlagene - durch die Position des Zellzeigers bestimmte - Bereich wird überschrieben.

- Der gewünschte Zellbereich wird mit Hilfe der *<Pfeiltasten>* im ZEIGEN-Modus markiert.

In beiden Fällen wird anschließend mit *<Return>* der Befehl ausgelöst, der sich nun auf den gesamten definierten Zellbereich bezieht.

Aufgabe: Radieren Sie die Inhalte der Zellen C5 und C6, indem Sie den Bereich eingeben

VORGEHEN: Radieren mehrerer Zelladressen nach Bereichsangabe

- • **Rufen Sie das Menü auf und wählen Sie die Befehlsfolge *Bereich Radier*.**

- • Geben Sie als zu radierenden Bereich ein:

  C5..C6
  und lösen Sie den Befehl mit *<Return>* aus.

Aufgabe: Radieren Sie die Inhalte der Zelladressen A2 und A3 mit Hilfe der Bereichsmarkierung. Der Zellzeiger steht in der Zelle C5.

VORGEHEN: Radieren eines Zellbereichs im ZEIGEN-Modus.

- • Setzen Sie den Zellzeiger auf die Zelle A2.

- Rufen Sie das Menü auf und wählen die Befehlsfolge *Bereich Radier*.

    1-2-3 gibt automatisch die Position des Zellzeigers als Bereich an (A:A2..A:A2).

- Bewegen Sie den Zellzeiger mit der *<Pfeiltaste unten>* zur Adresse A3. Im Bedienfeld können Sie lesen:

    Zu radierender Bereich: A:A2..A:A3

- Bestätigen Sie die Befehlsausführung mit *<Return>*.

Die Methode, den Bereich zu markieren, hat zum Vorteil, daß der so bestimmte Bereich optisch von 1-2-3 im Arbeitsblatt abgehoben wird und mögliche Tippfehler entfallen. Achten Sie bei dieser Methode darauf, daß Sie den Zellzeiger vor dem Befehlsaufruf an die gewünschte Position setzen. Sonst müßten Sie die Umständlichkeit in Kauf nehmen, die Fixierung des Bereichs mit *<Esc>* aufzuheben und mit einem *(.)* wieder zu verankern.

Üben Sie die die Methoden der Bereichsbestimmung und des Löschens von Zellinhalten, indem Sie die verbliebenen Eingaben radieren, so daß wieder ein leeres Arbeitsblatt zur Verfügung steht.

1.5 Abruf von Hilfsinformationen - die Funktionstaste <F1>

Auf eine für 1-2-3-Einsteiger sehr nützliche Einrichtung sei ganz besonders hingewiesen: die On-Line-Hilfe. Verschiedene Möglichkeiten bietet 1-2-3 an, um Hilfetexte in Anspruch zu nehmen:

Allgemeine Hilfe

-   Wenn Sie sich im Bereit-Modus im Arbeitsblatt befinden und die HILFE-Funktionstaste *<F1>* betätigen, wird der allgemeine Hilfe-Index Bildschirm eingeblendet.

    Der gewünschte Hilfe-Punkt kann nun mit Hilfe der *<Pfeiltasten>* markiert und durch *<Return>* aufgerufen werden.

```
A:A2:                                                                    HILFE

________________________________________________________________________________

1-2-3 Hilfe-Index

1-2-3 Hauptmenü          Makro-Tastennamen        /Arbeitsblatt
Aufgaben-Index           Modusanzeigen            /Bereich
Bedienfeld               Neuberechnen             /Daten
Bereichs-Grundlagen      Schritt-Funktion         /Ende
Dateneingabe             Schützen v.Daten         /Grafik
Drucken im Hintergrund   Statusanzeigen           /Kopie
Druckerinformationen     Tastatur-Index           /Output
Fehlermeldungs-Index     Undo-Funktion            /Sys
Formeln                  Über Hilfe               /Transfer
Funktionstasten          Verbinden v. Dateien     /Versetz
Makrobefehls-Index       Zelladressen             @Funktions-Index
Makro-Grundlagen         Zusatz-Befehle

________________________________________________________________________________

Zur Auswahl eines Themas heben Sie es mit einer Zeigertaste hervor und
drücken RETURN. Mit der RÜCKTASTE gehen Sie zu einem vorherigen Hilfetext.
Mit ESC verlassen Sie die Hilfetexte und gehen wieder in das Arbeitsblatt.
________________________________________________________________________________

07-Jan-90 05:29 PM                                        NU
```

Abb. 1-4: Hilfe-Bildschirm

- Hinter jedem der Hilfe-Index Titel verbergen sich weitere, tiefergehende Hilfsinformationen zu der entsprechenden Fragestellung. Querverweise zu Themen, die in anderen Hilfe-Bildschirmen näher erläutert werden, werden hell unterlegt dargestellt, wenn mit der *<Pfeiltaste>* durch die Hilfsinformation gewandert wird. Sie können wiederum mit *<Return>* aufgerufen werden.

- Mit *<Esc>* gelangt man aus dem Hilfe-Programm an die Stelle im Arbeitsblatt zurück, von der aus die Hilfe aufgerufen wurde.

Kontextspezifische Hilfe

- Direkt in einen speziellen Hilfe-Bildschirm führt die Betätigung von *<F1>*, wenn sie nach dem Aufruf eines Befehls, der Eingabe einer Funktion oder bei einem Macro-Befehl erfolgt. Wie oben beschrieben kommt man auch bei der kontextbezogenen Hilfe zu weiteren Hilfe-Informationen über die Anwahl der hell unterlegten Querverweise.

Aufgabe: Rufen Sie Hilfe-Informationen zum Befehl *Bereich Radier* auf

VORGEHEN: Aufrufen von kontextbezogenen Hilfsinformationen

- Wählen Sie die Menübefehle *Bereich Radier*. Es reicht nicht, den Radier-Befehl zu markieren, er muß bereits mit *<Return>* oder der Eingabe seines Anfangsbuchstabens aufgerufen sein, um die entsprechende Hilfsinformation zu bekommen.

- Betätigen Sie *<F1>*. Umgehend wird der Hilfe-Bildschirm zum Befehl eingeblendet. Die hell hervorstechenden Eintragungen stellen Querverweise dar, die Sie aufrufen können, indem Sie sie mit Hilfe der *<Pfeiltasten>* markieren und mit *<Return>* bestätigen.

- Bewegen Sie die Markierung auf *Bereich*-Befehle und drücken Sie die *<Return>*-Taste. Auf dem nun eingeblendeten Bildschirm finden Sie eine Übersicht über alle Befehle des Bereichsmenüs und können wieder einen der hell leuchtenden Querverweise aufrufen.

- Verlassen Sie die Hilfe mit *<Esc>*. Sie kommen dadurch wieder an die Stelle des Programms, von der aus Sie die Hilfe aufgerufen hatten.

1.6 Befehls- und Funktionsübersicht

STARTMENÜ

1-2-3

    ruft das integrierte Arbeitsblatt-, Grafik und Datenbankprogramm auf und eröffnet mit einem freien Arbeitsblatt eine Sitzung mit 1-2-3

Install

    ermöglicht nach erfolgter Installation Änderungen hinsichtlich installierter Druckertreiber und Bildschirmadapter vorzunehmen

Translate
> ruft ein Dienstleistungsprogramm auf, mit dem Daten zwischen 1-2-3 und anderen Programmen übertragen werden können, indem sie jeweils in das benötigte Format umgesetzt werden

Ende
> ist der Befehl, mit dem 1-2-3 verlassen wird, um auf die Betriebssystemebene zurückzukommen

HAUPTMENÜ

Bereich
> ruft ein Untermenü auf mit den *Befehlen Format Just Radier Name Ordnung Schutz Ungesch Eing Wert Transp Durchsuch.* Alle diese Befehle beziehen sich auf bestimmte, zu definierende Bereiche des Arbeitsblattes
>
> *Bereich Radier*
>> löscht den Inhalt einer oder mehrerer Zellen

Ende
> beendet -ggf. nach einer Sicherheitsabfrage- die Arbeitssitzung mit 1-2-3 und führt ins Startmenü zurück

/ oder <
> bewirken das Anzeigen des Hauptmenüs

FUNKTIONSTASTEN

HILFE-Funktionstaste *<F1>*
> dient zum Aufruf der On-Line-Hilfe

EDIT-Funktionstaste *<F2>*
> holt Zellinhalte für Korrekturen in das Bedienfeld zurück

GEHEZU-Funktionstaste *<F5>*
> setzt den Zellzeiger direkt auf die angegebene Zelladresse

DOS-BEFEHLE

cd (change directory)
> Interner DOS-Befehl zum Wechseln von Verzeichnissen

2 GRUNDLAGEN DER TABELLENKALKULATION

In diesem und dem nachfolgenden Kapitel werden anhand des Fallbeispiels einer einfachen Vereinsrechnung Schritt für Schritt elementare Funktionen der Tabellenkalkulation von LOTUS 1-2-3 vorgestellt und angewandt.

Dieses Kapitel:

- *erklärt, wie das im Beispiel vorgegebene Datenmaterial als Text oder Wert tabellarisch erfaßt und im Hinblick auf seine spätere Bearbeitung sinnvoll geordnet wird;*

- *führt in die Arbeit mit Formeln und Funktionen zur Durchführung von Berechnungen ein;*

- *erläutert Möglichkeiten einer übersichtlichen Präsentation der Daten.*

Fallbeispiel: Vereins-Rechnung

Ein Verein beabsichtigt, seine laufenden Einnahmen monatlich zu erfassen und in Form einer Quartalsübersicht zu präsentieren. Ziel ist es, die Daten in einer übersichtlichen Tabelle zusammenzustellen, zu berechnen, für eine spätere Aktualisierung zu sichern und als Beleg auszudrucken.

Im einzelnen soll die Tabelle folgendes leisten:

- die monatlichen Einnahmen - gegliedert nach Einnahmeposten - darstellen;

- die Summe der monatlichen Gesamteinnahmen ermitteln;

- die Quartalssummen der jeweiligen Einnahmeposten anzeigen;

- die Gesamtsumme der Quartalseinnahmen angeben;

- den prozentualen Anteil der unterschiedlichen Einnahmeposten an der Summe der Gesamteinnahmen pro Quartal berechnen.

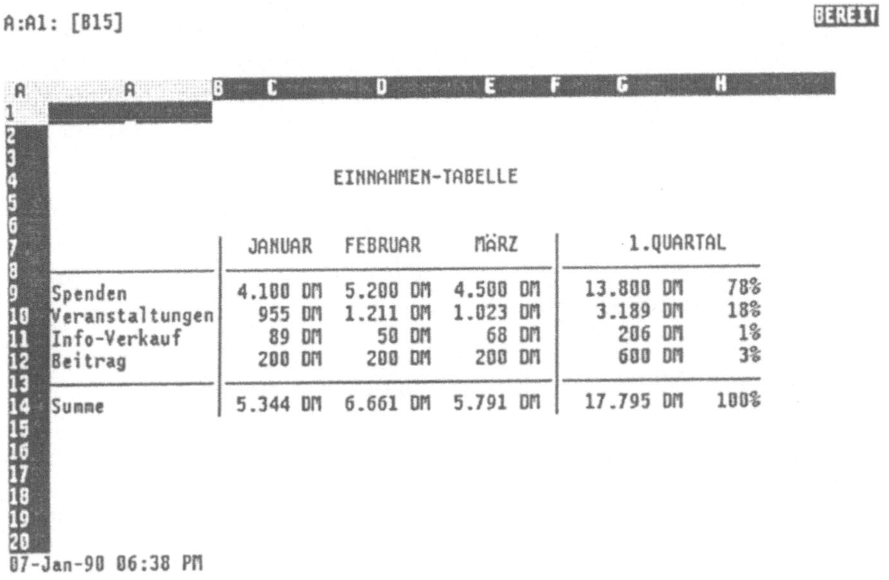

```
A:A1: [B15]                                                      BEREIT
```

```
 A              A            B    C         D         E    F      G       H
1
2
3
4                          EINNAHMEN-TABELLE
5
6
7              JANUAR    FEBRUAR     MÄRZ          1.QUARTAL
8
9   Spenden           4.100 DM   5.200 DM   4.500 DM     13.800 DM    78%
10  Veranstaltungen     955 DM   1.211 DM   1.023 DM      3.189 DM    18%
11  Info-Verkauf         89 DM      50 DM      68 DM        206 DM     1%
12  Beitrag             200 DM     200 DM     200 DM        600 DM     3%
13
14  Summe             5.344 DM   6.661 DM   5.791 DM     17.795 DM   100%
15
16
17
18
19
20
07-Jan-90 06:38 PM
```

Abb.2-1: Vereinsrechnung - Ergebnis

Eine Musterlösung dieser Aufgabe finden Sie auf der beigefügten Übungsdiskette unter dem Dateinamen: VEREIN.WK3 gespeichert.

HINWEIS:
- Sollten Sie dieses Kapitel nicht in einem Stück durcharbeiten, können Sie die Datei mit *Transfer Speich* zwischenspeichern. Rufen Sie dazu mit / (slash) das Hauptmenü auf, wählen die Befehlsfolge *Transfer Speich* und bestätigen den von 1-2-3 vorgeschlagenen Dateinamen FILE0001.WK3 mit *<Return>*.
- Zur weiteren Bearbeitung holen Sie die Datei mit den Menübefehlen *Transfer Laden* zurück in den Arbeitsspeicher. Im dritten Kapitel wird das Sichern und Laden von Dateien ausführlich beschrieben.

2.1 Tabellen einrichten

Eine aussagekräftige Tabelle einzurichten setzt voraus, daß man sich bereits vor der Eingabe der Daten Gedanken über ihren Aufbau gemacht hat. Welche Form der Tabelle zweckmäßig ist und wie die Daten aufbereitet werden sollen, hängt jeweils von den zugrunde liegenden fachlichen Fragestellungen ab. An dem aktuellen und allen nachfolgenden Übungsbeispielen wird der Einfluß der Problemstellung auf den Aufbau der Tabelle deutlich.

Halten Sie sich bitte bei der Einrichtung der Vereinstabelle an den in Abb.2-2 vorgegebenen Tabellenaufbau - auch was die Eingabe der Daten in bestimmten Zellen betrifft. In den folgenden Erklärungen zum Vorgehen wird auf diese Zelladressen Bezug genommen werden.

2.1.1 Texte und Werte tabellarisch erfassen

Die Datenerfassung gehört bei der Arbeit mit einem Tabellenkalkulationsprogramm zu den zeitaufwendigsten Tätigkeiten. Dies gilt besonders dann, wenn es in der Praxis umfangreiche Tabellen zu bearbeiten gilt. Es ist daher sinnvoll, von Anfang an zeitsparende Eingabetechniken des Programms zu nutzen.

Aufgabe: Geben Sie entsprechend der Abb.2-2 die vorgegebenen Daten in das Arbeitsblatt ein.

VORGEHEN: Erfassen von Texten und Werten

- Der Zellzeiger wird mit Hilfe der *<Pfeiltasten>* auf der Zelladresse positioniert, in der die erste Eingabe vorgenommen werden soll, hier C4.

- Im Bedienfeld wird die Tabellen-Überschrift EINNAHMEN-TABELLE eingegeben und anschließend sogleich der Zellzeiger auf die nächste Zelle bewegt, in der ein Eintrag erfolgen soll (Januar in Zelle B7).

- Tragen Sie nach Positionierung des Zellzeigers auf den jeweiligen Zelladressen nacheinander die vorgegebenen Texte und Werte ein.

Beachten Sie bei der Spaltenüberschrift "1.Quartal", daß diese Eingabe mit einem Textkennzeichen beginnen muß. Ohne Eingabe eines der Textkennzeichen ('für linksbündig, ^ für zentriert, " für rechtsbündig) würde 1-2-3 den gesamten Eintrag als Wert (Modusanzeige: Wert) einstufen, weil das erste eingegebene Zeichen eine Zahl ist. In der Folge erhielten Sie eine Fehlermeldung, die aus der direkten Mischung von Wert und Text bei dieser Eingabe resultiert.

Für die Zelladresse A10 wird "Veranstaltungen" und in Zelle A11 "Info-Verkauf" eingegeben. Diese Begriffe werden zunächst verkürzt auf dem Bildschirm angezeigt, wenn in der Spalte der Januar-Einnahmen die Werte für diese Einnahmeposten in den Zellen B10 und B11 eingetragen werden. Demgegenüber erscheint die Tabellenüberschrift "Einnahmen-Tabelle" in Zelle C4 deshalb vollständig, weil die Nachbarzelle D4 leer ist.

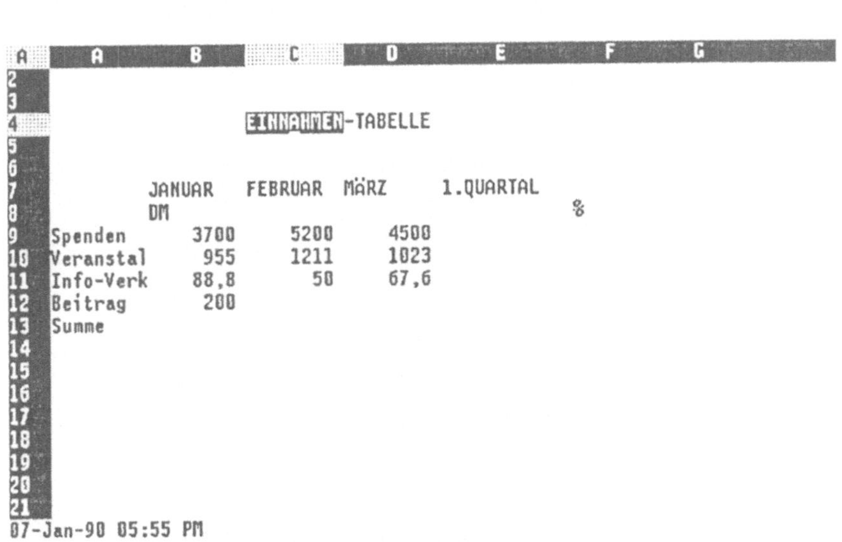

Abb. 2-2: Vereinsrechnung nach der Dateneingabe

Nach der Dateneingabe sind weder die Einnahmenposten vollständig sichtbar, noch werden die Zahlen einheitlich mit 2 Nachkommastellen angezeigt. Im folgenden werden diese Defizite nach und nach ausgeräumt.

2.1.2 Kopieren von Texten und Werten

In der Vereinstabelle fehlen bislang für die Monate Februar und März die DM-Spaltentitel (C8..E8) und die Beiträge in Höhe von 200 DM (C12..D12). Statt der langwierigen Eingabe von sich wiederholenden Daten, empfiehlt sich eine effektivere Technik: das Kopieren von Texten und Werten.

Aufgabe: Kopieren Sie den Spaltentitel "DM" (Zelle B8) in den Zellbereich C8..E8

VORGEHEN: Kopieren von Zellinhalten

- Bewegen Sie den Zellzeiger auf die Zelle, deren Inhalt es zu kopieren gilt (Quelle = B8) und rufen Sie danach mit / das Menü auf.

- Bewegen Sie im Hauptmenü den Zeiger mit der *<Pfeiltaste rechts>* oder der *<Leertaste>* auf den Befehl *Kopie*.

  Kopie
  Kopiert eine Zelle oder einen Zellbereich
  und
  bestätigen Sie den Befehl mit *<Return>*.
  oder:

- Wählen Sie den Kopierbefehl direkt, indem Sie den Anfangsbuchstaben *K* eingeben.

- 1-2-3 zeigt im Bedienfeld die Meldung:

  Bereich, aus dem kopiert werden soll: A:B8..A:B8.

  Bestätigen Sie den Quellbereich der Kopie mit *<Return>*.

- Im Bedienfeld erscheint die Frage nach dem
  Bereich, in den kopiert werden soll:

  Geben Sie entweder den Bereich A:C8..A:E8 ein

  oder

- markieren Sie den Zielbereich, indem Sie mit der *<Pfeiltaste rechts>* den Zellzeiger um eine Zelle nach rechts bewegen, einen Punkt setzen und mit der *<Pfeiltaste rechts>* bis zur Zelle E8 gehen. 1-2-3 trägt den Bereich automatisch ein.

- Schließen Sie den Kopiervorgang mit der *<Return>*-Taste ab.

Da Sie als Erstes den Zellzeiger auf die Ausgangsadresse (Zelle B8) des zu kopierenden Bereiches bewegt haben, wird dieser von 1-2-3 automatisch vorgeschlagen. Steht der Zellzeiger noch in einer anderen Zelle, muß die Verankerung (..) mit der Taste *<Esc>* gelöst und der Zellzeiger auf B8 positioniert werden.

Aufgabe: Üben Sie die Kopiermethode, indem Sie den Januar-Betrag des Einnahmepostens Beitrag (Zelle B12) für Februar und März übernehmen und in den Zellbereich C12..D12 kopieren.

2.1.3   Texte ausrichten

Nach der Eingabe der Texte und Zahlen läßt das Erscheinungsbild der Daten noch zu wünschen übrig. Zwar ist es empfehlenswert, die Tabelle erst dann präsentationsgerecht zu gestalten, wenn die Eingaben und Berechnungen abgeschlossen sind und ein Gesamtüberblick möglich ist. Verbesserungen, die die Übersicht erhöhen und damit nachfolgende Berechnung des Zahlenmaterials erleichtern, sollten indes sofort durchgeführt werden.

Beginnen wir damit, die Spaltenüberschriften im Bereich B7..F8 zu zentrieren.

Standardmäßig werden bei 1-2-3 Texte innerhalb einer Zelle links- und Werte rechtsbündig ausgerichtet. Eine Veränderungen dieser Voreinstellung ist nur für Texte möglich und zwar auf zweifache Weise:

Einerseits kann direkt bei der Eingabe unter Verwendung der entsprechenden Textkennzeichen (^ oder ") zentriert oder rechtsbündig ausgerichtet werden. Zum anderen bietet 1-2-3 die Option an, die Ausrichtung im Nachhinein über das Befehlsmenü zu veranlassen.

Aufgabe: Die Spaltenüberschriften des Zellbereichs A:B7..A:F8, in dem die Monate, sowie die Währungs- und Prozentbezeichnung stehen, sollen zentriert angezeigt werden.

VORGEHEN: Justieren von Texteingaben

     •   Rufen Sie mit / das Menü auf, wählen die Befehlsfolge *Bereich Justieren* und bestimmen die Art der Ausrichtung:
Zentriert
Zentriert Labels in den Zellen

- Geben Sie den Bereich an, dessen Zellinhalte zentriert werden sollen.

  Labelbereich: A:B7..A:F8

- Mit der *<Return>*-Taste wird der Justierungsbefehl ausgeführt.

Von der Zentrierung ausgenommen scheint die Überschrift "1.Quartal". Wenn Sie den Zellzeiger zur Zelle E7 bewegen, wird Ihnen allerdings im Bedienfeld der Text richtig mit dem Zentrierungszeichen angezeigt (^1.Quartal). Daraus folgt: Justierungen nimmt LOTUS 1-2-3 nur innerhalb einer Spalte vor, d.h. Zentrierungen über mehrere Spalten müssen zunächst manuell durchgeführt werden.

HINWEIS:
Es bietet sich an, die Überschrift "1.Quartal", die für die beiden Spalten E und F gelten soll, erst später manuell zu zentrieren, wenn die Breite der Spalten feststeht. Wenn Sie es gleich testen wollen, gehen Sie wie folgt vor. Bewegen Sie den Feldzeiger auf die Zelle E7 und holen Sie den Zellinhalt mit der EDIT-Funktionstaste *<F2>* ins Bedienfeld. Sodann bewegen Sie den Zeiger zum Anfang des Wortes, geben mit der *<Leertaste>* einige Leerzeichen ein und schließen mit *<Return>*.

2.1.4 Zahlenformat mit einheitlichen Nachkommastellen

Fahren wir damit fort, das Zahlenmaterial überschaubarer zu formatieren, indem die Zahlen einheitlich mit 2 Nachkommastellen angezeigt werden.

Aufgabe: Die Zahlen im Zellbereich A:B9..A:F13 sollen einheitlich mit 2 Nachkommastellen angezeigt werden.

VORGEHEN: Festlegen der Zahlen auf 2 Nachkommastellen

- Rufen Sie mit / das Menü auf und wählen Sie die Befehlsfolge *Bereich Format*.

- Aus der Reihe der nun angezeigten Auswahlmöglichkeiten bewirkt die Option *Fest*, daß Zahlen mit einer festen Anzahl von Nachkommastellen angezeigt werden.

  Fest

  Feste Anzahl an Dezimalstellen (x,xx)

  Bestätigen Sie mit der *<Return>*-Taste das Format *Fest*.

- Bis zu 15 Dezimalstellen können festgelegt werden. Übernehmen Sie mit *<Return>* die von 1-2-3 vorgeschlagenen 2
  Nachkommastellen.

  Dezimalstellen (0..15): 2   <Return>.

- Geben Sie den zu formatierenden Bereich B9..F13 ein oder
  markieren Sie den Bereich im Zeigen-Modus.

  Zu formatierender Bereich: A:B9..A:F13

- Schließen Sie zum Schluß das Formatierungsverfahren mit
  <Return> ab.

Im Bedienfeld, neben der Zelladresse, informiert Sie 1-2-3 über die vorge-
nommene Formatierung. Für die Zelle A:B9 zum Beispiel erscheinen die
Informationen B9: (F2) 3700. Neben der Zelladresse B9 wird Ihnen in runden
Klammern das Anzeigeformat Fest mit 2 Nachkommastellen (F2), sowie der
Zellinhalt (3700) mitgeteilt. Beachten Sie bitte, daß der Format-Befehl nur die
Darstellungsform der Zahlen ändert, nicht den tatsächlichen Wert.

Das Zahlenformat gilt in einem dafür markierten Bereich auch dann, wenn die
Werte noch nicht in die Zellen eingetragen wurden. Für die Anzeige der
Summen im Bereich B13..F13 und E9..F13 liegt das Zahlenformat also be-
reits vor.

Immer dann, wenn es sich wie im vorliegenden Fall darum handelt, einzelne
Zellen oder Zellbereiche zu bearbeiten (z.B. justieren, formatieren) werden
Sie den entsprechenden Befehl im Bereichs-Menü finden. Ist es zweckdien-
lich, das gesamte Arbeitsblatt z.B. mit einem bestimmten Zahlenformat
auszustatten, findet sich der entsprechende Befehl im Arbeitsblatt-Menü
(Arbeitsblatt Global Format)

2.1.5   Die Breite von Tabellenspalten verändern

Für die weitere Arbeit dürfte es bereits jetzt unbefriedigend sein, daß zwei der
Einnahmenposten - nämlich "Veranstaltungen" (Zelle A10) und "Info-Verkauf" (Zelle A11) - nicht vollständig auf dem Bildschirm erscheinen. Daß es
sich nur um das Erscheinungsbild handelt, überprüfen Sie, indem Sie den
Zellzeiger auf die Adresse A10 bewegen. 1-2-3 vermerkt den korrekten voll-
ständigen Zellinhalt im Bedienfeldfeld.

Eingaben werden deshalb nicht immer vollständig angezeigt, weil die
Standard-Spaltenbreite von 9 Zeichen zur Darstellung nicht ausreicht. Die
Breite einer oder mehrerer Spalten kann jedoch abweichend von der Vor-
einstellung bestimmt werden.

Im Gegensatz zu den bisher kennengelernten Gestaltungsmethoden, die bestimmte, im Anschluß an die entsprechende Befehlsauswahl zu markierende Zellen oder Zellbereiche betrafen, beziehen sich Veränderungen der Spaltenbreite auf das gesamte Arbeitsblatt. Daraus folgt: Festlegungen, die für die Breite einer oder mehrerer Spalten getroffen werden, gelten vertikal durchgängig und nicht nur für einen bestimmten Teil dieser Spalte. Entsprechend ist der Befehl zur Bestimmung der Spaltenbreite unter dem Hauptmenüpunkt *Arbeitsblatt* zu finden.

VORGEHEN: Breite einer aktuellen Spalte bestimmen

- Bewegen Sie den Zellzeiger in die zu verbreiternde Spalte A.

- Nachdem Sie mit / das Menü aufgerufen haben, wählen Sie mit *<Return>* im Hauptmenü den Befehl *Arbeitsblatt*.

- Setzen Sie den Zeiger auf den Befehl *Spalte*.

  Spalte
  Bestimmen Standard Verbergen Anzeige Modifizieren

  und bestätigen mit *<Return>*.

- Bewegen Sie den Zeiger dann auf den Befehl *Bestimmen*.

  Bestimmen
  Bestimmt Breite der aktuellen Spalten

  und bestätigen mit *<Return>*.

- Die Spaltenbreite kann mit Hilfe von zwei Techniken bestimmt werden:
  - Auszählen der fehlenden Zeichen und zur Standardbreite von 9 Zeichen addieren. Zum Beispiel fehlen beim Text "Veranstaltungen" 6 Zeichen. Als notwendige Spaltenbreite wäre 15 einzugeben.
  - Mit der *<Pfeiltaste rechts>* solange nach rechts gehen, bis der gesamte Text in der Spalte sichtbar ist.

  Spaltenbreite (1..240): 15

- mit *<Return>* bestätigen Sie die Verbreiterung der aktuellen Spalte.

Der Übersichtlichkeit halber soll nun für die Spalten B, C, D und E eine Breite von jeweils 11 Zeichen festgelegt werden.

VORGEHEN: Breite mehrerer Spalten bestimmen

- Geben Sie die Befehlsfolge *Arbeitsblatt Spalte Modifizieren* an.

  Modifizieren
  Ändert die Breite eines Spaltenbereichs

- Wählen Sie nun mit *<Return>* die Option *Bestimmen*

  Bestimmen
  Bestimmt die Breite eines Spaltenbereichs

- Legen Sie den Bereich der zu modifizierenden Spalten fest. indem Sie A:B1..A:E1 eingeben oder mit Hilfe der *<Pfeiltasten>* die gewünschten Spalten markieren und mit *<Return>* bestätigen.

- Bestimmen Sie nun die gewünschte Breite der Spalten, entweder durch Eingabe von 11 als gewünschte Spaltenbreite oder mit Hilfe der *<Pfeiltaste rechts>* und bestätigen Sie abschließend mit *<Return>*.

Bei manchen Tabellen empfiehlt es sich, grundsätzlich alle Spalten des Arbeitsblattes zu verkleinern oder zu vergrößern. LOTUS 1-2-3 eröffnet diese Möglichkeit mit der Befehlsfolge *Arbeitsblatt Global Breite*.

2.2 Tabellen berechnen

Nachdem die Daten in einer Tabelle erfasst und erste Formatierungen vorgenommen worden sind, kann mit der eigentlichen Berechnung begonnen werden. Es gilt, für die Ermittlung der Monats-und Quartalssummen sowie der prozentualen Anteile der Einnahmeposten an der Quartalseinnahme entsprechende Formeln aufzustellen.

LOTUS 1-2-3 hält für Berechnungen unterschiedliche Möglichkeiten bereit:
so kann ein Ergebnis sowohl mit konstanten Werten als auch mit Variablen
oder unter Einsatz von Funktionen ermittelt werden. In den folgenden
Abschnitten werden Sie die grundlegenden Unterschiede dieser Berech-
nungsvarianten kennenlernen und am aktuellen Beispiel üben.

2.2.1 Eingabe von Formeln mit Konstanten, Variablen und als Funktion

Summenformel mit Konstanten

Aufgabe: Berechnen Sie die Summe der EINNAHMEN im JANUAR für
die gegebenen Werte.

VORGEHEN: Summenformel mit Konstanten

- Der Zellzeiger wird auf die Zelle bewegt, in der das Ergebnis
  angezeigt werden soll, hier: B13.
- Geben Sie die Formel ein: 3700+955+88,80+200
- Lösen Sie die Berechnung mit der *<Return>*-Taste aus.

Beachten Sie bitte, daß diese und alle künftig einzugebenden Formeln keine
Leerzeichen enthalten dürfen.

LOTUS 1-2-3 berechnet die eingegebene Formel und weist das Ergebnis von
4943,80 in der Zelle B13 aus.

Diese Art, Formeln mit konstanten Werten aufzustellen, erweist sich als
äußerst unflexibel, sobald sich auch nur einer der Werte ändert. Gerade das
geschieht aber in der Praxis oft. Wünschenswert wäre also ein relativ stabiles
Kalkulationsschema mit Zahlen, die monatlich, quarteilsweise oder jährlich
fortgeschrieben werden könnten. Diesem Ziel werden Formeln gerecht, die
nicht mit Konstanten, sondern mit Variablen arbeiten.

Formeln mit Variablen

In Bezug auf Tabellenkalkulationsprogramme sind die Zelladressen nichts
anderes als Variable.Werden Adressen eingegeben statt konstanter Werte,
können die Zellinhalte (die Werte) beliebig verändert werden, ohne daß die
Rechenformel geändert werden muß.

Aufgabe: Die Formel zur Berechnung der Einnahmensumme im Januar soll statt wie oben mit Konstanten nunmehr mit Variablen aufgestellt werden.

VORGEHEN: Eingabe einer Summenformel mit Variablen

- Belassen Sie den Zellzeiger in der Zelle B13 und geben die Summenformel -beginnend mit einem Plus-Zeichen- wie folgt ein:

      +B9+B10+B11+B12

- Lösen Sie die Berechnung mit *<Return>* aus.

Wie bei der Verwendung der Summenformel mit Konstanten, wird das gleiche Ergebnis von 4943,80 ermittelt.

Manuelle Eingaben bergen immer die Gefahr von Tippfehlern. Die Eingabe von Summenformeln mit Variablen im Zeigen-Modus kann solche Fehler vermeiden helfen.

VORGEHEN: Eingabe einer Summenformel mit Variablen im Zeigen-Modus

- Belassen Sie den Zellzeiger in der Zelle B13 und geben als erstes ein Plus-Zeichen (+) ein.

- Bewegen Sie den Zellzeiger mit der *<Pfeiltaste oben>* um 4 Zellen nach oben zur Zelle B9 und geben wieder ein Plus-Zeichen ein. Der Zellzeiger springt zurück zur Zelle B13.

- Bewegen Sie den Zellzeiger mit der *<Pfeiltaste oben>* um 3 Zellen nach oben zur Zelle B10 und geben ein Plus-Zeichen ein. Der Zellzeiger springt zurück zur Zelle B13.

- Nun positionieren Sie den Zeiger mit der *<Pfeiltaste oben>* auf Zelle B11 und geben wiederum ein Plus-Zeichen ein. Der Zellzeiger springt zurück zur Zelle B13.

- Gehen Sie mit dem Zellzeiger um 1 Zelle nach oben zur Zelle B12 und schließen die Berechnung mit *<Return>* ab.

Mit Zelladressen statt mit konstanten Werten zu rechnen, ist die Grundlage jeder Was-Wäre-Wenn-Rechnung. Der Vorteil läßt sich sofort überprüfen. Wenn sich das Spendenaufkommen im Januar von 3700 auf 4100 erhöht, berechnet die aufgestellte Formel automatisch das neue Ergebnis von 5343,80.

Probieren Sie das aus, indem Sie als Januarspenden-Einnahme 4100 eingeben.

Einsatz von Funktionen

Für eine Reihe von Berechnungen bietet 1-2-3 Funktionen an. Bei Additionen erspart der Einsatz der Summen-Funktion die Eingabe jeder einzelnen zu addierenden Zelladresse.

Die allgemeine Schreibweise der Summenfunktion lautet:

@Summe(Argument-Liste).

Der "Klammeraffe" (@) informiert 1-2-3, daß eine Funktion angewandt wird. Der Funktionsname (Summe) gibt Auskunft darüber, um welche Rechenoperation es sich handelt. Die runden Klammern enthalten Angaben (Argumente), die das Programm benötigt, um die Berechnungen durchzuführen - in unserem Fall den Zellbereich, dessen Inhalte addiert werden sollen.

Zu beachten ist, daß die gesamte Funktionseingabe keine Leerzeichen enthalten darf.

HINWEIS:

    1-2-3 stellt eine große Anzahl von Funktionen bereit. Wenn Sie über die HILFE-Funktionstaste *<F1>* den *Hilfe_Index* aufrufen und Hilfe zu *@Funktionen* wählen, können Sie die Funktions-Kategorien sehen: es gibt mathematische, logische, statistische Funktionen, sowie Finanz-, Zeichenfolge-, Datums- Sonder- und statistische Datenbankfunktionen. Einen Teil dieser Funktionen werden Sie noch im Verlaufe des Buches kennenlernen.

Aufgabe: Die Berechnung der Einnahmensumme für den Februar soll mit Hilfe der Summenfunktion erfolgen.

VORGEHEN: Eingabe einer Summenfunktion mit Variablen

- Bewegen Sie den Zellzeiger zur Zelle C13, in der das Ergebnis angezeigt werden soll.

- Zuerst wird der "Klammeraffe" @ eingegeben. Dieses Zeichen wird gebildet, indem Sie die Taste *<AltGr>* (bzw. die Tasten *<Strg>+<Alt>*) gedrückt halten und einmal die Taste "2" betätigen.

Nach dem Klammeraffen wird der Funktionsname SUMME eingegeben. In runde Klammern setzen Sie anschließend den Bereich, dessen Zellinhalte addiert werden sollen.

@Summe(A:C9..A:C12).

- Mit *<Return>* erfolgt die Eingabe, Berechnung und Speicherung der Funktion in der Zelle C13.

Der Zellbereich kann auch bei Funktionen mit Hilfe der Zellzeiger-Technik im Zeigen-Modus markiert werden.

Aufgabe: Bei der Ermittlung der Einnahmensumme für März mit Hilfe der Summenfunktion soll der Zellbereich mit der Zellzeiger-Technik festgelegt werden.

VORGEHEN: Bereichsbestimmung im Zeigen-Modus bei Eingabe einer Summenfunktion

- Positionieren Sie den Zellzeiger in der Zelle, in der die Einnahmen-Summe für März ermittelt werden soll: D13.

- Geben Sie den Klammeraffen, den Funktionsnamen, sowie die linke runde Klammer ein.

- Bewegen Sie den Zellzeiger mit der *<Pfeiltaste oben>* um eine Zelle nach oben zur Adresse D12, geben einen Punkt zur Verankerung ein (D12..D12) und ziehen mit der *<Pfeiltaste oben>* die Markierung um drei Zellen nach oben zur Adresse D9.

- Wenn Sie die Argumenteingabe nun mit der rechten runden Klammer abschließen, springt der Zellzeiger zurück zur Zelle D13 und Sie können mit *<Return>* die Berechnung ausführen lassen.

In leicht abgewandelter Form kann die Zellzeiger-Methode, die Eingabefehler zu vermeiden hilft, auch dann angewandt werden, wenn die zu berechnenden Daten im Arbeitsblatt verstreut, z.B. in den Zellen A3, F7 und G12 angesiedelt sind. In einem solchen Fall müßten Sie jeweils nach Positionierung des Zellzeigers auf einer dieser Zellen ein Semikolon (;) eingeben. Der Zellzeiger springt daraufhin zur Ergebniszelle zurück und kann von da auf die nächste Adresse bewegt werden, die zu berechnende Daten enthält. Im Bedienfeld werden die mit einem Semikolon fixierten Zelladresen angezeigt. Nach der

Ansteuerung der letzten Zelladresse wird kein Semikolon mehr eingegeben
sondern wieder die rechte runde Klammer gesetzt und mit *<Return>* die
Berechnung ausgelöst.

HINWEIS:
> Eine Liste aller verfügbaren Funktionen kann auf dem Bildschirm erzeugt und die ge-
> wünschte Funktion von dort abgerufen werden. Nach Eingabe des "Klammeraffen"
> wird anschließend die Funktionstaste *<F3>* zweimal betätigt. Mit Hilfe des Zeigers
> wird die gewünschte Funktion markiert und mit *<Return>* aufgerufen. Im Bedienfeld
> sehen Sie, daß nach dem "Klammeraffen" der Funktionsname und die linke runde
> Klammer zur Eröffnung des Argumentbereichs eingetragen sind.

2.2.2   Kopieren von Formeln

Analog zur Dateneingabe gilt auch für die Entwicklung von Formeln, daß die
mühselige Art des Eintippens wenn möglich durch effektivere Techniken ersetzt werden sollte. Kopiert werden können nicht nur Texte und Werte, sondern auch Formeln. So hätte in unserem Beispiel die Formel zur Berechnung
der monatlichen Einnahme-Summe für Januar entwickelt und als Quellformel
für die anderen Monate nach rechts kopiert werden können.

Um dieses effiziente Arbeitsmittel der Tabellenkalkulation speziell für Formeln einzusetzen, müssen allerdings bestimmte Vorüberlegungen getroffen
werden. Eine entscheidende Voraussetzung besteht darin, die Quellformel, die
kopiert werden soll, richtig zu entwickeln. Von daher wird der logische Aufbau kopierfähiger Formeln im Mittelpunkt der weiteren Ausführungen stehen.

Aufgabe: Als Erstes soll in der Zelle E9 die Quellformel zur Berechnung
der Quartalssumme/Spenden erstellt werden. Durch die Kopie
dieser Formel sollen die Quartalssummen für die Veranstaltungen, den Info-Verkauf, den Beitrag sowie die Gesamtsumme der
Einnahmen berechnet werden.

VORGEHEN: Eingeben und Kopieren von Formeln

- Erster Schritt ist, den Zellzeiger auf die Ergebniszelle (Quar-
  talssumme/Spenden) zu stellen: Zelladresse E9.

- Geben Sie als Nächstes die Formel entsprechend einer der
  vorgestellten Möglichkeiten ein.

      +B9+C9+D9
      oder
      @Summe(B9..D9)

- Lösen Sie den Rechenvorgang mit *<Return>* aus und Sie sehen das Ergebnis (13800,00) in Zelle E9 angezeigt.

- Lassen Sie den Zellzeiger auf seiner Position und leiten Sie den Kopiervorgang ein, indem Sie zuerst das Menü und dann den Befehl *Kopie* aufrufen.

- Zu kopieren ist die für die Zelle E9 entwickelte Quellformel in den Zellbereich E10..E13.
  Bereich, aus dem kopiert werden soll: E9..E9   *<Return>*
  Bereich, in den kopiert werden soll: E10..E13   *<Return>*

In den Zellen E10 bis E13 werden umgehend die Quartalssummen der Einnahmeposten sowie die Gesamtsumme der Quartalseinnahmen angezeigt.

Auf den ersten Blick scheint das Kopieren von Formeln nichts Besonderes zu beinhalten. Sehen wir uns die Sache aber einmal genauer an.

2.2.3 Die Bedeutung von relativen und absoluten Zelladressen in Formeln

Zu überprüfen ist, warum die Formel, die die Summe der Zellinhalte von B9 bis D9 ermittelte, als Quellformel kopiert auch die Summe der Zellinhalte von B10 bis D10, von B11 bis D11 usw. richtig berechnet.

Gehen Sie mit dem Zellzeiger nacheinander auf die Ergebniszellen E9 bis E13 und sehen Sie sich im Bedienfeld die Zellinhalte an:

```
Inhalt von Zelle E9:    +B9+C9+D9      bzw.    @Summe(B9..D9)
Inhalt von Zelle E10:   +B10+C10+D10 bzw.    @Summe(B10..D10)
Inhalt von Zelle E11:   +B11+C11+D11 bzw.    @Summe(B11..D11)
Inhalt von Zelle E12:   +B12+C12+D12 bzw.    @Summe(B12..D12)
Inhalt von Zelle E13:   +B13+C13+D13 bzw.    @Summe(B13..D13)
```

Was ist geschehen? Eingebunden im Kopiervorgang ist, daß LOTUS 1-2-3 die Zelladressen automatisch anpasst.

Genauer:

Der Zellzeiger steht in der Ergebniszelle (hier:E9). Von dieser Position (!) ausgehend, interpretiert 1-2-3 die Summenformel wie folgt:

- Nimm den Inhalt der Zelle in der gleichen Zeile um 3 Spalten nach links versetzt;

  = Inhalt der Zelle B9

- addiere hinzu den Inhalt der Zelle in der gleichen Zeile um 2 Spalten nach links versetzt;

  = Inhalt der Zelle C9

- addiere hinzu den Inhalt der Zelle in der gleichen Zeile um 1 Spalte nach links versetzt;

  = Inhalt der Zelle D9

- berechne die Summe und gib sie in der Ergebniszelle aus:

  = Ergebnis in Zelle E9.

Interpretieren wir 1-2-3 im folgenden in Bezug auf die Berechnung der Quartalssumme/Veranstaltungen. Die Formel in E9 wurde kopiert in die Zelle E10. Von dieser Position (!) ausgehend, geht 1-2-3 nach dem gleichen Muster wie oben vor:

- Nimm den Inhalt der Zelle in der gleichen Zeile um 3 Spalten nach links versetzt;

  = Inhalt der Zelle B10

- addiere hinzu den Inhalt der Zelle in der gleichen Zeile um 2 Spalten nach links versetzt;

  = Inhalt der Zelle C10

- addiere hinzu den Inhalt der Zelle in der gleichen Zeile um 1 Spalte nach links versetzt;

  = Inhalt der Zelle D10

- berechne die Summe und gib sie in der Ergebniszelle aus:

  = Ergebnis in Zelle E10.

Die gleiche Prozedur gilt für alle kopierten Summenformeln.

Wenn 1-2-3 automatisch Zelladressen anpasst, spricht man von *relativer Zelladressierung*. Relativ deshalb, um es nochmals zu wiederholen, weil nicht die fixierte Zelladresse, sondern die jeweilige Position der Zelle von Belang ist.

Doch nicht bei allen Berechnungen kann mit relativer Zelladressierung gearbeitet werden. Prozentrechnungen zum Beispiel sind typische Anwendungen für Formeln mit relativen und absoluten Zelladressen, wie Sie an Hand der nachfolgenden Aufgabe feststellen können.

Aufgabe: Vervollständigt wird die Einnahmentabelle durch die Berechnung der prozentualen Anteile der einzelnen Einnahmensummen an den Gesamteinnahmen des Quartals. Entwickeln Sie eine Formel zur Berechnung des Anteils der Spenden an den Gesamteinnahmen, die zur Berechnung der übrigen Einnahmenanteile kopiert werden kann.

Die Berechnung erfolgt im Dreisatz:

Inhalt der Zelle E13 (Gesamteinnahmen)   =   100%

Inhalt der Zelle E9 (Spendeneinnahmen)   =   ? %

Inhalt der Zelle E13 (Gesamteinnahmen)   =   100%

Inhalt der Zelle E10 (Veranstaltungen)   =   ? %

u.s.w.

Sie ersehen daraus, daß in der Formel zur Berechnung der jeweiligen prozentualen Anteile eine Zelladresse auch beim Kopiervorgang unverändert bleiben muß: die Adresse E13, in der die Bezugsgröße von 100% gespeichert ist.

Da wir nun wissen, daß 1-2-3 die Adressen im Kopiervorgang automatisch anpasst, muß für E13 ausdrücklich festgelegt werden, daß der Zellbezug nicht verändert werden darf. Man spricht in diesem Fall von *absoluter Adressierung*. Das geschieht mit Hilfe des $-Zeichens. Um Zelladressen absolut zu adressieren, wird vor der Spalten- und Zeilenangabe jeweils ein $-Zeichen gesetzt.

VORGEHEN: Kopieren einer Formel mit relativer und absoluter Zelladressierung

•   Zellzeiger auf der Ergebniszelle (prozentualer Anteil der Spenden-Einnahmen an den Gesamteinnahmen des Quartals) positionieren: Zelladresse F9.

- Geben Sie als Formelanfang ein Pluszeichen ein,

    - bewegen dann den Zellzeiger in die Zelle E9 (gleiche Zeile, um 1 Spalte nach links versetzt);

    - multiplizieren mit 100 (E9*100),

    - dividieren (Divisionszeichen = /) durch die Quartalssumme/Gesamteinnahmen in Zelle E13, wobei Sie E13 absolut adressieren:

        +E9*100/$E$13

- Die Formel wird mit der *<Return>*-Taste ausgeführt und mit dem Menübefehl *Kopie* in die verbleibenden Zielzellen kopiert.

Die $-Zeichen können Sie entweder eingeben oder mit der *ABS*-Funktionstaste *<F4>* eintragen lassen.

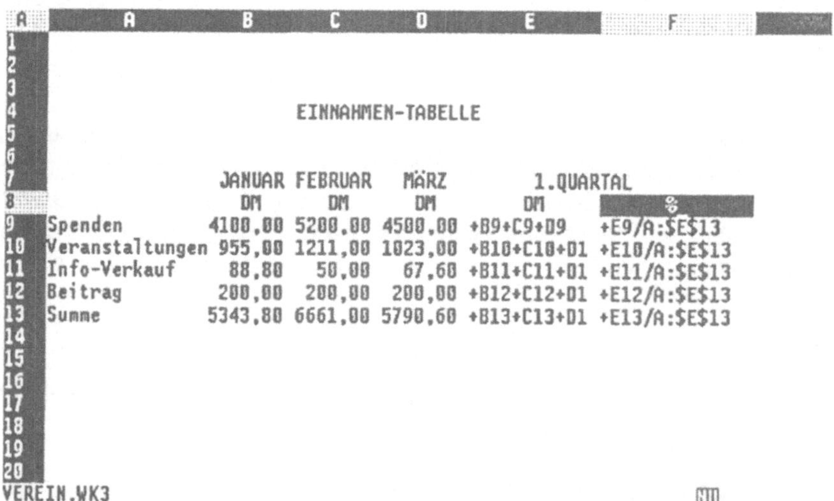

Abb.2-3: Prozentformel mit absoluter und relativer Zelladressierung

Interpretieren wir zum besseren Verständnis die Formel und deren Anpassung/Fixierung im Kopiervorgang noch einmal genauer.

Der Zellzeiger steht in der Ergebniszelle F9. Von dieser Position ausgehend, interpretiert LOTUS 1-2-3 wie folgt:

-	Nimm den Inhalt der Zelle in der gleichen Zeile um 1 Spalte nach links versetzt;

	= Inhalt der Zelle E9

-	multipliziere diesen Inhalt mit der Konstanten 100

	= Inhalt der Zelle E9*100

-	dividiere das Ergebnis durch den Inhalt der Zelle E13, der in der Rechnung die fixierte Basis von 100% darstellt;

	= Inhalt der Zelle E9*100/$E$13

-	berechne den Prozentanteil und gib das Ergebnis aus:

	= Ergebnis in Zelle F9.

Die Formel wurde in die nächste Ergebniszelle F10 kopiert. Von dieser Position ausgehend, interpretiert LOTUS 1-2-3 wie folgt:

-	Nimm den Inhalt der Zelle in der gleichen Zeile um 1 Spalte nach links versetzt;

	= Inhalt der Zelle E10

-	multipliziere diesen Inhalt mit der Konstanten 100

	= Inhalt der Zelle E10*100

-	dividiere das Ergebnis durch den Inhalt der Zelle E13, der in der Rechnung die fixierte Basis von 100% darstellt;

	= Inhalt der Zelle E10*100/$E$13

-	berechne den Prozentanteil und gib das Ergebnis aus:

	= Ergebnis in Zelle F10.

Für die Berechnungen in den Ergebniszellen F11..F13 gilt die Interpretation analog.

Ein effizienter Umgang mit Tabellenkalkulations-Programmen beinhaltet in jedem Fall das Kopieren von Formeln. Eine korrekte, flexibel und schnell ausgeführte Berechnung setzt aber immer auch voraus, daß fachliche Vorüberlegungen stattgefunden haben: es wird von der konkreten Aufgabenstellung abhängen, ob und wann Formeln mit relativen oder absoluten

Zelladressen aufzubauen sind. Unter Umständen verlangt das Problem sogar eine *gemischte Adressierung*, d.h. nur die Spalte wird fixiert und die Zeile wird angepasst ($A5) oder die Spalte wird angepasst und die Zeile wird fixiert (A$5).

2.3   Präsentation von Tabellen

Im Anschluß an die Tabellenberechnungen sollte die Darstellungsform des Datenmaterials überprüft werden. Eine klare, übersichtliche Bildschirm- und Druckgestaltung erhöht die Aussagekraft einer Tabelle und zählt heute zum Standard jeder Präsentation.

LOTUS 1-2-3 bietet entsprechende Gestaltungsmittel an, die über die bislang vorgestellten Grundformatierungen der Tabelle hinausgehen. Im folgenden wird:

-   das bisherige Zahlenformat (2 Nachkommastellen) durch differenzierte Bildschirmanzeigen ersetzt;

-   die Tabelle nach Einfügen von Spalten und Zeilen durch Unterstreichungen und Trennlinien überschaubarer eingerichtet werden.

2.3.1   Die Zahlenformate Währung und Prozent

Für eine übersichtliche Präsentation unserer Übungstabelle empfiehlt es sich, die Zahlen genauer als bisher zu formatieren. Konkret: die Zahlen, die Geldwerte ausdrücken, sollen mit Hilfe des Währungsformats Währungssymbole (DM) zugeordnet bekommen und die Prozentwerte das Prozentzeichen.

Zahlenformat: Währung

Aufgabe: Alle monatlichen Einnahmen und deren Monats- und Quartalssummen (Zellbereich B9..E13) sollen mit Währungszeichen angezeigt werden.

VORGEHEN: Werte im Währungsformat darstellen

   •   Rufen Sie das Menü auf und wählen Sie den Befehl *Bereich*.

- Bewegen Sie den Befehlszeiger auf den Befehl *Format* und bestätigen mit *<Return>* oder rufen Sie den Befehl mit dem Anfangsbuchstaben *F* auf.

- Wählen Sie aus der Liste der möglichen Zahlenformate *Währung* und übernehmen Sie die vorgeschlagenen 2 Dezimalstellen mit *<Return>*.

- Geben Sie den mit Währungsymbolen zu formatierenden Bereich ein oder markieren Sie ihn mit dem Zellzeiger im Zeigen-Modus B9..E13.

- Bestätigen Sie die Formatierung mit der *<Return>*-Taste.

Aufgrund der neuen Formatierung erscheinen in den Zellen B9..E9, C10..E10, B13..E13 eine Reihe von Sternchen (*********). 1-2-3 zeigt damit an, daß die jeweiligen Spalten nicht breit genug für die Anzeige des Zahlenformats sind und verbreitert werden müssen.

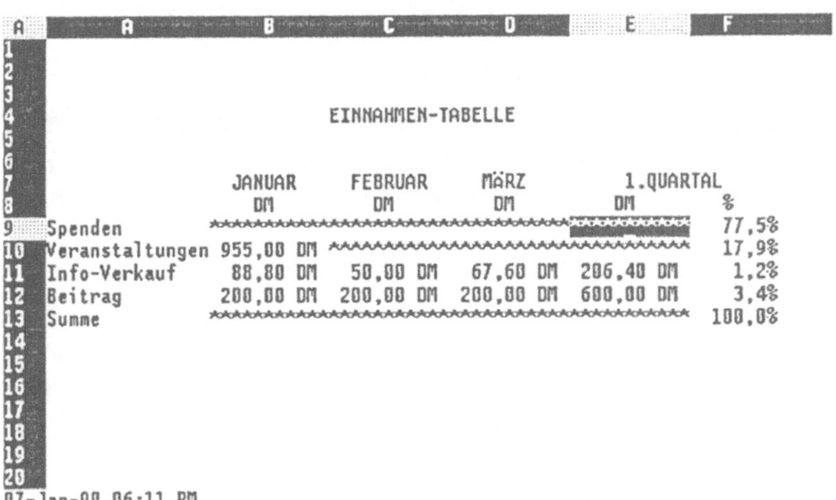

Abb.2-4: Die Spaltenbreite ist zu gering, um das Zahlenformat anzuzeigen

Verbreitern Sie die Spalten wie in Abschnitt 2.1.5 gelernt, indem Sie die Befehlsfolge *Arbeitsblatt Spalte Modifizieren* aufrufen, den Bereich der zu verbreiternden Spalten (B9..E9) angeben und mit *<Return>* bestätigen. Bestimmen Sie dann die erforderliche Breite der Spalten, indem Sie mit der *<Pfeiltaste rechts>* soweit nach rechts gehen, bis die Zahlen einschließlich der DM-Zeichen wieder auf dem Bildschirm dargestellt werden. Bestätigen Sie die Spaltenbreite mit *<Return>*.

Zahlenformat: Prozent

Um das Prozentzeichen direkt hinter den Zahlen mit anzeigen zu lassen, bedarf es einer Korrektur unserer Prozentformel, weil die Formatierung die Multiplikation mit 100 mit einschließt!

VORGEHEN: Anpassung und Kopie von Prozentformeln

- Bewegen Sie den Zellzeiger zur Zelle F9, in der die ursprüngliche Prozentformel:

    +E9*100/$E$13 gespeichert ist.

- Mit der EDIT-Funktionstaste *<F2>* holen Sie den zu verändernden Zellinhalt wieder in das Bedienfeld. Löschen Sie die Zeichen: *100 mit Hilfe der *<Entf>*-Taste, nachdem Sie den Zeiger auf das *-Zeichen gesetzt haben und bestätigen Sie die angepaßte Formel mit *<Return>*.

    +E9/$E$13

- Rufen Sie das Menü auf und wählen Sie den Befehl *Kopie*.

    Bereich, aus dem kopiert werden soll: A:F9..A:F9 *<Return>*
    Bereich, in den kopiert werden soll: A:F10..A:F13 *<Return>*

Im folgenden Schritt kann die Prozentformatierung vorgenommen werden.

Aufgabe: Das Format: 0,00 im Zellbereich F9..F13 soll durch ein anderes mit einer Nachkommastelle und nachfolgendem Prozentzeichen ersetzt werden.

VORGEHEN: Prozent-Formatierung

- Rufen Sie das Menü auf und wählen Sie die Befehlsfolge
    Bereich Format

- Aus der Liste der Zahlenformate wählen Sie die Option *Prozent*, geben mit 1 die Anzahl der Dezimalstellen an und bestätigen mit *<Return>*.

- Geben Sie als zu formatierenden Bereich A:F9..A:F13 ein und bestätigen Sie mit *<Return>*.

2.3.2 Trennlinien ziehen - Einfügen von Spalten und Zeilen

Abschließend wollen wir der Tabelle den letzten Schliff geben, indem zur besseren Übersicht Trennlinien eingezogen werden.

Aufgrund der Formatierung sind die Spaltentitel in Zeile 8 (DM,%) überflüssig geworden. Von daher kann diese Zeile dazu genutzt werden eine Trennlinie einzuziehen.

Aufgabe: Zwischen den Monatsnamen in Zeile 7 und der Spendenzeile soll eine Trennlinie eingezogen werden.

VORGEHEN: Einziehen von Trennlinien

- Bewegen Sie den Zellzeiger zur Zelle A8.

- Geben Sie als erstes Zeichen den "backslash" \ ein. Dieses Zeichen wird gebildet, indem Sie die Taste *<AltGr>* bzw. die Tasten *<Strg>*+*<Alt>* gedrückt halten und einmal die Taste mit den spitzen Klammern drücken.

- Nach dem \ folgt ein Minuszeichen als Trennsymbol:

  \-

- Durch *<Return>* wird die Zelle A8 vollständig mit den Minuszeichen ausgefüllt.

- Kopieren Sie mit Hilfe des Menübefehls *Kopie* den Zellinhalt von A9 in den Bereich B9..H9.

  Bereich, aus dem kopiert werden soll: A:A9..A:A9 *<Return>*
  Bereich, in den kopiert werden soll: A:B9..A:H9 *<Return>*

Wie Sie gesehen haben, bewirkt ein "backslash", daß das nachfolgende Zeichen so oft wiederholt wird, bis die Zelle ausgefüllt ist. Werden Spalten verbreitert, passt sich die Anzahl der Zeichen automatisch an. Statt des Minuszeichens können andere Zeichen als Trennsymbol verwendet werden.

HINWEIS:
   Die waagerechte Linie in Abb: 2-1 befindet sich als Zeichen nicht auf der Tastatur und
   wird produziert, indem die *<Alt>*-Taste gedrückt gehalten und im numerischen Block
   der Code 196 eingegeben wird.

Im nächsten Schritt soll zwischen Summen- und Beitragszeile eine weitere
Trennlinie eingezogen werden. Die Schwierigkeit ist, daß für dieses Vorhaben
kein Raum zur Verfügung steht. Von daher muß zunächst eine Leerzeile eingefügt werden.

Aufgabe: Zwischen Summen (Zeile 13) und Beitragszeile soll eine
               Leerzeile eingefügt und anschließend eine Trennlinie gezogen
               werden.

VORGEHEN: Einfügen von Zeilen

- Der Zellzeiger wird in der Zeile 13 positioniert.

- Rufen Sie das Menü auf und wählen Sie, weil die Zeile über
  das gesamte Arbeitsblatt eingefügt wird, den Befehl
  Arbeitsblatt.

- Im Untermenü finden Sie den Befehl *Einfügen*.

  Einfügen
  Spalte Zeile Blatt,

  den Sie mit *<Return>* bestätigen oder mit dem Anfangsbuchstaben E aufrufen.

- Im nächsten Schritt bestimmen Sie, daß eine Zeile eingefügt
  werden soll.

  Zeile
  Fügt über dem Zellzeiger eine oder mehrere leere Zeilen ein

  Mit *<Return>* oder dem Anfangsbuchstaben *Z* wird der
  Befehl bestätigt.

- Zum Schluß geben Sie an, ob eine oder mehrere Zeilen eingefügt werden sollen.

  Einzufügende Zeilen: A:A13..A:A13

  Aufgrund der richtigen Zellzeigerposition können Sie das
  Verfahren mit der *<Return>*-Taste abschließen.

Sollten Sie den Zellzeiger zu Beginn des Vorgehens nicht in die Zeile 13 bewegt haben, lösen Sie mit der *<Esc>*-Taste die Verankerung, stellen den Zellzeiger in die richtige Zeile.

Nachdem nun eine Leerzeile zur Verfügung steht kann die Trennlinie eingezogen werden. Das schnellste Verfahren ist, die Linie aus der Zeile 8 in die Zeile 13 zu kopieren.

VORGEHEN: Kopieren von Trennlinien

  * Wählen Sie den Menübefehl *Kopie.*

    Kopie
    Bereich, aus dem kopiert werden soll: A:A8..A:F8 *<Return>*
    Bereich, in den kopiert werden soll: A:A13 *<Return>*

Wurde bislang der Inhalt einer Zelle in einen Zellbereich kopiert, so wird hier der Inhalt eines Zellbereichs in einen anderen kopiert. Es genügt, die Anfangsadresse des Zielbereichs anzugeben.

Auch für das Einziehen von vertikalen Trennlinien gilt, daß zunächst der nötige Raum geschaffen werden muß. Analog zum Einfügen von Zeilen besteht die Möglichkeit, Spalten einzufügen. Da vertikal in eine Zelle nur ein Zeichen paßt, entfällt hier natürlich die \-Technik.

Aufgabe: Die Auflistung der Einnahmen im Januar, Februar und März soll durch Trennlinien sowohl von den Bezeichnungen der Einnahmeposten (Spalte A) als auch von den Quartalsberechnungen gesondert werden.

VORGEHEN: Einfügen von Spalten und Ziehen von senkrechten Trennlinien

  * Bewegen Sie den Zellzeiger in die Spalte B.
  * Rufen Sie das Menü auf und wählen die Befehlsfolge *Arbeitsblatt Einfügen Spalte.*

Spalte
Fügt links neben dem Zellzeiger eine oder mehrere leere
Spalten ein.

Mit der <*Return*>-Taste wird eine leere Spalte eingefügt, in
die Sie nun die Trennzeichen eingeben können.

- Bewegen Sie den Zellzeiger auf die Zelle B7 und geben ein
  großes "I" als Trennungszeichen ein.

- Kopieren Sie dann mit Hilfe des Menü-Befehls *Kopie* das
  Trennzeichen von der Adresse B7 in den Adressbereich
  B8..B14.

- Die Standard-Spaltenbreite von 9 Zeichen verringern Sie nun
  auf 1 Zeichen mit den Menübefehlen Arbeitsblatt Spalte
  Bestimmen.

  Spaltenbreite (1..240): 1   <*Return*>

HINWEIS:
   Statt des I-Zeichens können Sie über den Code <*Alt*> + 179 eine durchgezogene Linie
   erstellen.

Üben Sie das Verfahren, indem Sie den Zellzeiger zur Spalte F bewegen, dort
eine Leerspalte einfügen und dann die Trennlinien einziehen.

2.4 Befehls- und Funktionsübersicht

BEFEHLSMENÜ

Arbeitsblatt
   eröffnet ein Untermenü mit den Befehlen *Global Einfügen
   Löschen Spalte Radier Titel Fenster Param N.Seite
   Verberg.* Alle diese Befehle beziehen sich auf Operationen, die über einzelne Zellen oder Zellbereiche hinaus das
   aktuelle Arbeitsblatt betreffen.

Arbeitsblatt Global
   bietet mit dem Untermenü *Format Justieren Breite Schutz
   0 Neuberechnen Vorgabe Gruppe* Optionen an, die sich
   stets auf das gesamte Arbeitsblatt beziehen.

Arbeitsblatt Global Format
> legt für das gesamte Arbeitsblatt eine bestimmte, aus dem Untermenü *Fest Exp Währung . Standard +/- Prozent Datum Text Verbergen Optionen* zu wählende Darstellungsform von Zahlen fest.

Arbeitsblatt Global Breite
> definiert die Spaltenbreite für das aktuelle Arbeitsblatt

Arbeitsblatt Einfügen
ermöglicht durch Wahl einer Option aus dem Untermenü *Spalte Zeile Blatt* Einfügungen im Arbeitsblatt.

Arbeitsblatt Einfügen Spalte
> fügt eine oder mehrere leere Spalten links von der Position des Zellzeigers ein.

Arbeitsblatt Einfügen Zeile
> fügt eine oder mehrere leere Zeilen oberhalb der Position des Zellzeigers ein.

Arbeitsblatt Löschen
führt über das Untermenü *Spalte Zeile Blatt Datei* Löschoperationen aus

Arbeitsblatt Löschen Spalte
> löscht eine Spalte im Arbeitsblatt. Die nächste Spalte rückt nach links nach.

Arbeitsblatt Löschen Zeile
> löscht eine Zeile aus dem Arbeitsblatt. Die nächste Zeile rückt nach oben nach.

Arbeitsblatt Spalte
nimmt mit Hilfe einer der Optionen des Untermenüs *Bestimmen Standard Verbergen Anzeigen Modifizieren* Operationen mit definierten Spalten vor. Diese Operationen gelten vertikal für das gesamte Arbeitsblatt.

Arbeitsblatt Spalte Bestimmen
> definiert die Breite einer einzelnen Spalte. Die Spaltenbreite kann zwischen 0 und 240 Zeichen betragen.

Arbeitsblatt Spalte Standard
> setzt die Spaltenbreite der aktuellen Spalte auf das Globalformat zurück.

Arbeitsblatt Spalte Modifizieren
> bestimmt die Breite eines definierten Spaltenbereichs.

Bereich Format

bestimmt mit den Befehlen des Untermenü *Fest Exp Währung Standard +/- Prozent Datum Text Verbergen Optionen Zurücksetzen* die Anzeige von Werten und Formeln innerhalb eines definierten Arbeitsblatt-Bereichs.

> *Bereich Format Fest*
>
> legt einheitliche Nachkommastellen für Zellen oder Zellbereiche fest.
>
> *Bereich Format Währung*
>
> stellt Zahlen in einzelnen Zellen oder Zellbereichen mit Tausenderpunkten, Dezimalkomma, einheitlichen Nachkommastellen und dem Währungssymbol DM dar.
>
> *Bereich Format Standard*
>
> setzt abweichend formatierte Zellen oder Zellbereiche auf das Standardformat
>
> *Bereich Format Prozent*
>
> multipliziert Zellinhalte mit 100 und zeigt die Werte mit dem Prozentzeichen an.
>
> *Bereich Format Zurücksetzen*
>
> setzt abweichende Formate von Zellen oder Zellbereichen auf das Globalformat zurück.

Bereich Just

bestimmt über das Untermenü *Links Rechts Zentriert* die Ausrichtung von Text in definierten Bereichen.

Kopie

vervielfältigt Inhalt von Originalzellen. Kopiert werden können Texte, Werte und Formeln

FUNKTIONSTASTEN:

EDIT Funktionstaste <F2>

dient zum Editieren von Zellinhalten.

NAME Funktionstaste <F3>

bewirkt eine fortlaufende Auflistung unterschiedlicher Anwendungen im Bedienfeld. Wird zum Beispiel das Funktionszeichen @ eingegeben, werden mit <F3> im Bedienfeld sämtliche Funktionen fortlaufend angezeigt. Bei zweimaliger Betätigung von <F3> wird die Liste vollständig im Arbeitsblatt ausgegeben.

ABS Funktionstaste *<F4>*
  ändert die Zelladressierung (relativ, absolute, gemischt).

*backslash *
  vor einem eingegebenen Zeichen bewirkt, daß dieses Zeichen automatisch so lange wiederholt wird, bis die Zelle
  ausgefüllt ist.

Textkennzeichen `, ^ und "
  definieren auch solche Eingaben als Texte, die mit einer
  Zahl beginnen und richten sie linksbündig, zentriert oder
  rechtsbündig aus.

FUNKTIONEN:

@Summe(Argument-Liste)
  addiert als Funktion die Element der Argumentliste

3   Speichern, Laden und Drucken von Tabellen

Dieses Kapitel:

- *zeigt, wie eine Tabelle auf der Festplatte gesichert und wieder in den Arbeitsspeicher geladen wird;*

- *erklärt, wie Pfadeinstellungen von LOTUS 1-2-3 aus vorgenommen werden;*

- *führt vor, wie Tabellen mit LOTUS 1-2-3 auszudrucken sind und gibt Hinweise zur Verwendung von Druckformatierungs-Optionen*

3.1   Speichern und Laden von Dateien

Tabellen, mit denen Sie aktuell arbeiten, die Sie erstellen, erweitern oder ausdrucken, befinden sich im Arbeitsspeicher Ihres Computers. Würden Sie den Computer abschalten, wären die Arbeitsergebnisse verloren - es sei denn, Sie hätten die Tabelle als Datei gespeichert. Speichern heißt, daß Sie Daten aus dem Arbeitsspeicher des Computers auf ein externes Speichermedium übertragen, auf eine Diskette also oder auf die Festplatte. Dort werden diese Daten in einer Datei unter einem bestimmten Namen abgelegt, damit sie künftig wieder aufgefunden werden können. Einmal in einer Datei gespeichert, kann eine Tabelle immer wieder in den Arbeitsspeicher des Computers geladen und erneut bearbeitet oder ausgedruckt werden.

So wie bestimmte Dokumente in unterschiedlichen Aktenordnern abgelegt werden, empfiehlt es sich auch, Dateien in unterschiedlichen Verzeichnissen auf der Festplatte zu speichern.

Richten Sie deshalb auf der Festplatte Ihres Computers Unterverzeichnisse ein. Das geschieht mit dem DOS-Befehl *Make Directory* oder kurz: *md.*

Wir gehen davon aus, daß das Unterverzeichnis 123V3\ bereits über die Installation von 1-2-3 angelegt wurde. Darüberhinaus empfehlen wir, ein weiteres Unterverzeichnis für Ihre Übungsdateien einzurichten. Im folgenden vergeben wir für dieses neue Unterverzeichnis den Namen "Schulung".

> c>md\123V3\SCHULUNG   *<Return>*

Sollten Sie noch Schwierigkeiten mit dem Anlegen von Unterverzeichnissen oder generell mit dem Betriebssystem haben, schlagen Sie bitte in Ihrem DOS-Handbuch nach.

HINWEIS:
> Wenn Sie 1-2-3 geladen haben und kurzfristig das Programm z.B. zum Anlegen von Unterverzeichnissen verlassen wollen, geht das über die DOS-Schnittstelle von 1-2-3. Der Menübefehl *Sys* führt zur DOS-Ebene. Mit *Exit* gelangen Sie von DOS direkt zurück zu Ihrer 1-2-3 Tabelle.

3.1.1 Speichern der Tabelle

Spätestens nachdem Sie Ihre Vereins-Tabelle fertiggestellt haben, ist es an der Zeit, die Daten zu sichern. Um Datenverluste zu vermeiden, sollten Sie später auch während der Tabellenbearbeitung zwischenspeichern. Die Betriebssicherheit von Personal Computern hat sich zwar weiter verbessert, doch bleiben Störfälle nicht ausgeschlossen. Im Anschluß an das Speichern der Tabelle werden Sie lernen, wie Dateien z.B. für die weitere Bearbeitung oder Aktualisierung wieder zu laden sind.

Mit der Befehlsfolge *Transfer Speich* wird das aktuelle Arbeitsblatt mit allen zugehörigen Parametern in einer Datei gespeichert. Sie "transferieren" die Tabelle vom Arbeitsspeicher auf die Festplatte.

Aufgabe: Zur Datensicherung soll das Arbeitsblatt vom Arbeitsspeicher in das Unterverzeichnis der Festplatte C:\123V3\SCHULUNG unter dem Namen VEREIN abgelegt werden.

VORGEHEN: Erstmaliges Speichern einer Datei auf der Festplatte

- Rufen Sie das Menü auf und wählen Sie die Befehlsfolge *Transfer Speich*.

Speich
*Kopiert eine Datei aus dem Arbeitsspeicher in eine Datei auf
der Platte.*

Im Bedienfeld erscheint die Zeile:

Name der zu speichernden Datei: C:\123V3\FILE0001.WK3

Der Vorschlag von 1-2-3 bezieht sich auf die Voreinstellung
des Pfades (C:\123V3) und den Dateinamen mit der
Erweiterung WK3.

- Sobald Sie das erste Zeichen eingeben, verschwindet der von
  1-2-3 vorgeschlagene Name. Sie können den Pfad
  vervollständigen und den Dateinamen eingeben.

  C:\123V3\SCHULUNG\VEREIN

- Lösen Sie mit der *<Return>*-Taste den Speichervorgang aus.

HINWEIS:
  1-2-3 vergibt für die gespeicherte Datei automatisch die Dateinamenerweiterung .WK3
  (= worksheet, 1-2-3 VERSION 3). Über *Arbeitsblatt Global Vorgabe* besteht die Möglichkeit, Vorgabeparameter zu ändern. Die Option, die vorgegebene Erweiterung zu
  wechseln, finden Sie unter *Zusatz Speichern*.

Wenn Sie Ihre Tabelle weiter bearbeiten und später erneut speichern wollen,
schlägt 1-2-3 als Dateinamen den von Ihnen bei der ersten Sicherung vergebenen Namen vor. Probieren Sie das aus.

VORGEHEN: Speichern einer aktualisierten Datei

- Rufen Sie das Menü auf und wählen Sie wiederum die
  Befehle *Transfer Speich.* 1-2-3 gibt aus:

  Name der zu speichernden Datei:
  C:\123V3\SCHULUNG\VEREIN.WK3

  Bestätigen Sie mit der *<Return>*-Taste den Vorschlag.

- Es erscheint ein Untermenü, in dem Sie:

  - den Speichervorgang abbrechen können, falls Sie sich
    geirrt haben:

  Nein
  Befehl abbrechen; läßt Datei auf der Platte unverändert.

- die Aktualisierung Ihrer Datei bestätigen können:

Ja
Aktualisiert Datei auf der Platte mit aktueller Datei.

- die Möglichkeit haben, eine Kopie Ihrer alten Datei anzulegen:

Sicherungskopie
Erstellt Sicherungskopie einer Datei auf Platte (mit .BAK Erweiterung)

Sie können sich nun davon überzeugen, daß die Speicheraktion geklappt hat, indem Sie die Menübefehle *Transfer Dateiliste Arbeitsblattdatei* wählen. Über diese Befehle wird Ihnen eine Liste sämtlicher Arbeitsblattdateien im aktuellen Verzeichnis auf dem Bildschirm angezeigt. Mit einer *<Pfeiltaste>* können Sie eine gewünschte Datei markieren und mit *<Return>* Informationen über Datum und Uhrzeit der letzten Speicherung sowie Größe der Datei abrufen. Diese Informationen werden oberhalb der Dateiliste angezeigt.

3.1.2 Einlesen einer gespeicherten Tabelle

Nachdem Sie Ihre Tabelle gesichert haben, könnten Sie das Programm mit den Menübefehlen *Ende Ja* verlassen und den Computer ausschalten. Ihre Daten sind bei Bedarf jederzeit verfügbar und können wieder in den Arbeitsspeicher geladen werden. Für die praktische Arbeit mit Kalkulationsdateien ist das von großer Bedeutung. Dateien werden häufig zur weiteren Bearbeitung erneut geladen - sei es zur Aktualisierung, zur Datenfortschreibung oder zum Ausdruck.

Aufgabe: Die gespeicherte Datei VEREIN.WK3 soll von der Festplatte zur Weiterbearbeitung wieder in den Arbeitsspeicher des Computers geladen (transferiert) werden.

VORGEHEN: Laden von 1-2-3 Arbeitsblattdateien

- Verschaffen Sie sich ein freies Arbeitsblatt, indem Sie die Daten im Arbeitsspeicher einfach mit *Arbeitsblatt Radieren Ja* löschen.

- Rufen Sie das Menü auf und wählen Sie die Befehle *Transfer Laden* .

  Name der zu ladenden Datei: C:\123V3.WK**

- Betätigen Sie die <Esc>-Taste und tragen Sie Laufwerk, Pfad und Dateinamen ein.

  C:\123V3\SCHULUNG\VEREIN

- Schließen Sie ab mit *<Return>*.

Eine weitere Möglichkeit, eine Datei auszuwählen und zu laden besteht darin, nach den Befehlen *Transfer Laden* die NAME-Funktionstaste *<F3>* zu betätigen. Sie erhalten dadurch eine Liste der verfügbaren Dateien sowie der weiteren Unterverzeichnisse auf dem Bildschirm ausgegeben. Daraus können Sie wiederum eine Datei/ein Unterverzeichnis mit den *<Pfeiltasten>* markieren und mit *<Return>* laden. Auch in dieser Dateiliste werden für eine markierte Datei in der dritten Zeile des Bedienfelds Informationen über Datum/Uhrzeit ihrer letzten Speicherung und ihre Größe ausgegeben.

3.1.3   Pfadeinstellungen in LOTUS 1-2-3

Wenn Sie für die Festplatte mit Hilfe von Verzeichnissen eine Ordnung festgelegt haben, werden Sie in der Praxis Ihre Dateien zum überwiegenden Teil in einem bestimmten Verzeichnis speichern (hier: C:\123V3\SCHULUNG). Dieses Verzeichnis können Sie festlegen, so daß der Pfad zum Speichern und zum Laden der Dateien vorab bestimmt (voreingestellt) ist.

Der Pfad kann festgelegt werden

- einmalig, für eine bestimmte Datei;

- für die Dauer einer Arbeitssitzung bis zum Verlassen des Programms für alle aktiven Dateien;

- grundsätzlich, bis zur neuerlichen Pfadeinstellung.

Beginnen wir mit der einmaligen Änderung des Pfades. Laden Sie dazu die Datei VEREIN.WK3.

Aufgabe: Die Datei VEREIN.WK3 soll nicht mehr im Unterverzeichnis der Festplatte, sondern auf der Diskette im Laufwerk A gespeichert werden.

VORGEHEN: Einmalige Änderung des Pfades - Speichern auf der Diskette

- Rufen Sie das Menü auf und wählen Sie die Befehle *Transfer Speich*. Als Vorschlag gibt Ihnen 1-2-3 aus:

  Name der zu speichernden Datei:
  C:\123V3\SCHULUNG\VEREIN.WK3

- Nehmen Sie mit Hilfe der *<Esc>*-Taste zuerst den Dateinamen zurück. 1-2-3 zeigt an:

  Name der zu speichernden Datei: C:\123V3\Schulung.WK3*

- Mit einem weiteren *<Esc>* bleibt nur noch erhalten:

  C:

- Das dritte *<Esc>* nimmt den Pfad weg und Sie können den neuen Pfad und den Dateinamen eingeben:

  A: VEREIN

- Bevor Sie das Verfahren mit *<Return>* abschließen, vergewissern Sie sich, daß Sie eine formatierte Diskette in das Diskettenlaufwerk A Ihres Computers eingelegt haben.

1-2-3 merkt sich diesen Pfad. Für das Speichern einer aktualisierten Fassung der Datei wird automatisch der richtige Pfad mit angegeben. Das gilt nur für diese eine Datei. Testen Sie das, indem Sie die Menübefehle *Transfer Laden* wählen. Fahren wir damit fort, mit 1-2-3 einen Pfad für die Dauer einer Sitzung einzustellen.

Aufgabe: Ihre Dateien sollen für eine Sitzung nicht mehr im Unterverzeichnis C:\123V3\SCHULUNG gespeichert werden, sondern in dem neu anzulegenden Unterverzeichnis C:\123V3\BUDGET.

VORGEHEN: Ändern des Pfades für eine Sitzung

- Legen Sie ein neues Unterverzeichnis an, indem Sie 1-2-3 mit *Sys* verlassen und auf DOS-Ebene eingeben

  md C:\123V3\BUDGET   *<Return>*

  Mit *exit* gehen zurück zur Vereinstabelle.

- Rufen Sie das Menü auf und wählen die Befehlsfolge
  Transfer Index
  Index

Zeigt das aktuelle Verzeichnis an und/oder wechselt das Verzeichnis

Angezeigt wird das - je nach Voreinstellung - aktuelle Verzeichnis. Überschreiben Sie das Verzeichnis mit

C:\123V3\BUDGET

- Bestätigen Sie das neue Vorgabeverzeichnis mit *<Return>*.

Das neue aktuelle Verzeichnis ist solange gültig, bis Sie 1-2-3 verlassen oder es nochmals ändern. Testen Sie das Resultat mit *Transfer Speich* und *Transfer Laden*.

Die dritte Möglichkeit der Pfadänderung, nämlich das Vorgabeverzeichnis neu zu bestimmen, so daß auch nach einem Neustart die Pfadeinstellung erhalten bleibt, ist in der Praxis sehr sinnvoll. Wenn Sie, was wahrscheinlich ist, die meiste Zeit in einem bestimmten Unterverzeichnis arbeiten werden, sollten Sie auch später die Pfadeinstellung wie folgt vornehmen.

VORGEHEN: Bestimmen des Vorgabeverzeichnisses

- Rufen Sie das Menü auf und den Befehl *Arbeitsblatt*.

- Wählen Sie als Nächstes die Befehlsfolge *Global Vorgabe*, mit der sich die Parameter der aktuellen Arbeitsblätter dauerhaft -d.h bis zu einer erneut vorgenommenen Änderung- bestimmen lassen.

- Präzisieren Sie Ihr Vorhaben, indem Sie den Befehl *Index* aufrufen, durch den der Pfad/das Verzeichnis nach Ihren Wünschen vorgegeben werden kann.

  Index
  Bestimmt Vorgabeverzeichnis

- Geben Sie den neuen Index ein und bestätigen Sie ihn mit *<Return>*.

- Zum Schluß dürfen Sie nicht vergessen, den neuen Pfad zu speichern. Dies geschieht mit dem im Vorgabe-Menü angesiedelten Befehl *Aktual*.

  Aktual
  Speichert neue Vorgabeparameter in Konfigurationsdatei.

- Mit *Ende* verlassen Sie das Menü und gelangen zurück zum BEREIT-Modus.

1-2-3 hat das neue Verzeichnis gespeichert. Sie können das Programm nun verlassen, ohne daß die Voreinstellung verloren geht. Im folgenden wird davon ausgegangen, daß Sie als Vorgabeverzeichnis C:\123V3\SCHULUNG eingestellt haben.

3.2 Einfacher Ausdruck von Tabellen

Für die Ausgabe von Tabellen auf dem Drucker bietet 1-2-3 verschiedene Optionen an, deren Kenntnis und Nutzung Voraussetzung für ein optimales Druckergebnis ist. Eine Tabelle kann während ihrer Erstellung - also noch bevor sie gespeichert wurde - gedruckt werden. Sie kann als Ganzes oder in Teilen zu Papier gebracht und das gewünschte Seiten-Layout kann über 1-2-3 festgelegt werden. Diese und noch andere Möglichkeiten der Anpassung der Druckausgabe an die jeweils gestellten Anforderungen an einen Ausdruck werden Ihnen nachfolgend vorgestellt.

Drucken heißt, daß eine im Arbeitsspeicher befindliche Datei oder Teile von ihr ausgegeben werden an ein Medium außerhalb des Arbeitsspeichers. Alle Druckbefehle finden sich daher unter dem Hauptmenü-Befehl *Output*. Mit 1-2-3 haben Sie die Möglichkeit, als Ausgabemedium nicht nur den *Drucker*, sondern auch eine *ASCII-Datei* (vgl. Kapitel 10 über den Datenaustausch mit anderen Programmen) oder eine *Binärdatei* zu wählen.

Über *Output Binärdatei* können Sie eine Binärdatei erstellen, in die die Tabelle oder Tabellenbereiche nach Auswahl von Formatierungsparametern "gedruckt" werden. Die Binärdatei, die automatisch mit der Erweiterung .ENC versehen wird, kann von der Betriebssystem-Ebene mit dem Copy-Befehl ausgedruckt werden. Mit einer Binärdatei können auf diese Weise 1-2-3 Tabellen auch auf fremden Druckern ausgegeben werden, die nicht an Systeme angeschlossen sind, auf denen LOTUS 1-2-3 installiert ist. Eine Binärdatei wird auf der Festplatte erst dann gespeichert, wenn das Output-Menü wieder verlassen wurde.

In diesem Kapitel werden wir uns ausschließlich mit der Ausgabe von Daten auf dem Drucker beschäftigen.

Bevor Sie aber Ihre fertiggestellte und auf der Festplatte gesicherte Tabelle VEREIN.WK3 erstmals ausdrucken, beachten Sie bitte:

- Eine Tabelle kann nur dann auf dem Drucker ausgegeben werden, wenn sie sich im Arbeitsspeicher des Computers befindet, anders formuliert: wenn sie geladen wurde.

- Der Drucker muß angeschlossen, eingeschaltet und der seinem Typ entsprechende Druckertreiber muß installiert sein. Beschäftigen Sie sich vorsichtshalber noch einmal eingehend mit Ihrem Druckerhandbuch und installieren Sie - falls noch nicht geschehen - Ihren Drucker gemäß den Anweisungen Ihres Handbuchs (vgl. dazu auch Kap.1.1.2).

- Vergewissern Sie sich, daß das Papier in Ihrem Drucker richtig eingelegt und ausgerichtet ist.

- Der Ausdruck wird möglicherweise nicht gleich Ihren Erwartungen entsprechen. Dafür können verschiedene Gründe vorliegen. Die wichtigsten Fehlerquellen und Möglichkeiten, sie zu beseitigen, sind weiter unten aufgelistet. Zudem ist eine optimale Druckausgabe auch eine Sache der Erfahrung. Probieren Sie deshalb den Ausdruck unter Verwendung der unterschiedlichen Druckeinstellungen und prüfen Sie die Papierausrichtung im Drucker in aller Ruhe, bis die Druckausgabe Ihren Wünschen entspricht.

3.2.1   Erster Ausdruck einer Tabelle

Wenn Sie eine Datei oder einen Dateibereich auf dem Drucker ausgeben, wird nach der entsprechenden Befehlsaktivierung die Druckausgabe mit allen ihren Parametern im Arbeitspeicher vorgehalten, so daß Sie schon während des Ausdrucks mit dem Befehl *Zurück* in den BEREIT-Modus zurückkehren und im Arbeitsblatt weiterarbeiten können. Das wird als **Drucken im Hintergrund** bezeichnet. Für den Fall, daß -bei umfangreicheren Tabellen- die Kapazität des Arbeitsspeichers nicht ausreicht, legt 1-2-3 automatisch temporäre Druckdateien unter dem Vorgabe-Pfad/Verzeichnis (vgl. 3.1.3) ab. Diese Dateien, die mit der Erweiterung .TMP versehen werden, werden erst dann automatisch wieder gelöscht, wenn der Druckvorgang abgeschlossen oder mit dem Befehl *Output Stoppen* manuell beendet wurde.

Aufgabe: Lassen Sie Ihre gesamte, in der Datei VEREIN.WK3 gespeicherte Tabelle auf dem Drucker ausgeben.

VORGEHEN:

- Laden Sie die Datei VEREIN.WK3 - falls noch nicht geschehen - mit *Transfer Laden*.

- Wählen Sie die Menübefehlsfolge *Output Drucker*

  Drucker
  Sendet Druckausgabe direkt an einen Drucker

- Aus dem nun eingeblendeten Untermenü rufen Sie den Befehl *Bereich* auf.

  Druckbereich: A1..H15   <Return>

- Nach der Bereichsbestimmung wählen Sie zunächst den Befehl *Just* und starten dann die Druckausgabe mit dem Befehl *Drucken*.

- In das Arbeitsblatt (in den BEREIT-Modus) gelangen Sie, indem Sie den Befehl *Zurück* wählen.

- Speichern Sie Ihre Datei mit *Transfer Speich* erneut. Alle Druckparameter werden mitgespeichert und würden, sollten Sie nicht verändert werden, beim nächsten Ausdruck der Tabelle wieder zur Anwendung kommen.

HINWEIS:

Möglicherweise haben nicht alle Zeichen einer Zeile auf Ihrer Druckseite Platz gefunden, so daß die letzte Spalte oder Teile der letzten Spalte nicht auf der ersten Druckseite ausgegeben wurden. Das kann unter anderem an der Papierausrichtung in Ihrem Drucker liegen. In einem solchen Fall, oder wenn Tabellen ohnehin zu umfangreich für eine Druckseite sind, setzt 1-2-3 den Ausdruck mit einem Seitenvorschub auf der nächsten Seite fort. Dann werden zunächst die nicht gedruckten Zeilen nachgeholt und - nach einem weiteren Seitenvorschub - überzählige Spalten gedruckt.

Sollten Sie überhaupt keine oder eine gänzlich unbefriedigende Druckausgabe erreicht haben, lesen Sie den nachfolgenden Exkurs "Probleme beim Ausdruck und deren Beseitigung".

EXKURS: Probleme beim Ausdruck und deren Beseitigung

A. Nach Aktivierung des Druckbefehls passiert gar nichts und nach einiger Zeit erscheint am unteren Bildschirmrand die Fehlermeldung: *Druckerfehler - bitte beheben*.

Mögliche Ursachen und Vorgehen:

a) In diesem Fall haben Sie vielleicht den Drucker nicht angeschaltet oder das Druckerkabel ist nicht richtig verankert oder der Drucker befindet sich nicht im online-Modus. Überprüfen und beheben Sie diese möglichen Ursachen, gehen Sie dann mit *<Esc>* in die nächsthöhere Menü-Ebene und nehmen mit dem Befehl *Weiter* den Druckvorgang wieder auf.

b)	Die Standardeinstellung für den anzusprechenden Drucker stimmt nicht mit dem von Ihnen aktuell verwandten Drucker überein. Um die Standardeinstellungen zu überprüfen gehen Sie ins Hauptmenü zurück und wählen die Befehlsfolge *Arbeitsblatt Global Vorgabe Parameter*. Damit werden Ihnen am Bildschirm sämtliche vorgegebenen Parameter angezeigt. Um den Druckertreiber richtig einzustellen, gehen Sie mit *<Esc>* in das Vorgabemenü zurück und wählen dort die Befehlsfolge *Drucker Name*. Aus den nun angezeigten Zahlen , die jeweils einen der von Ihnen installierten Druckertreiber repräsentieren, können Sie den für Sie erforderlichen Treiber mit *<Return>* auswählen. Mit dem Befehl *Zurück* gelangen Sie in das Vorgabemenü zurück und können dort durch Auslösen des Befehls *Aktual* die neue Einstellung als Standardvorgabe speichern.

Sollte der für Ihren Drucker erforderliche Druckertreiber nicht angezeigt werden, haben Sie diesen nicht installiert. Verlassen Sie dann 1-2-3 und rufen im Start-Menü *Install* auf. Mit dem Aufruf des Befehls *Gewählte Ausrüstung Ändern* können Sie nun aus einer Auflistung den erforderlichen Druckertreiber wählen und nachträglich installieren.

Um den von der Fehlermeldung unterbrochenen Ausdruck fortzusetzen, müssen Sie wieder die Befehlsfolge *Output Drucker Weiter* wählen.

c)	Die Fehlermeldung erhalten Sie auch, wenn der voreingestellte Druckeranschluß nicht mit der für Ihren Drucker zutreffenden Anschlußart übereinstimmt. Die Standardvorgabe können Sie wieder über *Arbeitsblatt Global Vorgabe Parameter* einsehen und mit Hilfe der Befehlsfolge *Arbeitsblatt Global Vorgabe Drucker Interface.* ändern. Wählen Sie (nachdem Sie sich im Druckerhandbuch informiert haben) aus den angezeigten neun Optionen die für Ihren Drucker zutreffende Datenübertragungsart: 1 (parallel 1), 2 (seriell 1), 3 (parallel 2), 4 (seriell 2). Die Optionen 5 - 9 sind zu wählen, falls Ihr Drucker im Netz arbeitet. Dabei stehen die Bezeichnungen LPT1, LPT2 und LPT3 für parallele und COM1 sowie COM2 für serielle Übertragungsart.

Auch diese Einstellungen können Sie wieder mit *Arbeitsblatt Global Vorgabe Aktual* speichern.

Die Einstellung des anzusteuernden Druckers und der zutreffenden Art der Datenübertragung kann für aktuelle Arbeitsblätter auch über das Output-Menü vorgenommen werden. Dabei wird der Druckertreiber über die Befehlsfolge *Output Drucker Optionen Parameter Drucker Name* gewählt und die Art der Datenübertragung mittels der Befehlsfolge *Output Drucker Optionen Parameter Drucker Interface*. Die aktuellen Einstellungen über das Output-Menü überschreiben für das oder die aktuellen Arbeitsblätter die Standardeinstellungen.

Wird das Arbeitsblatt in einer Datei gespeichert, werden auch die Drucker- bzw. Interface-Parameter mit gespeichert.

HINWEIS:
> Drucker-Fehlermeldungen lassen eine Weiterarbeit im Arbeitsblatt zu - im Gegensatz zu anderen Fehlermeldungen, die 1-2-3 in den Fehler-Modus versetzen und damit vor Fehlerbehebung eine Weiterarbeit unmöglich machen.

B. Der Drucker druckt, aber es erscheinen überflüssige und unbekannte Zeichen in der linken oberen Seitenecke oder bestimmte Formatierungen wie Schriftart-, Schriftgröße oder ähnliche werden nicht ausgeführt.

Mögliche Ursachen und Vorgehen

a) Es könnte der falsche Druckertreiber für den Ausdruck gewählt worden sein. Überprüfen Sie den aktuell eingestellten Treiber und ändern Sie nötigenfalls die Einstellung wie unter Punkt A beschrieben.

b) Möglicherweise ist Ihr Drucker nicht in der Lage, bestimmte Formatierungen umzusetzen. Das können Sie am besten durch einen Testausdruck (vgl. Abschnitt 3.2.2) überprüfen.

C. Beim Ausdruck wird auf der Seite ein Abstand gelassen, der auf einen Seitenumbruch zurückzuführen ist.

Mögliche Ursachen und Vorgehen:

a) Sie haben das Druckerpapier nicht richtig ausgerichtet, so daß der Druckkopf vor dem Ausdruck nicht am Seitenbeginn (bei Endlospapier direkt unterhalb der Perforation) plaziert war.

b) Das von Ihnen verwandte Papier stimmt nicht mit der eingestellten Standardvorgabe für die Seitenlänge überein. Wählen Sie die Befehlsfolge *Arbeitsblatt Global Vorgabe Drucker Seitenl* und geben Sie die für Ihr Druckerpapier zutreffende Zeilenzahl ein. (vgl. 3.2.3)

c) Wenn während einer aktuellen Arbeitssitzung mehrmals ausgedruckt wird, addiert der interne Zeilenzähler von 1-2-3 die Druckzeilen, und veranlaßt immer dann, wenn die für eine Seite vorgegebene Zeilenzahl erreicht ist, einen Seitenumbruch. Das kann auch mitten auf einer Seite passieren. Wählen Sie daher vor dem Ausdruck immer den *Just*-Befehl im *Output Drucker-Menü*, um den internen Zeilenzähler auf 0 zu setzen und damit 1-2-3 den Beginn einer neuen Druckseite mitzuteilen.

3.2.2   Was kann mein Drucker - Möglichkeiten des Ausdrucks testen

Anhand des Testausdrucks einer 1-2-3 Beispieldatei können Sie das Spektrum der Formatierungen überprüfen, die Ihr Drucker in der Lage ist umzusetzen. Der Testausdruck zeigt ihnen zudem an, welche Druckparameter aktuell eingestellt sind und wie sie beim Ausdruck umgesetzt werden..

VORGEHEN: Test-Ausdruck

- Rufen Sie die Befehlsfolge *Output Drucker Test* auf. Falls Sie noch im Druck-Menü sind, geben Sie einfach *T* für Test ein.

  Test
  Bestimmt Testseiten zum Ausdruck

  Damit haben Sie 1-2-3 angewiesen, einen Beispieltext zum Druck aufzurufen.

- Geben Sie *J* ein, um durch Auslösen des Befehls *Just* den internen Zeilenzähler auf 0 zu justieren. Damit verhindern Sie Seitenumbrüche an der falschen Stelle.

- Geben Sie *D* für *Drucken* ein oder wählen Sie den Befehl durch Markierung und *<Return>*.

Die Testseite, die nun auf Ihrem Drucker ausgegeben wird

- informiert Sie über die aktuell eingestellten Druckparameter;

- zeigt Ihnen am Beispiel, wie der Ausdruck mit den genannten Druckparametern aussieht;

- stellt Ihnen die Möglichkeiten vor, die Sie bei Ausnutzung aller durch 1-2-3 zur Verfügung gestellten Fonts-, Farb-, Pitch- und Zeilenabstandoptionen hätten - wenn Ihr Drucker auf diese Optionen anspricht. Ist das bei einigen Optionen nicht der Fall, wird gezeigt, was Ihr Drucker statt dessen ausgibt.

3.2.3   Randeinstellungen vornehmen

Wenn von Zeichen und Zeilen die Rede ist, die auf einer Druckseite Platz finden, müssen die unterschiedlichen Papierformate berücksichtigt werden.

Ausgehend von einem Drucker, der -wie es normalerweise der Fall ist- 10 Zeichen pro Zoll (10 CPI = Character per inch) druckt, gilt für alle Seiten des üblichen, normal breiten Papierformats die gleiche Breite: 83 Zeichen haben auf der 21 cm breiten Seite Platz. Die Seitenlänge unterscheidet sich jedoch. Für DIN A4-Format gilt eine Seitenlänge von 70 Zeilen oder 29,7 cm. Bei Endlospapier beträgt die Seitenlänge 72 Zeilen.

Voreinstellung der Ränder

Bei erstmaligem Ausdruck werden die 1-2-3-Standardeinstellungen für das Seitenlayout aktiviert. Die Einstellung der Seitenlänge (Zeilen pro Seite) sollten Sie sofort entsprechend der Länge des von Ihnen verwandten Papiers ändern.

Rufen Sie die Befehlsfolge *Arbeitsblatt Global Vorgabe Drucker* auf. Über das nun eingeblendete Untermenü können die Drucker- und Druckparameter vorgegeben werden. Wenn auf dieser Ebene Änderungen vorgenommen werden, gelten sie als Vorgaben für das gesamte aktuelle Arbeitsblatt. Werden die Änderungen darüberhinaus mit der Befehlsfolge *Arbeitsblatt Global Drucker Aktual* gespeichert, werden sie bis zur Speicherung einer erneuten Änderung dauerhaft als Standardeinstellungen vorgegeben.

Rufen Sie nacheinander die Befehle *Links Rechts Oben Unten Seitenl* auf (mit *<Esc>* kommen Sie jeweils wieder in das Menü zurück) und Sie sehen die Standardeinstellungen bzw. die möglichen Optionen:

-   der linke freibleibende Rand auf einer Papierseite umfaßt 4 Zeichen, die Spannbreite möglicher Einstellungen liegt zwischen 0 und 1000;

-   der rechte freibleibende Rand beginnt nach 76 Zeichen (eine Druck-Zeile umfaßt also 72 Zeichen), Einstellungen zwischen 0 und 1000 sind möglich;

-   der obere freibleibende Rand umfaßt 2 Zeilen, es könnten zwischen 0 und 240 Freizeilen eingestellt werden;

-   der untere freibleibende Rand umfaßt ebenfalls 2 Zeilen, auch hier könnten zwischen 0 und 240 Freizeilen vorgegeben werden.

-   der Seitenumbruch (Wechsel zur nächsten Seite) erfolgt nach 72 Zeilen, mögliche Änderungen liegen zwischen 0 und 1000 Zeilen pro Seite.

Festlegen der aktuellen Ränder

Sollen nicht die Vorgaben, sondern Druck- und Druckerparameter nur für ein oder mehrere aktuelle Arbeitsblätter geändert werden, erfolgt diese Operation über das Output-Menü mit Hilfe der Befehlsfolge *Output Drucker Opt*. Einstellungen auf dieser Ebene überschreiben für das aktuelle Arbeitsblatt die Standardvorgaben.

Beachten Sie bitte, daß 1-2-3 die über das Output-Menü vergebenen Formatierungen beim Speichern der Datei mit festhält und bei einer erneuten Druckausgabe dieser Datei darauf zurückgreift.

Aufgabe: Verändern Sie die Randeinstellungen beim Ausdruck Ihrer Datei Verein.WK3 dergestalt, daß die Tabelle auf der Druckseite zentral erscheint.

VORGEHEN:

- Laden Sie die Datei Verein.WK3, wie unter 3.1.2 beschrieben;

- lösen Sie die Befehlsfolge *Output Drucker Opt Ränder* aus;

- geben Sie *O* für *Oben* ein und setzen als obere Randbegrenzung 16 fest, *<Return>*;

- rufen Sie mit *<Return>* noch einmal den noch markierten Befehl *Ränder* auf, wählen mit *U* die Option *Unten* und setzen als unteren Rand 16 ein, *<Return>*;

- mit *<Esc>* oder *Zürück* gelangen Sie zurück auf die nächsthöhere Befehlsebene - in das *Output Drucker*-Menü. Hier justieren Sie mit *J* und können dann gleich mit Aktivierung des Befehls *Drucken* den Druckvorgang auslösen. Eine Bereichsbestimmung muß nicht erneut erfolgen, denn 1-2-3 hat sich die bisherige gemerkt.

3.2.4   Schriftart bestimmen

Je nach eingesetztem Drucker kann aus bis zu acht unterschiedlichen Schrifttypen (Fonts) gewählt werden. Zu beachten ist dabei, daß es vom jeweiligen Drucker abhängt, wie die gewählten Fonts tatsächlich umgesetzt werden und auf der Druckseite erscheinen.

Aufgabe:	Weisen Sie Ihrer bisher in der Standardschrift ausgedruckten Vereinstabelle einen neuen Schrifttyp "Serifen Fett" zu.

VORGEHEN:

- Wählen Sie die Befehlsfolge *Output Drucker Opt Parameter Fonts*.

- Über das Fonts-Untermenü können nun für verschiedene aus-zudruckende Teile einer Datei unterschiedliche Schrifttypen bestimmt werden.

  Weisen Sie dem Druckbereich den Font 2 zu:

  Bereich 2		*<Return>*

- Betätigen Sie dreimal die *<Esc>*-Taste oder wählen Sie je-weils den Befehl *Zurück* um in das Output Drucker-Menü zu-rückzugelangen. Justieren Sie mit *J* und lösen Sie sodann den Druckvorgang mit *D* für Drucken aus.

3.2.5 Kopf-und Fußzeilen sowie Seitennummern festlegen

Längere Arbeitsblätter, deren Ausdruck über mehrere Seiten erfolgt, gewin-nen an Übersichtlichkeit, wenn sie mit einer Kopf- oder Fußzeile versehen und die Druckseiten fortlaufend numeriert werden.

In der Praxis empfiehlt es sich auch, in der Kopf- oder Fußzeile den Datei-namen der ausgedruckten Tabelle anzugeben. Bei einer späteren Aktualisie-rung der Tabelle hat man auf diese Weise den Dateinamen gleich präsent.

Kopf- bzw. Fußzeile dürfen bis zu 512 Zeichen umfassen und können mit Hilfe von bestimmten Operanden wie folgt formatiert werden:

- Mit Hilfe der senkrechten Linie (I) können Sie die Textausrichtung innerhalb der Kopf- oder Fußzeile festlegen. (Zur Erinnerung: die senk-rechte Linie erzeugen Sie, indem Sie die *<Alt>*-Taste gedrückt halten und auf dem numerischen Block der Tastatur die Zahlenfolge 179 ein-geben.)

  Der Text, der vor dem Linienzeichen (I) eingegeben wird, wird links-bündig gesetzt;

der Text, der hinter dem Linienzeichen (ǀ) eingegeben wird, wird zentriert ausgerichtet;

der Text, der nach einem zweiten Linienzeichen eingegeben wird, wird rechtsbündig gesetzt.

Die Eingabe

LinksǀMitteǀRechts

ergäbe also in der Druckausgabe:

Links   Mitte   Rechts

- Mit Hilfe des Klammeraffen (@) wird in einer Kopf- oder Fußzeile das aktuelle Tagesdatum erzeugt, das im Format TT-MM-JJ ausgegeben wird. Zur Erinnerung: der Klammeraffe wird erzeugt, indem Sie die *<AltGr>+Q* (*<Strg><Alt>* + <-Taste) betätigen.

- Das Nummernzeichen (#) bewirkt, daß in der Kopf- oder Fußzeile eine fortlaufende Seitennumerierung, beginnend bei Seite 1 erfolgt. Wird das Nummernzeichen doppelt eingegeben (##), kann der Beginn der Seitennumerierung auf eine bestimmte Zahl festgelegt werden, so daß zum Beispiel die erste ausgedruckte Seite die Seitenzahl 5 bekommt. Anschließende Seiten würden dann wieder fortlaufend (6, 7 usw) numeriert.

- Soll der Inhalt einer bestimmten Zelladresse bzw. eines Zellbereichs in der Kopf-oder Fußzeile erscheinen, kann nach Eingabe eines backslash (\) diese Zelladresse(n) als Kopf-/Fußzeilentext eingegeben werden. Doch Achtung: Wenn die entsprechende Zelladresse auch Bestandteil des definierten Druckbereichs ist, wird ihr Inhalt sowohl in der Kopf-/Fußzeile als auch an der entsprechenden Stelle auf der Druckseite ausgegeben.

HINWEIS:
- Wenn Sie eine Kopfzeile erstellen, wird diese von 1-2-3 automatisch direkt unter der oberen Randbegrenzung der Seite ausgedruckt. Dasselbe gilt für die Verwendung von Fußzeilen, die automatisch direkt über der unteren Randbegrenzung gedruckt werden. Das hat zweierlei Konsequenzen:
- Bei der Festlegung des Druckbereichs (*Output Drucker Bereich*) muß die Bereichsangabe mindestens eine der Druckseite entsprechende Zeilenzahl umfassen (ansonsten entfiele der Ausdruck der Fußzeile)
- Es muß unbedingt darauf geachtet werden, daß der interne Zeilenzähler mit *Just* auf 0 gesetzt wird, sonst würde beim Ausdruck die Kopfzeile nicht an der gewünschten Position erscheinen.

Aufgabe: Statten Sie Ihre in der Datei Verein.WK3 gespeicherte Vereinstabelle mit einer Kopfzeile aus, die den Text "Vereinstabelle
(VEREIN.WK3)" und das aktuelle Tagesdatum enthält.

VORGEHEN: Kopfzeile bestimmen

- Befehlsfolge *Output Drucker Optionen Kopfz*
- Geben Sie ein:
- Vereinstabelle (Verein.WK3)‖ @ *<Return>*

Mit Ihrer Eingabe haben Sie veranlaßt, daß 1-2-3 beim Ausdruck eine Kopfzeile ausgibt, in der Titel und Dateiname: Vereinstabelle (Verein.WK3) linksbündig und das aktuelle Tagesdatum rechtsbündig ausgerichtet erscheinen.

Aufgabe: Legen Sie in einer Fußzeile eine mit 1 beginnende fortlaufende
Seitennumerierung fest.

VORGEHEN: Fußzeilenbestimmung mit Seitennumerierung

- Sie befinden Sich nach wie vor im *Output Drucker Optionen-*
Menü und können somit sogleich den Befehl *Fußz* aufrufen
- Geben Sie ein: ‖ SEITE # und bestätigen Sie mit *<Return>*

Mit Ihrer Eingabe weisen Sie 1-2-3 an, beim Ausdruck Ihrer Tabelle eine
Fußzeile zu erstellen, in der hinter dem zentriert gesetzten Text SEITE eine
mit 1 beginnende fortlaufende Seitennumerierung erfolgt.

Aufgabe: Ändern Sie den Druckbereich für den Ausdruck Ihrer Datei

VORGEHEN:

- Gehen Sie mit *<Esc>* oder dem Befehl *Zurück* zurück in das
Output Drucker-Menü und aktivieren Sie den Befehl *Bereich*;
- Geben Sie als Druckbereich an A1..H72 und bestätigen Sie
mit *<Return>*.

Zudem sollten Sie die Randbegrenzungen auf die Vorgabewerte zurücksetzen. Da wir die obere und untere Randbegrenzung jeweils auf 16 festgesetzt hatten, würden Kopf- und Fußzeile -da sie automatisch direkt unter der oberen bzw. über der unteren Randbegrenzung gesetzt werden mitten auf der Druckseite erscheinen.

Aufgabe: Heben Sie die aktuellen Randbegrenzungen für Ihre Datei Verein.WK3 auf und ersetzen Sie sie durch die Vorgabewerte.

VORGEHEN:

- Wählen Sie im Output Drucker-Menü den Befehl *Optionen* und rufen Sie den Unterbefehl *Ränder* auf;
- Wählen Sie nacheinander die Optionen *Oben* und *Unten* und geben Sie die Vorgabewerte für die Randbegrenzungen ein:

  Oberer Rand (0..240): 2 *<Return>*
  Unterer Rand (0..240): 2 *<Return>*

Statt auf die oben beschriebene etwas mühselige Art, im Output-Menü eingegebene aktuelle Parameter und Formatierungsmerkmale auf Vorgabewerte zurückzusetzen, kann in manchen Fällen der *Output Drucker Löschen*-Befehl hilfreich sein.

Löschen
Sämtliche Bereich Abgrenzungen Format Grafik Drucker

Die Wahl der Optionen *Drucker* bzw. *Format* bewirkt, daß alle den Drucker und die Art der Datenübertragung bzw. das Seitenlayout betreffenden Eingaben zurückgenommen und durch die Standardvorgaben ersetzt werden.

Drucker
Benutzt Vorgaben für Druckernamen und Interface

Format
Benutzt Vorgaben f. Ränder, Seitenl., Fonts, Color, Init, Layout und Grafik

Noch umfassender wirkt die Option *Sämtliche*, mit der alle die Druckausgabe betreffenden Angaben außer Kraft gesetzt und -wie im Fall der Formate oder des angesteuerten Druckers- durch die Vorgabe-Parameter ersetzt werden.

Sämtliche
Für alle Druckparameter gelten die Vorgabewerte

3.2.6   Weitere Layout-Optionen

Für den Ausdruck von Tabellen ist die sogenannte <u>Schmalschrift</u> von großem Nutzen. Diese komprimierte Schriftform ermöglicht den übersichtlichen Ausdruck auch umfangreicherer Tabellen, deren Spalten ansonsten nicht nebeneinander auf einer DIN-A-4-Seite Platz fänden.

1-2-3 stellt über die Befehlsfolge *Output Drucker Optionen Parameter Layout* unter anderem die Möglichkeit zur Verfügung, eine solche komprimierte Schrift zu erzeugen. Mit dem Befehl *Pitch* können Sie wählen zwischen *Komprimiert* (der Drucker druckt mehr, weil schmalere Zeichen in eine Zeile),und *Erweitert* (es werden weniger, weil breitere Zeichen in einer Zeile ausgedruckt). Die Option *Standard* bewirkt, daß auf die Vorgabe-Parameter zurückgegriffen wird.

Wieviel Zeichen nach Wahl der Optionen exakt pro Zeile ausgegeben werden, hängt vom Drucker ab. Ein Blick auf die von Ihnen ausgedruckte Testseite zeigt Ihnen, wie Ihr individueller Drucker auf die Pitch-Festlegungen reagiert.

Im *Output Drucker Optionen Parameter Layout-* Menü gibt es noch zwei weitere, schon am Anfang interessante Gestaltungs-Optionen für den Ausdruck:

-   Mit dem Befehl *Zeilenabstand* können Sie den vorgegebenen Zeilenabstand durch einen komprimierten Zeilenabstand ersetzen, wodurch mehr Zeilen auf einer Druckseite Platz fänden. Mit Wahl der Option *Standard* würde der komprimierte Zeilenabstand wieder auf den Vorgabe-Zeilenabstand zurückgesetzt.

-   Mit dem Befehl *Format* können Sie festlegen, ob der Ausdruck im Hoch- oder im Querfomat erfolgen soll. Soll im Querformat ausgedruckt werden, sollten die Randeinstellungen und die Seitenlänge diesem Format entsprechend verändert werden. Voraussetzung für einen Querformatausdruck ist jedoch, daß Ihr Drucker dazu in der Lage ist. Informieren Sie sich in Ihrem Druckerhandbuch.

3.3   Befehls- und Funktionsübersicht

MENÜBEFEHLE

Arbeitsblatt Global Vorgabe
>   eröffnet ein Untermenü mit den Befehlen *Drucker Index
>   Parameter Aktual Optionen Grafik Temporär, Zusatz
>   Makro Ende.* Bis auf den letzten beziehen sich alle diese
>   Befehle auf die Standardisierung von Festlegungen für
>   Arbeitsblätter

>   *Arbeitsblatt Global Vorgabe Drucker*
>   >   über eine umfangreiches Untermenü mit den Befehlen
>   >   *Interface Auto-ZV Links Rechts Oben Unten Seitenl
>   >   Warten Folge Name und Zurück* werden Drucker- und
>   >   Druckparameter vorgegeben

>   >   *Arbeitsblatt Global Vorgabe Drucker Interface*
>   >   >   ermöglicht die Bestimmung der für den verwandten Druc-
>   >   >   ker benötigten Art der Datenübertragung

>   >   *Arbeitsblatt Global Vorgabe Drucker Links / Rechts/Oben/Unten*
>   >   >   definiert Randbegrenzungen für die Druckseite als Vorga-
>   >   >   ben Bestimmt die Zeilenzahl, die pro Druckseite vorge-
>   >   >   geben wird

>   >   *Arbeitsblatt Global Vorgabe Drucker Name*
>   >   >   bietet die Möglichkeit, einen bestimmten Druckertreiber
>   >   >   vorzugeben

Arbeitsblatt Global Zurück
>   Führt zum vorhergehenden Menü, dem Vorgabe-Menü
>   zurück

>   *Arbeitsblatt Global Vorgabe Index*
>   >   Bestimmt den Pfad/das Unterverzeichnis auf der Fest-
>   >   platte, in die Dateien gespeichert werden. Beim Laden von
>   >   Dateien wird eben dieses Verzeichnis durchsucht, wenn
>   >   nicht ausdrücklich andere Angaben gemacht werden

>   *Arbeitsblatt Global Vorgabe Parameter*
>   >   Zeigt alle Vorgabeparameter auf dem Bildschirm an

Arbeitsblatt Global Vorgabe Aktual
Speichert neu eingegebene Vorgabeparameter

Arbeitsblatt Global Vorgabe Zusatz
Legt fest, welche Erweiterung zur Vorgabe erhoben werden soll

Output
bietet mit den Befehlen des Untermenüs *Drucker ASCII-Datei Binärdatei Unterbrechen Weiter Stoppen* Möglichkeiten, eine Druckoperation mit einer Datei durchzuführen

Output Drucker
eröffnet ein Untermenü mit den Befehlen *Bereich N.Zeile Seite Opt Löschen Just Drucken Grafik Test Anhalt Zurück*. Alle diese Befehle beziehen sich auf die Ausgabe einer Datei auf einem Drucker

Output Drucker Bereich
über diesen Befehl wird der auszudruckende Bereich einer Datei festgelegt

Output Drucker Opt
bietet über das Untermenü *Kopfz Fußz Ränder Abgrenzung Init Seitenl Weitere Name Parameter* Möglichkeiten, für den aktuellen Ausdruck Drucker- und Druckfestlegungen zu treffen

Output Drucker Opt Kopfz/Fußz
ermöglicht, für die aktuell auszudruckende Datei eine Kopf- und/oder eine Fußzeile zu erstellen

Output Drucker Opt Ränder
legt Randbegrenzungen für die Druckseiten des aktuellen Ausdrucks fest

Output Drucker Opt Seitenl
bestimmt die Anzahl der Zeilen, die pro Seite ausgegeben werden

Output Drucker Opt Parameter
eröffnet ein Untermenü, über das Druck- und Druckerparameter für den aktuellen Ausdruck bestimmt werden

Output Drucker Opt Parameter Drucker
> bestimmt Druckertreiber und Art der Datenübertragung (Interface) für die aktuelle Druckausgabe

Output Drucker Opt Parameter Layout
> ermöglicht Layout-Festlegungen

Output Drucker Opt Parameter Layout Pitch
> bietet die Wahl, Zeichen komprimiert, erweitert oder der Standardeinstellung entsprechend auszudrucken

Output Drucker Opt Parameter Layout Format
> ermöglicht, quer- oder hochformatigen Ausdruck festzulegen

Output Drucker Opt Parameter Fonts
> bietet die Möglichkeit, zwischen 8 Schriftarten zu wählen. Ob alle oder nur ein Teil der Schriftartoptionen beim Ausdruck umgesetzt werden können, hängt vom eingesetzten Drucker ab

Output Drucker Opt Parameter Fonts Bereich
> legt die Schriftart für den definierten Druckbereich fest

Output Drucker Opt Parameter Fonts Fuß/Kopfzeile
> legt die Schriftart für Fuß/Kopfzeilen fest

Output Drucker Löschen
> löscht für das aktuelle Arbeitsblatt getroffene Formatierungs- und Druckerparameter

Output Drucker Löschen Sämtliche
> löscht sämtliche aktuellen Einstellungen und wendet die Vorgabewerte an

Output Drucker Löschen Bereich
> hebt die Definition des Druckbereichs auf

Output Drucker Löschen Format
> setzt alle Formatierungen auf die Vorgabewerte zurück

Output Drucker Löschen Drucker
> annulliert den aktuell angegebenen Drucker und das Druckerinterface und setzt Vorgabedrucker- und Interface ein

Output Drucker Just
> setzt den internen Zeilenzähler von 1-2-3 auf 0 zurück, um damit den Beginn einer neuen Druckseite zu signalisieren

Output Drucker Drucken
> veranlaßt den Ausdruck des Druckbereichs, einer Grafik oder der Testseite

Output Drucker Test
> wählt eine Testseite zum Ausdruck aus, auf der die aktuell eingestellten Parameter angezeigt und die Art Ihres Ausdrucks vorgestellt werden. Zudem wird durch den Testausdruck dargestellt, welche Möglichkeiten der aktuell eingesetzte Drucker hat

Output ASCII-Datei
> sendet den definierten und formatierten Druckbereich an eine Textdatei, die mit einer Textverarbeitung weiterbearbeitet werden kann

Output Binärdatei
> sendet den definierten und formatierten Druckbereich in eine Binärdatei, die von der Betriebssystemebene aus ausgedruckt werden kann

Output Weiter
> nimmt einen unterbrochenen Druckvorgang wieder auf

Output Stoppen
> ermöglicht, einen laufenden Druckvorgang abzubrechen

Sys

führt auf die Betriebssystemebene

Transfer
> eröffnet ein Untermenü mit den *Befehlen Laden Speich Kombin Extrakt Radier Dateiliste Fremd Index Neu Öffnen Admin.* Diese Befehle betreffen Operationen zwischen Arbeitsspeicher und externem Speichermedium (der Festplatte)

Transfer Laden
> läd eine Datei von der Festplatte in den Arbeitsspeicher
> des Computers

Transfer Speich
> speichert eine aktuelle, im Arbeitsspeicher befindliche
> Datei auf der Festplatte

Transfer Dateiliste
> listet die Namen der Dateien, die sich im aktuellen Ver-
> zeichnis befinden, auf dem Bildschirm auf

Transfer Index
> ermöglicht, das aktuelle Verzeichnis für die aktuelle Datei
> zu ändern

FUNKTIONSTASTEN:

Funktionstaste <F3>
> listet nach Aufrufen der Befehlsfolge Transfer Laden die
> im Vorgabeverzeichnis verfügbaren Dateien in alpha-
> betischer Folge auf dem Bildschirmauf, von wo aus eine
> markierte Datei geladen werden kann

DOS-BEFEHLE:

make directory (md)
> Befehl zum Anlegen eines Unterverzeichnisses

copy

> ermöglicht u.a. eine Datei von der Festplatte auf einem
> Drucker auszugeben

exit

> verläßt DOS, wenn das Betriebssystem über den Sys-
> Befehl von 1-2-3 geladen wurde und führt an die Stelle zu-
> rück, von der aus 1-2-3 verlassen wurde

Übungsbeispiel 1: Kalkulation

Die Lösung dieser Aufgabe erfordert einen Kenntnisstand, wie er in den ersten drei Kapiteln dieses Buches vermittelt wurde.

Aufgabe: Eine Klingenfabrik plant, einen Posten Hirschmesser in Fertigung zu geben. Erstellt werden soll eine Vor- und Nachkalkulation.

Die Vorkalkulation basiert auf folgenden Daten:

Fertigungsmaterial:	1.200,00 DM
Fertigungslöhne I:	486,00 DM
Fertigungslöhne II:	273,00 DM

Normalgemeinkostenzuschläge:

Material:	8,0%
Fertigung I:	110,0%
Fertigung II:	120,0%
Verwaltung:	20,0%
Vertrieb:	4,0%

Nach Durchführung der Produktion haben sich real folgende Kosten ergeben:

Fertigungsmaterial:	1.260,00 DM
Fertigungslöhne I:	469,80 DM
Fertigungslöhne II:	288,75 DM

Istzuschlagssätze:

Material:	7,5%
Fertigung I:	108,0%
Fertigung II:	124,0%
Verwaltung:	19,0%
Vertrieb:	5,0%

Bauen Sie ein Kalkulationsschema auf, das die Plan- und Istgrößen bis zur Berechnung der Selbstkosten gegenüberstellt.

Laden Sie zunächst die Datei **KALK.WK3** von der Übungsdiskette mit der Befehlsfolge *Transfer Laden* A:KALK.WK3*<Return>*

1. Schritt: Spaltenbreite und Zahlenformate bestimmen

Es ist sinnvoll, das Layout der Tabelle erst nach dem Abschluß der Berechnungen, wenn die Tabelle fertiggestellt ist, vollständig zu bestimmen. Einige Verbesserungen der Anzeige sollten jedoch bereits jetzt durchgeführt werden, damit für die folgenden Berechnungen die Übersichtlichkeit erhöht wird. So empfiehlt sich die Verbreiterung der Spalten, in denen die Zellinhalte nicht vollständig angezeigt werden und die Formatierung der Zahlen.

Aufgabe: Die Beschriftungen in der ersten Spalte sollen vollständig erscheinen und die Zahlen mit Prozentzeichen bzw. Währungssymbol angezeigt werden.

VORGEHEN: Bestimmung der Spaltenbreite und Bereichsformatierung

- Setzen Sie den Zellzeiger in die Spalte A.

- Befehlsfolge *Arbeitsblatt Spalte Bestimmen*. Mit *<Pfeiltaste rechts>* Spalte A auf 23 Zeichen verbreitern, *<Return>*.

- Die Prozentwerte sind zusammen mit dem Prozentzeichen eingegeben worden, angezeigt wird aber der Faktor, mit dem 1-2-3 rechnet.

- Bewegen Sie den Zellzeiger zur Zelle B6 und wählen Sie die Befehlsfolge:

  Bereich Format Prozent

  Dezimalstellen: 1

  Zu formatierender Bereich: A:B6..A:B1

- Mit der Befehlsfolge *Bereich Format Währung*; Dezimalstellen: 2. Bereich A:C6..A:C17 werden die Zahlen mit "DM"-Symbolen angezeigt.

- Wiederholen Sie die Prozentformatierung für den Bereich A:D6..D17 und die Währungsformatierung für A:E6..A:E17.

HINWEIS:
> Wenn der Zellzeiger im ZEIGEN-Modus für eine Bereichsformtierung nicht vorab richtig, d.h. an die Anfangsadresse des Bereichs gesetzt wurde, muß zunächst die Verankerung mit *<Esc>* gelöst werden, der Zellzeiger in die Anfangsadresse bewegt und dann mit einem Punkt wieder verankert werden.

Verbreitern Sie die Spalten, deren Inhalt nach der Formatierung nicht mehr in die Spalten-Standardbreite paßt und mit ******** angezeigt werden und zwischenspeichern Sie vor dem nächsten Schritt die Datei mit *Transfer Speich Ja*.

```
A:C6: (W2) [B14] 1200                                              BEREIT

    A              A            B           C           D           E
    1
    2
    3                    VORKALKULATION           NACHKALKULATION
    4
    5
    6   Fertigungsmaterial            1.200,00 DM          1.260,00 DM
    7   Materialgemeinkosten     8,0%                 7,5%
    8   Materialkosten
    9   Fertigungslöhne I              486,00 DM            469,80 DM
   10   Fertigungsgemeinkosten  110,0%              108,0%
   11   Fertigungskosten I
   12   Fertigungslöhne II             273,00 DM            288,75 DM
   13   Fertigungsgemeinkosten  120,0%              124,0%
   14   Fertigungskosten II
   15   Herstellkosten
   16   Verwaltung               20,0%               19,0%
   17   Vertriebsgemeinkosten     4,0%                5,0%
   18   Selbstkosten
   19
   20
14-Jan-90 12:11 PM                                                   NU
```

Abb. Kalkulationsraster nach Spaltenverbreiterung und Zahlenformatierung

2. Schritt: Erstellen und Kopieren von Formeln mit relativen Zelladressen

Die Materialgemeinkosten betragen 8 % von 1200,00 DM. Sie werden in der Zelle C7 berechnet. Um das Kalkulationsschema für weitere Kalkulationen flexibel zu halten, wird die Formel unter Verwendung von Zelladressen aufgestellt. Die Materialkosten insgesamt (Fertigungsmaterial plus Material-gemeinkosten) werden in Zelle C8 berechnet.

Aufgabe: Berechnung der Materialgemeinkosten und der Materialkosten

VORGEHEN: Formeln mit relativen Zelladressen erstellen

- Zellzeiger auf Zelle C7 bewegen und zur Berechnung der Materialgemeinkosten die Formel eintragen:

  +C6*B7   *<Return>*

- Zellzeiger auf Zelle C8 bewegen und zur Berechnung der Materialkosten insgesamt die Formel eintragen:

  +C6+C7   *<Return>*

Die erstellten Formeln können kopiert werden und für die Berechnung der Fertigungsgemeinkosten und der Fertigungskosten I und II sowohl in der Vor- als auch in der Nachkalkulation eingesetzt werden.

Betrachten wir zunächst die Tabelle bis zu den Herstellungskosten.

Die aufgestellte Formel in Zelle C7 zur Berechnung der
Materialgemeinkosten   +C6*B7

würde kopiert in Zelle C10 (Berechnung der Fertigungsgemeinkosten I) von 1-2-3 aufgefaßt als

+C9*B10.

Wiederum kopiert in Zelle C13 (Berechnung der Fertigungsgemeinkosten II) würde 1-2-3 die Formel einsetzen mit den Adressen

+C12*B13.

Bei Kopie der Formel in Zelle E7 zur Berechnung der Materialgemeinkosten/Nachkalkulation würde 1-2-3 die Formel umsetzen in

+E6*D7.

Bei der Kopie der Formel in Zelle E10 (Berechnung der Fertigungsgemeinkosten I/Nachkalkulation) und in Zelle E13 (Berechnung der Fertigungsgemeinkosten II/Nachkalkulation) findet eine entsprechende Anpassung statt.

Der Grund für die Anpassung der Formel liegt darin, daß 1-2-3 wie folgt interpretiert:

Nimm den Inhalt der Zelle, aus der gleichen Spalte um eine Zeile nach oben versetzt , und multipliziere ihn mit dem Inhalt der Zelle, in der gleichen Zeile um eine Spalte nach links versetzt.

Bevor Sie die Formel kopieren, sehen Sie sich bitte die zweite Formel zur Berechnung der Materialkosten an: +C6+C7.

Sie kann kopiert werden zur Berechnung der

- Fertigungskosten I/Vorkalkulation (Zelle C11)

- Fertigungskosten II/Vorkalkulation (Zelle C14)

- Materialkosten/Nachkalkulation (Zelle E8)

- Fertigungskosten I/Nachkalkulation(Zelle E11)

- Fertigungskosten II/Nachkalkulation(Zelle E14)

Wieder interpretiert 1-2-3 die Formel wie folgt:

Nimm den Inhalt der Zelle, aus der gleichen Spalte um zwei Zeilen nach oben versetzt und addiere den Inhalt der Zelle, in der gleichen Spalte um eine Zeile nach oben versetzt.

Da beide Formeln einen Block bilden und nicht durch eine Zeile oder Spalte voneinander getrennt sind, können Sie zusammen kopiert werden.

Aufgabe: Kopieren Sie die zur Berechnung der Materialgemeinkosten und Materialkosten entwickelten Formeln nacheinander in die Zellen C10, C13, E7, E10, E13.

VORGEHEN: Kopieren von Formeln

- Befehl *Kopie.*

  Zu kopierender Bereich:A:C7..A:C8
  Bereich, in den kopiert werden soll:A:C10

- Befehl *Kopie.*

  Zu kopierender Bereich:A:C7..A:C8
  Bereich, in den kopiert werden soll:A:C13

Verfahren Sie analog, um die Formeln in die Zellen E7, E10 und E13 zu kopieren.

Aufgabe: Stellen Sie in Zelle C15 eine Formel zur Berechnung der Herstellkosten/Vorkalkulation auf und kopieren sie die Formel anschließend in Zelle E15 (Herstellkosten Nachkalkulation).

VORGEHEN:

- Zellzeiger in C15 positionieren. Formel zur Addition von Materialkosten, Fertigungskosten I und Fertigungskosten II:

  +C8+C11+C14

- Befehl *Kopie*

  Zu kopierender Bereich: A:C15
  Bereich, in den kopiert werden soll: A:E15

Zur Berechnung der Verwaltungsgemeinkosten kann die eingangs erstellte Formel zur Berechnung der Materialgemeinkosten kopiert werden.

Für die Vertriebsgemeinkosten muß jedoch eine neue Formel aufgestellt werden, da der Zellbezug ein anderer ist: die zu multiplizierende Zelle ist um zwei Zeilen nach oben versetzt.

Aufgabe: Berechnung der Verwaltungs- und Vertriebsgemeinkosten

VORGEHEN:

- Befehl *Kopie*.

  Zu kopierender Bereich: A:C7
  Bereich, in den kopiert werden soll: A:C16

- Verfahren Sie analog, um die Formel in Zelle E16 (Verwaltungskosten/ Nachkalkulation) zu kopieren.

- Tragen Sie in Zelle C17 die Formel zur Berechnung der Vertriebsgemeinkosten ein:

  +C15*B17

- Kopieren Sie diese Formel in Zelle E17 zur Berechnung der Vertriebsgemeinkosten/Nachkalkulation.

Aufgabe: Berechnung der Selbstkosten

VORGEHEN: Summenbildung mit Summenfunktion

- Geben Sie in Zelle C18 die Formel unter Einsatz der Summenfunktion ein: @Summe(C15..C17)

- Kopieren Sie die Formel in Zelle E18 (Selbstkosten/Nachkalkulation)

```
A:C7: (W2) [B16]  +C6^B7                                    BEREIT

  A         A           B           C           D           E
  1
  2
  3                   VORKALKULATION          NACHKALKULATION
  4
  5
  6   Fertigungsmaterial            1.200,00 DM            1.260,00 DM
  7   Materialgemeinkosten  8,0%       +C6^B7     7,5%        +E6^D7
  8   Materialkosten                   +C6+C7                +E6+E7
  9   Fertigungslöhne I              486,00 DM            469,80 DM
 10   Fertigungsgemeinkosten 110,0%    +C9^B10   108,0%      +E9^D10
 11   Fertigungskosten I               +C9+C10               +E9+E10
 12   Fertigungslöhne II             273,00 DM            288,75 DM
 13   Fertigungsgemeinkosten 120,0%    +C12^B13  124,0%      +E12^D13
 14   Fertigungskosten II              +C12+C13              +E12+E13
 15   Herstellkosten                +C8+C11+C14         +E8+E11+E14
 16   Verwaltung             20,0%     +C15^B16  19,0%       +E15^D16
 17   Vertriebsgemeinkosten   4,0%     +C15^B17   5,0%       +E15^D17
 18   Selbstkosten              @SUMME(C15..C17)       @SUMME(E15..E17)
 19
 20
14-Jan-90 12:26 PM                                          NU
```

Abb. Berechnungsformeln

Nach so vielen Berechnungen sollten Sie zwischenspeichern mit:

Transfer Speich Ja

3. Schritt: Zeilen und Spalten einfügen, mit Trennlinien die Übersicht erhöhen

Die einzelnen Kalkulationsabschnitte können zur besseren Übersicht mit Trennlinien voneinander abgegrenzt werden. Zuerst muß jedoch der dazu benötigte Raum, d.h. leere Zeilen und Spalten eingefügt werden.

```
A:A5: [B23] \=                                                      BEREIT

    A                   A              B   C          D        E    F    *    G
 5  ================================   =================================================
 6  Fertigungsmaterial                        1.200,00 DM           1.260,00 DM
 7  Materialgemeinkosten               8,0%      96,00 DM    7,5%      94,50 DM
 8  .................................. ...................... ......................
 9  Materialkosten                            1.296,00 DM           1.354,50 DM
10  ---------------------------------- ---------------------- ----------------------
11  Fertigungslöhne I                           486,00 DM             469,80 DM
12  Fertigungsgemeinkosten             110,0%    534,60 DM   108,0%    507,38 DM
13  .................................. ...................... ......................
14  Fertigungskosten I                        1.020,60 DM             977,18 DM
15  ---------------------------------- ---------------------- ----------------------
16  Fertigungslöhne II                          273,00 DM             288,75 DM
17  Fertigungsgemeinkosten             120,0%    327,60 DM   124,0%    358,05 DM
18  .................................. ...................... ......................
19  Fertigungskosten II                         600,60 DM             646,80 DM
20  ---------------------------------- ---------------------- ----------------------
21  Herstellkosten                            2.917,20 DM           2.978,48 DM
22  ---------------------------------- ---------------------- ----------------------
23  Verwaltung                         20,0%    583,44 DM    19,0%    565,91 DM
24  Vertriebsgemeinkosten              4,0%     116,69 DM    5,0%     148,92 DM
14-Jan-90 12:29 PM                                                          NU
```

Abb. Gestaltete Tabelle

Aufgabe: Fügen Sie zwischen Materialgemeinkosten und Materialkosten, zwischen Fertigungsgemeinkosten und Fertigungskosten I sowie zwischen Fertigungsgemeinkosten und Fertigungskosten II jeweils eine Leerzeile ein und füllen diese Zeilen dann mit einer Trennlinie aus.

VORGEHEN: Zeilen einfügen und Trennlinien erzeugen

 * Zellzeiger in Zeile 8 positionieren. Befehlsfolge *Arbeitsblatt Einfügen Zeile*. 1-2-3 fügt über der Zellzeigerposition eine

neue Zeile ein. Übernehmen Sie den vorgeschlagenen Einfügebereich mit *<Return>*.

- Verfahren Sie analog, um über "Fertigungskosten I" und "Fertigungskosten II" jeweils eine neue Zeile einzufügen.

- Erzeugen Sie nun eine gepunktete Trennlinie, indem Sie den Zellzeiger auf Zelle A8 bewegen und eingeben:

  \ *<Return>*.

  Durch Eingabe des backslash wird der Punkt solange wiederholt, bis die Zelle in ihrer Breite ausgefüllt ist.

- Kopieren Sie den Zellinhalt von A8 in den Bereich B8..E8.

  Kopie
  Bereich, aus dem kopiert werden soll: A:A8
  Bereich, in den kopiert werden soll: A:B8..A:E8.

- Kopieren Sie die Linie in Zeile 12, indem Sie den Zellzeiger auf A:A8 positionieren, *Kopie* aufrufen und als Bereich, aus dem kopiert werden soll, festlegen: A:A8..A:E8. Bereich, in den kopiert werden soll: A:A12..A:A12.

- Verfahren Sie analog, um die Linie in Zeile 16 zu kopieren.

Aufgabe: Fügen Sie jeweils nach den Summenbildungen (Materialkosten, Fertigungskosten I, Fertigungskosten II, Herstellungskosten, Vertriebsgemeinkosten) eine Leerzeile ein und füllen Sie sie danach mit einer gestrichelten Trennlinie.

VORGEHEN:

- Zellzeiger in die Zeile bewegen, über der eine Leerzeile eingefügt werden soll, zunächst also Zeile 10. Befehlsfolge *Arbeitsblatt Einfügen Zeile* und mit *<Return>* den vorgeschlagenen Einfügebereich übernehmen.

- Wenden Sie dieses Verfahren für die weiteren einzufügenden Zeilen analog an.

- Geben Sie in Zelle A10 ein:
  \- *<Return>*.

- Kopieren Sie den Zellinhalt von A10 nach B10..E10.

- Kopieren Sie den Bereich A10..E10 nacheinander in die weiteren eben erzeugten Leerzeilen.

Aufgabe: Zwischen den Spalten A und B sowie zwischen C und D soll jeweils eine Spalte eingefügt und mit einer senkrechten Trennlinie gefüllt werden.

VORGEHEN: Einfügen von Spalten und Setzen von senkrechten Trennlinien.

- Zellzeiger in Spalte B bewegen, Befehlsfolge *Arbeitsblatt Einfügen Spalte*. 1-2-3 fügt links von der Zellzeigerposition die neue Spalte ein. Übernehmen Sie mit *<Return>* den vorgeschlagenen Einfügebereich.

- Verfahren Sie analog, um vor der nun zu Spalte E gewordenen Prozentspalte der Nachkalkulation eine neue Spalte einzufügen.

- Positionieren Sie den Zellzeiger in Zelle B 6 und geben Sie zur Erzeugung einer senkreten Trennlinie entweder das Zeichen I ein oder verwenden Sie den entsprechenden ASCII-Code. *(<Alt>*-Taste gedrückt halten und auf dem numerischen Block der Tastatur die Zahlenfolge 124 eingeben.)

- Kopieren Sie den Zellinhalt von B6 nach unten bis zur Zelladresse B2.

- Bleiben Sie mit dem Zellzeiger in Spalte B und verkleinern Sie die Spaltenbreite (*Arbeitsblatt Spalte Bestimmen*) auf 1 Zeichen.

- Kopieren Sie die Trennlinie in Spalte E:

  Kopie

  Bereich, aus dem kopiert werden soll: A:B6..A:B2
  Bereich in den kopiert werden soll: A:E6

  und verkleinern Sie die Spaltenbreite der Spalte E auf 1 Zeichen.

Über der ersten Tabellenzeile und unter der letzten Tabellenzeile könnten Sie zur Abrundung der Tabellengestaltung nun noch doppelt gestrichelte Linien mit Hilfe des Zeichens = ziehen.

Speichern Sie nun die Datei. Damit Sie das von Ihnen erzielte Ergebnis überprüfen können, liegt eine Musterlösung der Aufgabe vor in der Datei KALK1.WK3 auf der beigefügten Diskette.

4. Schritt: Drucken der Tabelle

Aufgabe: Die Tabelle soll für den Ausdruck vorbereitet werden, indem der auszudruckende Bereich bestimmt wird und eine Kopfzeile mit dem Inhalt "Übungsbeispiel 1" sowie eine Fußzeile erzeugt wird, die den Dateinamen und das aktuelle Datum enthält. Anschließend soll die Tabelle ausgedruckt werden.

VORGEHEN:

- Befehlsfolge *Output Drucker Bereich.*

  Druckbereich: A:A1..G72   *<Return>*

  Da Sie eine Fußzeile erzeugen wollen, müssen Sie den Druckbereich so bestimmen, daß eine ganze Seitenlänge einbezogen ist. Die Vorgabe-Einstellung für eine Seitenlänge beträgt bei 1-2-3- 72 Zeilen pro Seite.

- Im *Output Drucker*-Menü Befehlsfolge *Opt Kopfz* wählen. Geben Sie ein:

  |Übungsbeispiel 1| *<Return>*

  Indem Sie den Text zwischen zwei senkrechten Strichen eingegeben haben (*<Alt>*-Taste gedrückt halten und auf dem numerischen Block der Tastatur die Zahlenfolge 124 eingeben), bestimmen Sie, daß der Text zentriert ausgegeben wird.

- Befehl *Fußz* aufrufen. Geben Sie ein:

  @||KALK.WK3   *<Return>*

  Durch den Klammeraffen erzeugen Sie das aktuelle Tagesdatum. Der senkrechte Strich hinter dem Klammeraffen legt fest, daß das Datum linksbündig ausgegeben wird. Die zwei senkrechten Striche vor dem Dateinamen haben zur Konsequenz, daß dieser rechtsbündig gesetzt wird.

- Gehen Sie mit *Zurück* in die nächsthöhere Menüebene, wählen *Just*, um den internen Zeilenzähler auf 0 zurückzustellen und lösen mit *Drucken* den Druckvorgang aus.

In Kapitel 3 haben Sie gelernt, über die Befehlsfolge *Output Drucker Parameter* die Ihrer Ausrüstung entsprechenden Druck- und Druckerparameter festzulegen. Sollte der Ausdruck des Übungsbeispiels nicht Ihren Erwartungen entsprechen, prüfen Sie die Einstellungen zu

- Drucker und Interface (Befehlsfolge *Output Drucker Opt Parameter Drucker*)

- Seitenlänge (Befehlsfolge *Output Drucker Opt Seitenl*).

4 WAS-WÄRE-WENN-ANALYSEN - Die praxisnahe Organisation von Tabellen

Dieses Kapitel

- *enthält Empfehlungen über den variablen und übersichtlichen Aufbau von Was-Wäre-Wenn-Tabellen;*

- *stellt dar, wie der Einsatz von Bereichsnamen für Zelladressen die Orientierung im Arbeitsblatt erleichtert;*

- *zeigt, wie Bereichsnamen in Formeln verwandt werden und so deren Selbstdokumentation erhöht wird;*

- *führt vor, wie Fenster eingerichtet werden, um unterschiedliche Tabellenbereiche des Arbeitsblattes gleichzeitig auf dem Bildschirm anzuzeigen.*

Fallbeispiel: Break-Even-Analyse

Ein Betrieb will ermitteln, wie hoch die hergestellte und abgesetzte Menge eines neuen Produktes mindestens sein muß, damit er Gewinn erwirtschaftet. Dazu bedient er sich einer Break-Even-Analyse. Der Break-Even Punkt ist dann erreicht, wenn der Umsatzerlös die Herstellungskosten (Fixkosten und variable Stückkosten) deckt und der Gewinn gleich Null ist.

Die genaue Break-Even-Menge soll mit Hilfe einer Formel ermittelt werden. In einer Tabelle soll darüberhinaus die Entwicklung der Umsatzerlöse, der Gesamtkosten und des Gewinnes in Abhängigkeit von verschiedenen Absatzmengen dargestellt werden.

Es gelten folgende Beziehungen:

Umsatzerlöse	=	Preis*Menge
Gesamtkosten	=	Fixkosten+Var.Stückkosten*Menge
Gewinn	=	Umsatzerlöse-Gesamtkosten

Gegeben sind die Daten für Preis, fixe und variable Kosten:

Preis	=	40,00 DM
Fixkosten	=	34000,00 DM
Var.Stückkosten	=	26,40 DM

Zur Lösung dieser Aufgabe

- soll eine übersichtlich strukturierte Tabelle eingerichtet werden, die auf der Grundlage konstanter Berechnungsmuster arbeitet. Eine Änderung der Daten (Preis, variable und fixe Kosten) soll automatisch eine Aktualisierung der Break-Even-Analyse bewirken;

- werden für bestimmte Zelladressen, die für die aktuellen wie für die späteren Neuberechnungen immer wieder von Bedeutung sind, als Orientierungshilfe sinnstiftende Bereichsnamen vergeben .

Eine Musterlösung finden Sie in der Datei **BREAK1.WK3** auf der beigefügten Übungsdiskette.

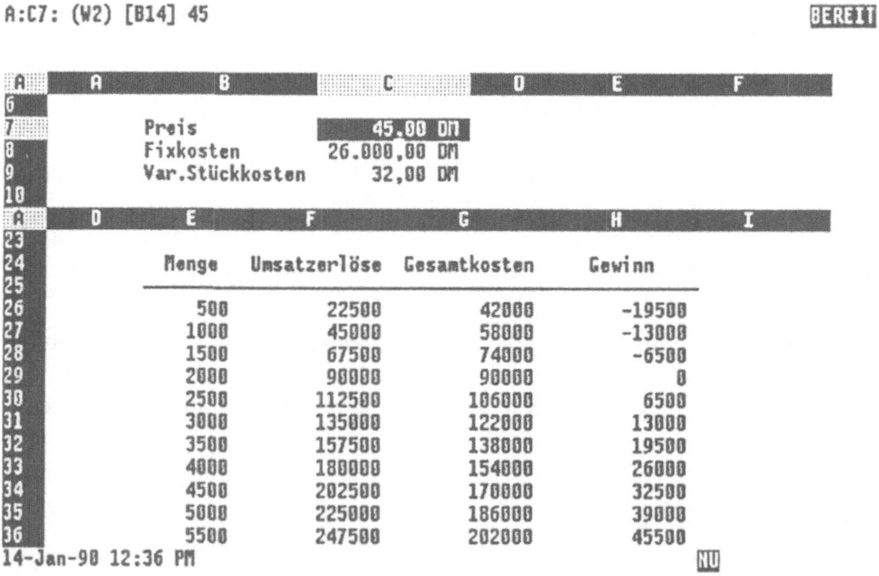

```
A:C7: (W2) [B14] 45                                                BEREIT

  A      A          B            C            D       E        F
  6
  7          Preis            45,00 DM
  8          Fixkosten     26.000,00 DM
  9          Var.Stückkosten   32,00 DM
 10
  A      D          E            F            G                H         I
 23
 24          Menge    Umsatzerlöse  Gesamtkosten        Gewinn
 25          ───────────────────────────────────────────────────
 26            500        22500         42000          -19500
 27           1000        45000         58000          -13000
 28           1500        67500         74000           -6500
 29           2000        90000         90000               0
 30           2500       112500        106000            6500
 31           3000       135000        122000           13000
 32           3500       157500        138000           19500
 33           4000       180000        154000           26000
 34           4500       202500        170000           32500
 35           5000       225000        186000           39000
 36           5500       247500        202000           45500
14-Jan-90 12:36 PM                                                 NU
```

Abb. 4-1: Fertige Break-Even-Tabelle

4.1 Datenerfassung und Tabellenberechnungen in unterschiedlichen Arbeitsblattbereichen vornehmen.

Unser Fallbeispiel einer Break-Even-Analyse weist auf ein Charakteristikum vieler kalkulatorischer Berechnungen hin. Das Ziel der Berechnungen - in diesem Falle: wie hoch muß die produzierte und abgesetzte Menge sein, damit ein Gewinn erwirtschaftet werden kann - wird mit *festen* Berechnungsformeln, aber unter Verwendung *variabler* Daten ermittelt. Der Gewinn in unserem Beispiel wird sich immer aus der Formel "Umsatzerlöse minus Gesamtkosten" ergeben. Variabel müssen hingegen die Daten sein, die der Gewinnberechnung zugrunde liegen, wie Preise, Kosten, Menge.

Auf dieser Basis lassen sich praxisrelevante Fragestellungen beantworten wie:

- Wo liegt der Break-Even-Point, wenn die Stückkosten um 2,- DM auf 28,40 DM steigen ?

- Wie hoch muß der Preis angesetzt werden, um bei angenommener Nachfrage und feststehenden Produktionskosten in die Gewinnzone zu kommen ?

Eine Tabelle, die solche Was-Wäre-Wenn-Analysen ermöglichen soll, wird sinnvollerweise in zwei Bereiche unterteilt:

- in einen Bereich, der der Datenerfassung vorbehalten bleibt und in dem Aktualisierungen vorgenommen werden können;

- in einen zweiten Bereich, in dem die gewünschten Berechnungen unter Bezugnahme auf die im ersten Teil eingegebenen Daten stattfinden.

Während im Datenbereich Werte eingegeben und verändert werden können, arbeitet der Berechnungsbereich mit festzulegenden *Zellbezügen*. In anderen Worten: die Formeln berechnen jede Veränderung der aktuellen Daten neu, ohne selbst verändert zu werden.

Richten Sie nun, entsprechend den nachfolgenden Abbildungen, die zur Umsetzung des Fallbeispiels einer Break-Even-Analyse erforderliche Tabelle ein. Halten Sie sich dabei bitte genau an die vorgegebenen Zelladressen, denn in den nachfolgenden Aufgaben und Erklärungen wird darauf Bezug genommen werden. Beachten Sie, daß Sie manche Spalten verbreitern müssen, um die Texte oder Werte voll angezeigt zu bekommen. (vgl. Kap. 2.1.5)

HINWEIS:
> Die in der Mengenspalte des Berechnungsbereichs eingetragenen Werte stellen eine arithmetische Reihe dar, das heißt eine Zahlenreihe mit gleicher Schrittfolge (hier: 500). Eine solche Reihe können Sie leicht mit der Befehlsfolge *Daten Füll* erzeugen. Geben Sie nach Aufruf der Befehle den zu füllenden Bereich an: A:E26..A:E39. Geben Sie dann den Anfangswert 500 ein und bestätigen ihn mit *<Return>*; danach den Schrittwert von 500 *und <Return>*. Der Endwert ist groß genug und kann mit *<Return>* übernommen werden.

Wenn Sie die Daten nicht selbst erfassen wollen, laden Sie die Datei BREAK.WK3 von der beigefügten Übungsdiskette in den Arbeitsspeicher.

> *Transfer Laden* A:BREAK   *<Return>*

Auf dem Bildschirm erscheint der erste Teil der neuen Tabelle - der Dateneingabebereich.

```
A:C6:                                                      BEREIT

    A        B        C        D      E      F      G      H
1
2
3
4           DATENERFASSUNG
5           ─────────────────────────
6
7           Preis              40
8           Fixkosten       34000
9           Var.Stück        26,4
10
11          ─────────────────────────
12
```

Abb. 4-2: Tabellenbereich der Datenerfassung

Wenn Sie nun mit Hilfe der GEHEZU-Funktionstaste *<F5>* den Zellzeiger zur Adresse A:E21 bewegen, sehen Sie den zweiten Teil der Tabelle, der für die Berechnungen vorgesehen ist.

```
A:E21: 'BREAK-EVEN-TABELLE                                          BEREIT

  A      D         E          F          G            H           I
20
21        BREAK-EVEN-TABELLE
22        ......................
23
24        Menge   Umsatzerlöse  Gesamtkosten     Gewinn
25
26          500
27         1000
28         1500
29         2000
30         2500
31         3000
32         3500
33         4000
34         4500
35         5000
36         5500
37         6000
38         6500
39         7000
14-Jan-90 01:01 PM                                       NU
```

Abb. 4-3: Tabellenbereich der Berechnungen

4.2 Namen für Zelladressen als Orientierungshilfe im Arbeitsblatt

Solange sich der Datenumfang der Tabellen noch im Rahmen der vorliegenden Übungsbeispiele bewegt, bereitet eine Orientierung im Arbeitsblatt keine Schwierigkeiten. Allerdings ist kaum anzunehmen, daß sich Ihre professionellen Anwendungen mit 1-2-3 auf die Verarbeitung derart kleiner Datenmengen beschränken werden. Von daher soll an dieser Stelle die Verwendung von Namen für Zelladressen erläutert werden, deren Funktion unter anderem darin besteht, Daten und Tabellenbereiche ohne großen Aufwand wiederzufinden.

"Namen" sind nichts anderes als aussagekräftige Bezeichnungen für Zelladressen. Statt unser Gedächtnis damit zu belasten, sich anonyme Zelladressen zu merken, vergeben wir einfach diesen Zellen oder Zellbereichen Namen. Namen, die für uns einen fachlichen Sinn beinhalten und deshalb leichter zu erinnern sind. Durch das Speichern der vergebenen Namen leistet 1-2-3 Hilfestellung.

Im folgenden wird als Orientierungshilfe im Arbeitsblatt für den Beginn des Dateneingabebereichs (Zelle A:B4) und den Anfang des Berechnungsteils (Zelle A:E21) jeweils ein Name vergeben. In welchem Bereich des Arbeitsblattes sich der Zellzeiger auch befindet, mit Hilfe der Funktionstaste *<F5>* und unter Angabe des Namens springt er sofort zur entsprechenden Zelladresse.

Um die Bereichsnamen festzulegen, benötigt 1-2-3 als Angaben den Namen selbst und den Bereich (Zelladressen), für den dieser Name gelten soll.

Aufgabe: Für die Zelle B4 im Arbeitsblatt A: soll der Name "DATENERFASSUNG" vergeben werden.

VORGEHEN: Vergabe eines Namens für Zelladressen

- Bewegen Sie den Zellzeiger zur Zelle A:B4, für die der Name vergeben werden soll.

- Wählen Sie die Menübefehle *Bereich Name Erstellen*.

- Tragen Sie den Namen DATENERFASSUNG ein und bestätigen mit *<Return>*.

- Aufgrund der richtigen Zellzeigerposition können Sie die von 1-2-3 vorgeschlagene Bereichsangabe (A:B4) mit *<Return>* übernehmen. Sollte der Zellzeiger auf einer anderen Zelladresse positioniert sein, bringen Sie ihn in die richtige Position, nachdem Sie mit *<Esc>* die Verankerung gelöst haben.

Üben Sie das Verfahren, indem Sie für die Zelle E21 im Arbeitsblatt A: den Namen "BERECHNUNGEN" vergeben.

Auch ohne exakte Erinnerung, können die Zelladressen mit Hilfe einer einfachen Technik wieder aufgefunden werden. Nachdem die Namen vergeben sind, können sie in Kombination mit der GEHEZU-Funktionstaste *<F5>* als Orientierungshilfe im Arbeitsblatt eingesetzt werden.

Aufgabe: Bewegen Sie den Zellzeiger in einem Zug von seiner aktuellen Position zur Zelle mit dem Namen "DATENERFASSUNG".

VORGEHEN: Auffinden einer Zelladresse mit Bereichsnamen

- Betätigen Sie *<F5>*, geben den Namen "DATENERFASSUNG" ein und schließen mit *<Return>* ab.

   Oder:

- Betätigen Sie *<F5>* und lassen sich mit der Funktionstaste *<F3>* die vergebenen Namen im Bedienfeld oder mit nochmaliger Betätigung von *<F3>* auf dem Bildschirm anzeigen. Bewegen Sie dann den Zellzeiger auf den gewünschten Namen "DATENERFASSUNG" und wählen ihn mit *<Return>*.

Bei der Vergabe von Namen sind einige <u>Regeln</u> zu beachten:

- Ein Name darf maximal 15 Zeichen lang sein.

- 1-2-3 unterscheidet nicht zwischen Groß- und Kleinschreibung.

- Vermeiden Sie Namen, die Zelladressen, @-Funktionen oder Makrobefehlen entsprechen.

- Namen, die mit einer Zahl beginnen oder nur aus Zahlen bestehen, akzeptiert 1-2-3 nicht in Formeln.

Nicht nur Zelladressen, auch die vergebenen Namen können vergessen werden. Deshalb empfiehlt es sich, ein Verzeichnis der Namen mit den dazugehörigen Zelladressen in das Arbeitsblatt eintragen zu lassen.

VORGEHEN: Eine Liste der vergebenen Bereichsamen erstellen

- Wählen Sie die Befehlsfolge: *Bereich Name Tabelle.*

- 1-2-3 schlägt als Bereich, in dem die Namensliste ausgegeben werden soll, die Zellzeigerposition vor. Um das Überschreiben von Daten zu verhindern, bringen Sie unbedingt den Zellzeiger in einen freien Arbeitsblattbereich (zum Beispiel auf die Zelladresse A:A21) und bestätigen Sie erst dann die Bereichsbestimmung mit *<Return>*.

- 1-2-3 gibt die vergebenen Namen in alphabetischer Reihenfolge mit entsprechender Zelladresse aus.

Empfehlenswert ist, dieser Namensliste einen bestimmten Bereich im Arbeitsblatt zuzuweisen. Da sich die Liste nicht automatisch aktualisiert, ist es sinnvoll, für diesen Bereich wiederum einen Namen zu vergeben.

Vergebene Namen können gelöscht werden:

- Falls Sie einen Namen falsch eingetragen haben und ihn wieder löschen wollen, wählen Sie die Befehlsfolge: *Bereich Name Löschen*.

- Alle vergebenen Namen können mit einem Mal gelöscht werden mit *Bereich Name Zurücksetzen*.

4.3 Anpassungsfähige Formeln mit Bereichsnamen erstellen und kopieren

Die gezeigte Vergabe von Bereichsnamen empfiehlt sich nicht nur als Orientierungshilfe zum Wiederauffinden von Zelladressen. Auch Formeln werden durch die Verwendung von "sprechenden" Bereichsnamen verständlicher. Dies wird im folgenden Abschnitt deutlich werden, in dem es darum geht, die Break-Even-Menge zu ermitteln und die Formeln zur Berechnung der Umsatzerlöse, der Gesamtkosten und des Gewinns aufzustellen.

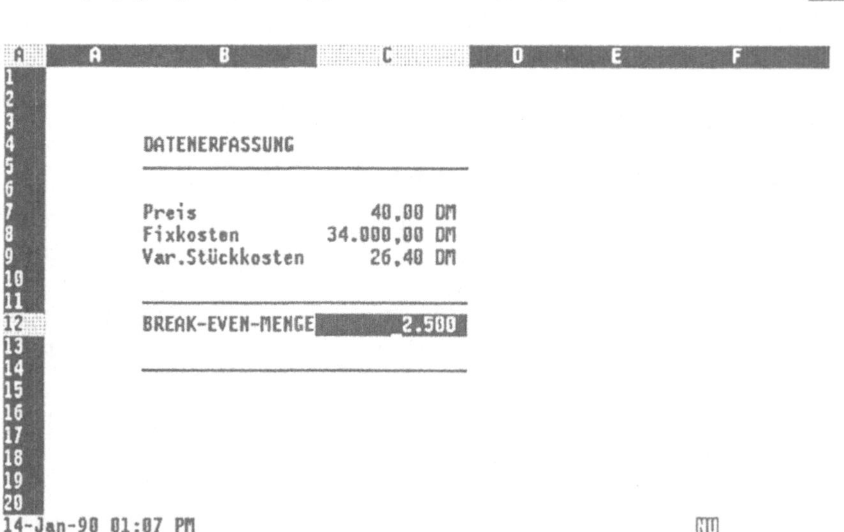

Abb. 4-4: Berechnung der Break-Even-Menge

Aufgabe: Erstellen Sie in der Zelle C13 unter Verwendung von Bereichsnamen die Formel zur Berechnung der Break-Even-Menge.

Vergeben Sie im ersten Schritt die Bereichsnamen für den Preis (Zelladresse A:C7), die Fixkosten (Zelladresse A:C8) und die variablen Stückkosten (A:C9). Dazu könnten Sie die Ihnen bekannten Befehle *Bereich Name Erstellen* verwenden. Da die Namen aber bereits im Arbeitsblatt eingetragen wurden, können Sie auch ein abgekürztes Verfahren der Namensvergabe einsetzen.

VORGEHEN: Bereits eingegebene Texte als Bereichsnamen für Zelladressen vergeben

- Bewegen Sie den Zellzeiger zur Zelle B7 im Arbeitsblatt A, d.h. auf den Text, den Sie für die Zelle C7 als Namen vergeben wollen.

- Wählen Sie die Befehlsfolge *Bereich Name Benennen.*

- 1-2-3 fragt, ob sich die zu benennenden Zellen in Bezug auf den Text unmittelbar rechts, unten, links oder oben befinden. Im vorliegenden Fall geben Sie bitte

  Rechts

  an, weil sich die zu benennende Zelle C7 aus Sicht des Textes "Preis" in Zelle B7 rechts befindet.

- Wenn Sie den Bereich erweitern (A:B7..A:B9) und mit *<Return>* bestätigen, wird nicht nur der Text "Preis" als Name für die Zelle C7, sondern gleichzeitig der Text "Fixkosten" als Name für die rechts stehende Zelle C8 und der Text "Var.Stückkosten" als Name für die rechtsstehende Zelle D9 vergeben.

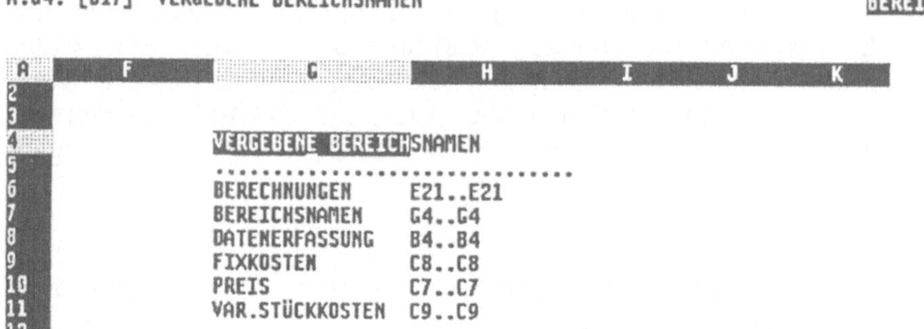

Abb. 4-5: Aktualisierte Liste der Bereichsnamen

Nach dieser Vorarbeit kann die Formel zur Berechnung der Break-Even-Menge eingegeben werden. Die Break-Even-Menge errechnet sich, indem die Fixkosten geteilt werden durch die Differenz von Preis und variablen Stückkosten.

VORGEHEN: Erstellen einer Formel mit Bereichsnamen

- Positionieren Sie den Zellzeiger auf der Zelladresse C13 und geben Sie ein:

  +Fixkosten/(Preis-Var.Stückkosten) + <Return>

  In Zelle A:C13 wird Ihnen umgehend die ermittelte Break-Even-Menge (2.500) angezeigt.

  Oder:

- Geben Sie nur das Plus-Zeichen ein und betätigen Sie anschließend *<F3>* bzw. *<F3>* + *<F3>*. Dadurch gibt Ihnen 1-2-3 die Liste der erstellten Bereichsnamen im Bedienfeld bzw. auf dem Bildschirm aus.

- Bewegen Sie den Zeiger auf den gewünschten Namen und mit *<Return>* wird der Name automatisch im Bedienfeld eingetragen, in unserem Beispiel der Name "Fixkosten". Geben Sie das Divisionszeichen und die öffnende Klammer ein und wählen Sie den nächsten Bereichsnamen (Preis) wiederum über *<F3>*. Ergänzen Sie im Bedienfeld das

Minuszeichen und wählen auch "Var.Stückkosten" wieder über *<F3>*. Schließen Sie die Formel mit der Klammer ab und lösen Sie die Berechnungen mit *<Return>* aus.

Die vergebenen Namen können nicht nur zur Berechnung der Break-Even-Menge eingesetzt werden, sondern dienen darüber hinaus dazu, die Entwicklung der Umsatzerlöse, der Gesamtkosten und des Gewinns/Verlustes in einer Tabelle festzuhalten.

Aufgabe: Zur Ermittlung der Umsatzerlöse, der Gesamtkosten und des Gewinns sollen Formeln entwickelt werden, die die notwendigen Berechnungen durchführen und darüberhinaus die neuen Ergebnisse anzeigen, wenn sich Preis oder/und fixe Kosten oder/und variable Kosten ändern. Die Mengenangaben sind vorgegeben.

Berechnung der Umsatzerlöse

-   Die Umsatzerlöse berechnen sich aus der Multiplikation von Menge und Preis. Geben Sie in Zelle A:F26 ein:

     +E26\$C\$7*

Mit der relativen Zelladresse E26 nimmt die Formel Bezug auf die Menge (=500). Multipliziert wird diese Zahl mit dem Wert, der in der absolut adressierten Zelle C7 als Preis eingegeben wurde. Diese Zelladressierung ergibt sich aus dem Ziel, die Formel für die verschiedenen Mengen, aber für den gleichen Preis nach unten zu kopieren.

-   Die Formel kann modifiziert werden, indem statt der Zelladresse C7 der vergebene Bereichsname "Preis" eingegeben wird.

     +E26\$Preis*

Gehen Sie mit *<F2>* in den EDIT-Modus, setzen den Zellzeiger auf die Adresse \$C\$7 und mit *<F3>* ersetzt 1-2-3 die Zelladresse durch den Bereichsnamen.

Berechnung der Gesamtkosten

Die Gesamtkosten werden errechnet, indem die variablen Stückkosten mit der Menge multipliziert werden und das Ergebnis den Fixkosten addiert wird. Aktivieren Sie die Zelle A:G26, in der das Ergebnis erscheinen soll.

Tragen Sie entweder die Formel unter Verwendung der Zelladressen ein:

$$+\$C\$8+(\$C\$9*E26)$$

oder verwenden Sie die Bereichsnamen in der Formel:

$$+\$Fixkosten+(\$Var.Stückkosten*E26)$$

<u>Berechnung des Gewinns</u>

Der Gewinn wird berechnet, indem die Gesamtkosten von den Umsatzerlösen abgezogen werden. Geben Sie in die Zelle A:H26 die Formel mit Zelladressen ein:

$$+F26-G26$$

Sie werden bemerkt haben, daß für Gesamtkosten und Umsatzerlöse wie auch für die Mengenspalte keine Bereichsnamen vergeben wurden. Hier wird eine Einschränkung beim Einsatz von Bereichsnamen in Formeln wirksam. Mit Namen, die für Bereiche vergeben wurden, die über eine Zelle hinausgehen, kann nicht gerechnet werden.

Trotz dieser Einschränkung erhöhen Bereichsnamen in Formeln eingesetzt deren Aussagefähigkeit - nicht nur für den Benutzer selbst, sondern auch für andere, die sich in die Tabelle neu einzuarbeiten haben oder diese weiterbearbeiten.

Zum Abschluß können alle drei Formeln für die übrigen Mengen in einem Gang nach unten kopiert werden.

VORGEHEN: Kopieren von mehreren Formeln

- Bewegen Sie den Zellzeiger zur Zelle F26 und rufen im Menü den Befehl *Kopie* auf.

- Geben Sie den Quellbereich der Kopie ein.

  Bereich, aus dem kopiert werden soll: A:F26..A:H26
  <Return>.

- Nennen Sie anschließend den Zielbereich der Kopie.

  Bereich, in den kopiert werden soll: A:F27..A:F39
  <Return>.

Die Flexibilität der aufgestellten Berechnungen und Tabellen beweist sich unmittelbar, wenn Sie für Preis, fixe oder variable Kosten andere Werte eingeben.

4.4 Einrichtung von Fenstern im Arbeitsblatt

Um die entsprechenden Neuberechnungen, die sich aus veränderten Eingabewerten im Datenerfassungsbereich ergeben, in der Berechnungstabelle besser verfolgen zu können, besteht die Möglichkeit, den Bildschirm in zwei Fenster zu unterteilen.

Aufgabe: Lassen Sie sich den Datenerfassungsbereich oberhalb des Berechnungsteils der Tabelle durch Einrichtung eines horizontalen Fensters anzeigen.

VORGEHEN: Einrichten eines Fensters

- Veranlassen Sie durch Bewegung des Zellzeigers oder Rollen des Arbeitsblattes mit der *<Rollen>*-Taste, daß die Zeile 7 zur ersten Zeile auf dem Bildschirm wird.

- Gehen Sie dann mit dem Zellzeiger auf die Zeilenhöhe, von der ab ein horizontales Fenster eingerichtet werden soll, hier: zur Zeile 10.

- Rufen Sie das Menü auf und wählen Sie die Befehlsfolge *Arbeitsblatt Fenster Horiz.* Der Bildschirm ist nun in zwei Fenster unterteilt.

- Um den Datenerfassungsbereich im oberen Fenster und die Berechnungstabelle gleichzeitig auf dem Bildschirm ansehen zu können, muß das untere Fenster hoch gerollt werden. Wählen Sie die Befehlsfolge *Arbeitsblatt Fenster Unsynch* um die beiden Fenster unabhängig voneinander bewegen zu können.

- Mit der FENSTER-Funktionstaste *<F6>* können Sie mit dem Zellzeiger von einem in das andere Fenster springen. Gehen Sie in das untere Fenster und bewegen Sie den Zellzeiger so weit nach unten, daß die gesamte Berechnungstabelle auf dem Bildschirm erscheint.

- Springen Sie dann mit *<F6>* in das Datenerfassungsfenster und nehmen folgende Veränderungen vor:

Preis	45,00 DM
Fixkosten	26.000,00 DM
Var.Stückkosten	32,00 DM

Sie können die veränderten Ergebnisse sofort in der Berechnungstabelle ansehen.

```
A:C7: (W2) [B14] 45                                              BEREIT

 A     A          B             C           D         E          F
 6
 7          Preis            45,00 DM
 8          Fixkosten     26.000,00 DM
 9          Var.Stückkosten    32,00 DM
10
 A     D          E             F           G                 H          I
23
24          Menge    Umsatzerlöse  Gesamtkosten       Gewinn
25
26           500         22500         42000           -19500
27          1000         45000         58000           -13000
28          1500         67500         74000            -6500
29          2000         90000         90000               0
30          2500        112500        106000            6500
31          3000        135000        122000           13000
32          3500        157500        138000           19500
33          4000        180000        154000           26000
34          4500        202500        170000           32500
35          5000        225000        186000           39000
36          5500        247500        202000           45500
14-Jan-90 01:22 PM                                              NU
```

Abb. 4-6: Neuberechnete Break-Even-Tabelle

Der Arbeitsblattbildschirm kann nicht nur horizontal sondern auch vertikal in zwei Fenster unterteilt werden. Soll eines der Fenster kurzfristig über den gesamten Bildschirm ausgedehnt werden, können Sie das mit der ZOOM-Funktiontaste *<Alt><F6>* erreichen. Eine erneute Betätigung von *<Alt><F6>* setzt das Fenster in seiner ursprünglichen Größe wieder an seinen Platz.

Die Bildschirmunterteilung in Fenster kann aufgehoben werden durch die Befehlsfolge *Arbeitsblatt Fenster Löschen*.

4.5 Befehls- und Funktionsübersicht

MENÜBEFEHLE

Arbeitsblatt Fenster
>
> macht über das Untermenü *Horiz Vertik Synch Unsynch Löschen Komprimieren Perspektive Grafik Treiber* verschiedene Operationen zur Bildschirmteilung möglich

Arbeitsblatt Fenster Horiz
>
> teilt den Bildschirm in zwei horizontale Fenster

Arbeitsblatt Fenster Unsynch
>
> ermöglicht, die Fenster unabhängig voneinander (unsynchron) zu bewegen, zu rollen

Arbeitsblatt Fenster Löschen
>
> hebt die Unterteilung des Bildschirm wieder auf

Bereich Name
>
> bietet ein Untermenü mit den Befehlen *Erstellen Löschen Benennen Zurücksetzen Tabelle Hinweis Rückgängig* an, die die Vergabe von Namen für definierte Bereiche betreffen

Bereich Name Erstellen
>
> weist einer Zelladresse oder einem Adressbereich einen Bereichsnamen zu

Bereich Name Löschen
>
> löscht einen vergebenen Bereichsnamen

Bereich Name Benennen
>
> vergibt die Inhalte von Zellen (nur Texte) als Bereichsnamen für benachbarte Zellen

Bereich Name Zurücksetzen
>
> löscht alle in einem oder mehreren aktuellen Arbeitsblättern vergebenen Bereichsnamen

Bereich Name Tabelle
>
> gibt in der aktuellen Datei eine alphabetische Liste der vergebenen Bereichsnamen mit zugehörigen Zelladressen aus

Bereich Name Rückgängig
> löscht die Verknüpfung eines Bereichsnamens mit einer Zelladresse

Daten Füll
> gibt für einen vorher definierten Bereich eine Datenreihe mit einheitlichem Schrittwert aus

FUNKTIONSTASTEN

FENSTER-Funktionstaste *<F6>*
> bewegt den Zellzeiger von einem Fenster in das andere

NAME-Funktionstaste *<F3>*
> bewirkt in Kombination mit der GEHEZU-Funktionstaste *<F5>* eine Auflistung der vergebenen Bereichsnamen im Bedienfeld, aus der Namen markiert und ausgewählt werden können. Bei zweimaliger Betätigung von *<F3>* wird die Bereichsnamenliste vollständig auf dem Arbeitsblatt-Bildschirm ausgegeben

ZOOM-Funktionstaste *<Alt><F6>*
> ZOOM dehnt ein Fenster über den gesamten Bildschirm aus. Bei erneuter Betätigung von *<Alt><F6>* wird das Fenster wieder in seiner ursprünglichen Größe an der Ausgangsposition platziert

5 Einführung in die grafische Präsentation von Tabellen

Dieses Kapitel:

- *stellt die verschiedenen Grafiktypen vor, die mit 1-2-3 erzeugt werden können und gibt Hinweise für ihren sinnvollen Einsatz;*
- *erläutert am Beispiel der in Kapitel 4 erstellten Break-Even-Analyse, wie Datenreihen in einer Liniengrafik mit Hilfe unterschiedlicher Gestaltungsmöglichkeiten präsentiert werden können;*
- *führt vor, wie Grafiken nach Bestimmung von Formatierungs- und Layoutparametern ausgedruckt werden.*

Fallbeispiel: Grafische Umsetzung der Break-Even-Analyse

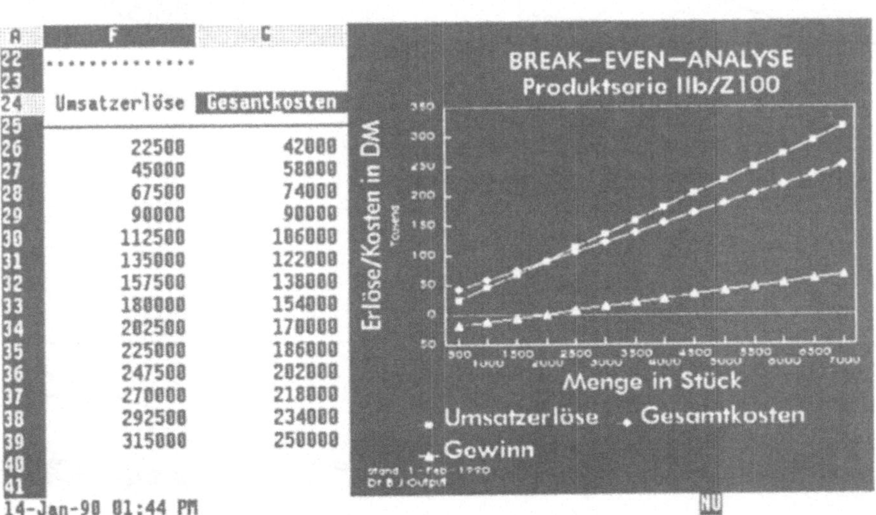

Abb. 5-1: Grafisch umgesetzte Break-Even-Tabelle

In einer einfachen Liniengrafik soll dargestellt werden, ab welcher abgesetzten Produktmenge die Gewinnzone erreicht wird und wie die Gewinn-, die Kosten- und die Erlösentwicklung verläuft.

5.1 Die verschiedenen Grafiktypen bei 1-2-3

Wie eine Tabelle grafisch umzusetzen ist, hängt in erster Linie von der fachspezifischen Fragestellung ab. Wenn zum Beispiel, wie in der Vereinstabelle aus Kapitel 2 der prozentuale Anteil der unterschiedlichen Einnahmen an der Quartalssumme ermittelt wurde, ist die Darstellung dieses Ergebnisses als Kreisgrafik angebracht, in der die Quartalssumme den "Kuchen" darstellt und die verschiedenen Einnahmeposten die unterschiedlich großen Stücke in diesem Kuchen. Die Umsetzung der Break-Even-Analyse in eine Kreisgrafik würde dagegen keinen Sinn ergeben.

Mit 1-2-3 haben Sie die Möglichkeit, aus sechs grafischen Grundvarianten, den Ihren Erfordernissen entsprechenden Grafiktyp auszuwählen. Darüberhinaus können Mischgrafiken und besondere Darstellungsformen der Standardgrafiktypen entwickelt werden.

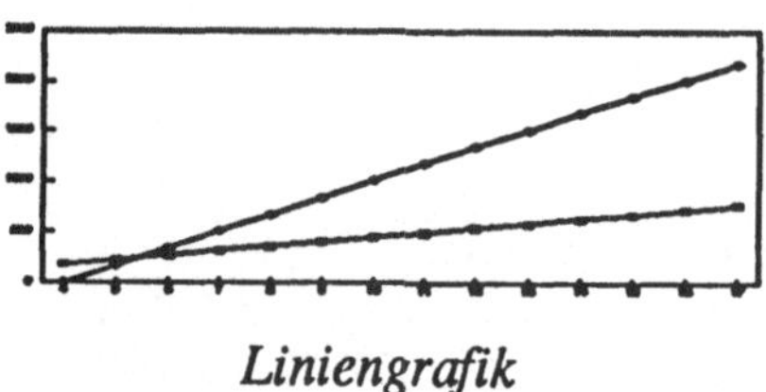

Liniengrafik

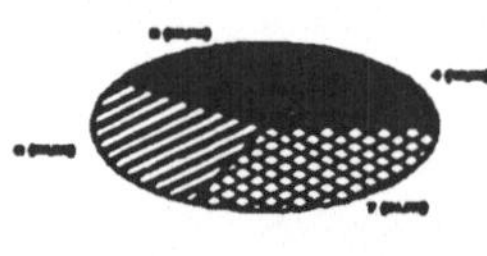

Kreisgrafik

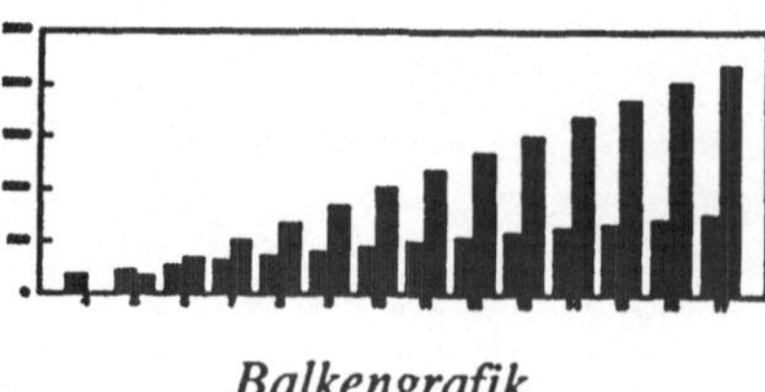

Balkengrafik

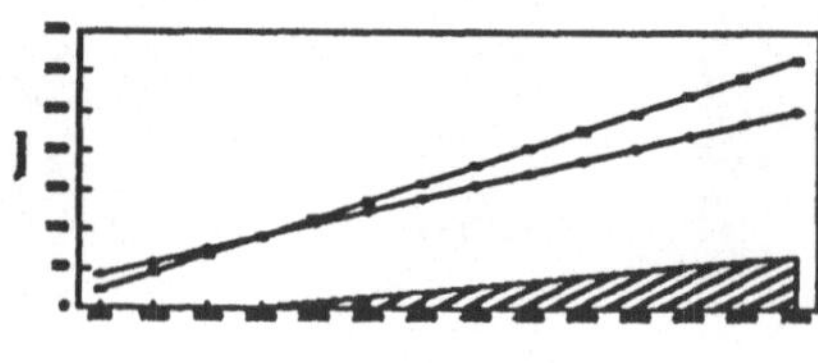

Flächengrafik

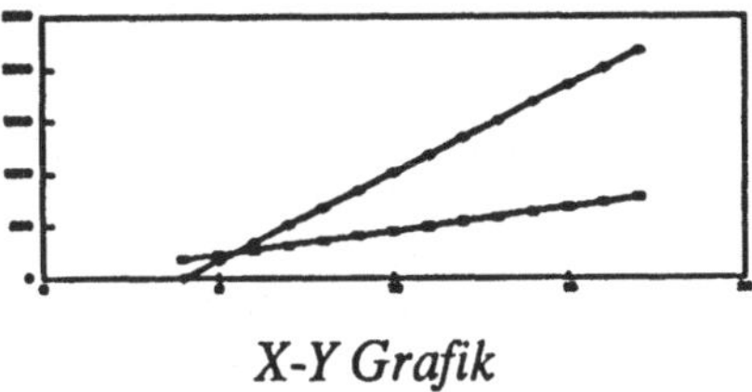

X-Y Grafik

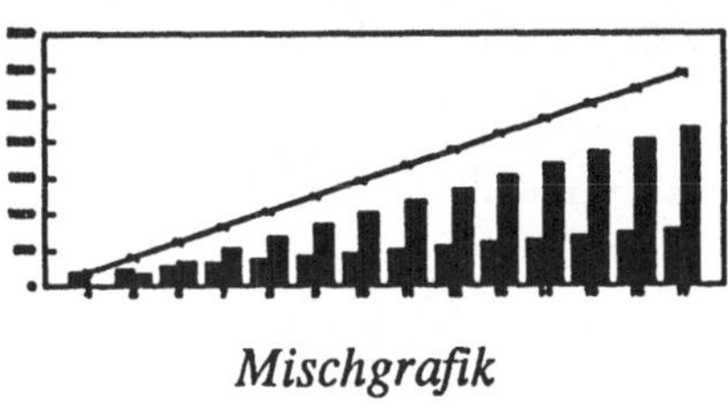

Mischgrafik

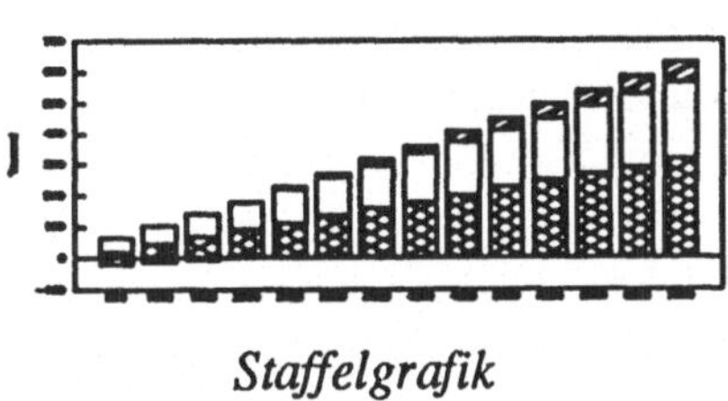

Staffelgrafik

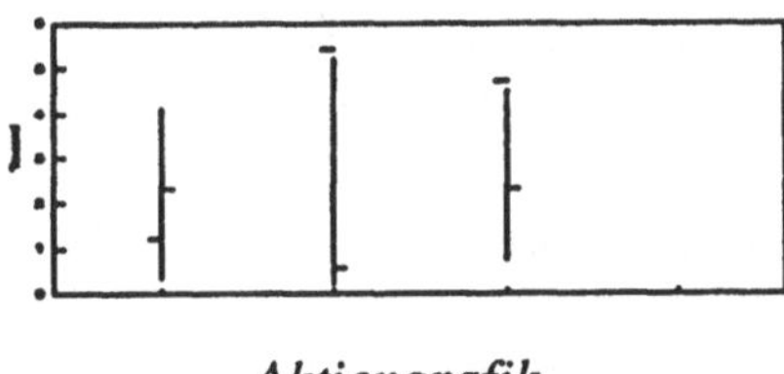

Aktiengrafik

Abb. 5-2: Grafiktypen

Liniengrafik

Liniengrafiken werden in der Regel dann eingesetzt, wenn es darum geht, die Entwicklungstendenz einer oder mehrerer Datenreihen im Zeitablauf zu verfolgen und zu vergleichen. Bis zu 6 Datenreihen können in Linien dargestellt werden.

Balkengrafik

Balkengrafiken sind sinnvoll zur Präsentation von Tabellen, mit denen die Entwicklung von Datenreihen aus unterschiedlichen Bereichen und ihr Verhältnis zueinander verglichen werden soll.

Wie die Liniengrafik besteht auch die Balkengrafik aus einer linear skalierten X-Achse, deren Schrittpunkte mit den Daten einer für den X-Bereich definierten Datenreihe beschriftet werden können. Ebenfalls wie bei der Liniengrafik ist die Y-Achse standardmäßig linear aufgeteilt und es können bis zu 6 Datenreihen in Balken umgesetzt werden.

XY-Grafik

In der Darstellung ähnelt das XY-Diagramm der Liniengrafik. Anwendungsfeld ist die Darstellung von Korrelationen zwischen numerischen Datenreihen. Im Gegensatz zu den beiden oben aufgezeigten Grafik-Typen erlaubt die XY-Grafik eine Wertskalierung der X-Achse vgl. Kap.8).

Gestaffelte Balkengrafik

Gestaffelte Balkengrafiken werden sinnvoll eingesetzt für Tabellen, die die Entwicklung von Anteilen innerhalb eines Ganzen aufzeigen. Die Werte der Datenreihen werden in einem Balken übereinander dargestellt.

Kreisdiagramm

Kreisgrafiken sind grundsätzlich anders zu erstellen als die bisher kennengelernten Grafiktypen. Bei dieser Form der grafischen Präsentation werden nicht Datenreihen, sondern einzelne Werte einer Datenreihe in Beziehung gesetzt und ihr prozentuales Verhältnis zueinander in Form von Kreissegmenten dargestellt. Im Gegensatz zu den oben beschriebenen Grafiktypen können in der Kreisgrafik nur positive Werte präsentiert werden (vgl. Übung 2).

Aktiengrafik

Aktiendiagramme ermöglichen, Höchst-, Niedrigst-, Schluß- und Eröffnungskurse von Aktien im Zeitablauf zu verfolgen.

Mischgrafiken

Mit dem Grafiktyp Mischgrafik ist es möglich, eine aus Linien und Balken kombinierte Grafik zu erstellen. Ansonsten gelten dieselben Angaben zur Handhabung von X- und Y-Achse wie bei der Linien-, Balken und gestaffelten Balkengrafik.

Spezielle Darstellungen

Neben diesen grafischen Grundtypen bietet 1-2-3 eine Reihe von Varianten an, die die Grundtypen ergänzen oder modifizieren. Zum Beispiel kann eine Liniengrafik mit Flächen kombiniert werden oder Grafiken werden mit 2 Y-Achsen oder übereinander gestaffelter Darstellung differenziert. Sämtliche Varianten basieren jedoch auf dem zuvor ausgewählten Grundtyp.

5.2 Präsentation von Datenreihen am Beispiel einer Liniengrafik

Es gibt unterschiedliche Möglichkeiten, eine Grafik zu erzeugen, also bestimmte Datenreihen aus Arbeitsblättern in eine grafische Darstellung umzusetzen. Wiederum hängt es von der Art der Tabelle ab, welche der Möglichkeiten genutzt werden kann und sollte.

5.2.1 Umsetzung von Tabellen in Diagramme

Automatische Grafikerstellung

Die einfachste Möglichkeit, Tabellen grafisch umzusetzen, eröffnet die GRAFIK-Funktionstaste *<F10>*, mit der 1-2-3 aus dem BEREIT-Modus heraus für einen bestimmten Tabellenbereich automatisch eine Grafik erstellt. Dafür sind allerdings bestimmte Voraussetzungen erforderlich:

- Der Zellzeiger muß sich in einem zusammenhängenden Tabellenbereich befinden, dessen Zahlenkolonnen nicht durch freie Spalten oder Zeilen getrennt sind;

- dieser Tabellenbereich muß klar von anderen Tabellenbereichen abgegrenzt sein, indem er durch mindestens zwei freie Zeilen und zwei freie Spalten von anderen Tabelleneingaben getrennt ist.

Sind diese Voraussetzungen gegeben, erstellt 1-2-3 automatisch eine Liniengrafik, in der Datenreihen vorgabegemäß spaltenweise interpretiert und in Linien umgesetzt werden.

Die erste Spalte des Bereichs wird dann als x-Achsenbeschriftung interpretiert, wenn sie ausschließlich Texte enthält oder Zahlen im Zeit- oder Datumsformat; ansonsten wird die erste Zahlenkolonne dem A-Datenbereich, die zweite dem B-Datenbereich usw. zugeordnet. Die Y-Achse orientiert sich in ihrer linearen Schrittfolge am höchsten und niedrigsten Wert, der auf einer Linie abgebildet wird, die X-Achse ist linear skaliert.

Probieren Sie die automatische Grafikerstellung, indem Sie Ihre Datei BREAK1.WK3 laden, den Zellzeiger auf der Adresse E26 positionieren und die Funktionstaste *<F10>* drücken. Mit *<Esc>* blenden Sie die Grafik wieder aus und gelangen zurück in den BEREIT-Modus.

Die so erstellte Grafik ist weder präsentabel noch aussagekräftig, woraus ersichtlich wird, daß sich nicht jede Tabelle sich für die automatische Grafikerstellung mit *<F10>* aus dem Arbeitsblatt heraus anbietet.

Im Zusammenhang mit der Befehlsfolge *Grafik Typ* können über *<F10>* auch andere Grafiktypen automatisch erstellt werden. Je nach Typ interpretiert 1-2-3 die Datenreihen des zusammenhängenden Tabellenbereichs unterschiedlich:

- bei der XY-Grafik wird die erste Zahlenkolonne als X-Achse interpretiert; sie muß aus Werten bestehen und darf keine Texte enthalten; die nachfolgenden Zahlenkolonnen werden als Datenbereiche A-F aufgefaßt und in Linien umgesetzt;

- bei allen anderen Grafik-Typen (außer der Kreisgrafik, deren automatische Erstellung wenig Sinn macht) wird die erste Zahlenkolonne nur dann der X-Achse als Beschriftung zugeordnet, wenn sie ausschließlich Texte oder zeit- bzw. datumsformatierte Zahlen enthält.

Gruppen von Datenreihen grafisch umsetzen

In der Break-Even-Tabelle haben wir nebeneinander und nicht durch Spalten oder Zeilen getrennt vier Datenreihen. Abhängig von den Werten der ersten Reihe, der Mengen, sind in den folgenden Datenreihen die Umsatzerlöse, die Gesamtkosten und der Gewinn berechnet. Dieser Tabellenaufbau ermöglicht es, eine Grafik zu erstellen, indem die X-Achsenbeschriftung und die Datenreihen in einem Gang definiert werden.

Aufgabe: Erstellen Sie eine Liniengrafik aus den Daten Ihrer Break-Even-Tabelle, in der die Mengen als X-Achsenbeschriftung dienen.

VORGEHEN:

- Laden Sie Ihre Tabelle BREAK1.WK3 in den Arbeitsspeicher des Computers und bewegen Sie den Zellzeiger mit der GEHEZU-Funktionstaste *<F5>* auf die Zelladresse E26.

- Nach der Befehlsfolge *Grafik Typ* wählen Sie die Option *Linie*. Der Zeiger springt danach sofort in das Grafik-Menü auf den Befehl *Typ* zurück.

- Aktivieren Sie im Grafik-Menü den Befehl *Gruppe* und bestimmen Sie den Gruppenbereich, indem Sie die linke obere Ecke des Bereichs (Zelle E26) mit einem Punkt (.) verankern und dann den Zellzeiger nach rechts und unten über den gesamten Bereich ziehen.

  Gruppenbereich: A1:E26..H39

  Bestätigen Sie den Bereich mit *<Return>*.

- Legen Sie nun fest, daß die Datenbereiche spaltenweise zu interpretieren sind, indem Sie die bereits markierte Option *Spaltenweise* mit *<Return>* übernehmen.

- Mit *<F10>* oder durch Aktivierung des Befehls *Kontrolle* im Grafik-Menü können Sie sich nun die Grafik auf dem Bildschirm anzeigen lassen. Durch *<Esc>* wird die Grafik wieder ausgeblendet und sie befinden sich wieder im Grafik-Menü.

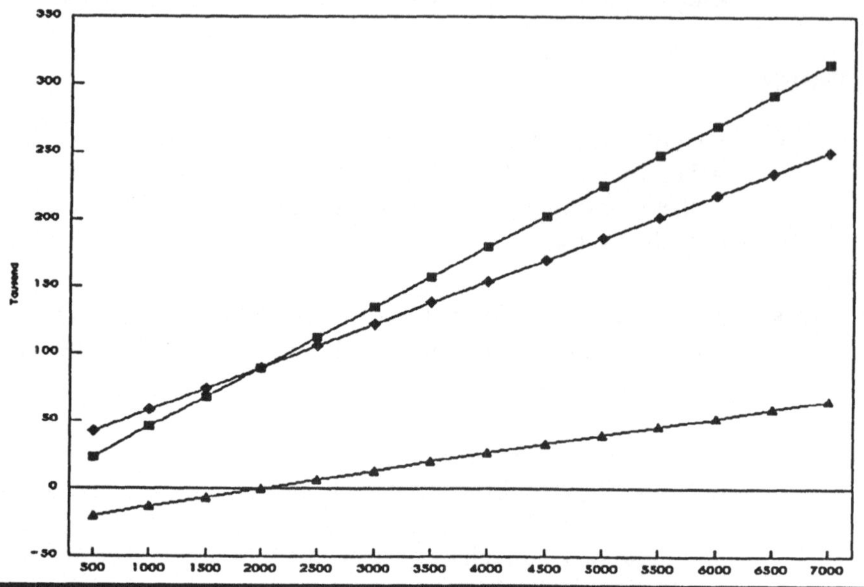

Abb. 5-3: Als Liniengrafik umgesetzte Break-Even-Tabelle

Wie Sie gesehen haben, ordnet 1-2-3 bei der Erstellung einer Grafik über den Gruppenbefehl die erste Datenreihe dem X-Bereich zu, die nachfolgenden Reihen in ihrer Reihenfolge den Datenbereichen A bis F (hier:C).

Probieren Sie die unterschiedliche grafische Umsetzung aus, indem Sie verschiedene Grafiktypen auswählen und sich das Ergebnis mit *<F10>* oder dem Befehl *Kontrolle* anzeigen lassen.

Datenreihen einzeln für Grafik definieren

Wenn in einer Tabelle diejenigen Zahlen oder Zahlenreihen, die grafisch umgesetzt werden sollen, nicht nebeneinander oder in der richtigen Reihenfolge angeordnet sind, gibt es die Möglichkeit, jede Zahlenkolonne einzeln einem Datenbereich zuzuordnen.

Dazu wird zunächst wieder der Grafiktyp ausgewählt und anschließend nach Aufruf der einzelnen Optionen (X, A-F) jedem dieser Bereiche die zutreffende Datenreihe zugeordnet. Das kann erfolgen durch Eingabe der Bereichsadressen in das Bedienfeld (z.B. E26..E39) oder durch Markierung des Bereichs mit Hilfe des Zellzeigers.

5.2.2 Erklärungen für die Verständlichkeit der Grafik einführen (Legenden, Titel, Achsenbezeichnungen)

Während im Grafik-Hauptmenü grundsätzliche Anweisungen an 1-2-3 im Zusammenhang mit Grafiken erfolgen, erlaubt das Untermenü des Befehls *Optionen*, eine erstellte Grafik mit Erklärungen auszustatten.

Einfügen von Legenden

Aufgabe: Erläutern Sie durch Eingabe von Legenden, welche Linie welche Datenreihe repräsentiert.

VORGEHEN: Einfügen von Legenden

- Falls Sie vorher mit verschiedenen Grafik-Typen experimentiert haben, wählen Sie mit der Befehlsfolge *Grafik Typ* erneut die Option *Linie*.

- Rufen Sie den Befehl *Optionen* auf und übernehmen mit *<Return>* den bereits markierten ersten Menüpunkt *Legende*.

- Legen Sie die Legenden für alle Datenreihen in einem Schritt fest, indem Sie die Option *Grafikdatenbereich* wählen und den Bereich eingeben.

  Legenden-Bereich: A:F24..A:H24

- Wenn Sie andere Texte als Legenden vorziehen, wählen Sie die Optionen A, B und C für die Legenden der Datenreihen im einzelnen und geben den Text für Ihre Legende ein.

- Lassen Sie sich mit *<F10>* die veränderte Grafik auf dem Bildschirm anzeigen.

HINWEIS:
> Die Texte für die Legenden können entweder aus dem Arbeitsblatt entnommen werden, indem nach einem "bakslash" (\) die Zelladresse angegeben wird (z.B \H24 zur Übernahme des Textes "Gewinn" als Legende für die dritte Datenreihe). Oder ein beliebiger Text wird eingegeben.

Wie Sie sehen, ergänzt 1-2-3 nach Einfügen von Legenden die Linien automatisch mit unterschiedlichen Symbolen. Jedes Symbol auf einer Linie repräsentiert einen Wert der entsprechenden Datenreihe.

Die Ergänzung von Linien durch Symbole oder auch die Darstellung der Datenreihen ausschließlich durch Symbole ist auch unabhängig von der Legendenbestimmung möglich. Dazu muß die Befehlsfolge *Grafik Optionen Format* aufgerufen werden, über die den Datenbereichen A-F unterschiedliche Darstellungsarten zugewiesen werden können. (vgl. auch 5.2.3)

Grafiktitel

Im nächsten Schritt soll die Grafik mit einem Titel versehen sowie die Achsen beschriftet und eine Fußnote erstellt werden

Aufgabe: Geben Sie Ihrer Grafik den Titel: "Break-Even-Analyse", beschriften Sie die X-Achse mit "Menge in Stück" und die Y-Achse mit "Erlöse/Kosten in DM". Geben Sie zudem eine zweizeilige Fußnote mit dem Text "Stand 1.Februar 1990 Dr.B.J.Output" ein.

VORGEHEN:

- Wenn Sie noch im *Optionen* Untermenü sind, wählen Sie den Befehl *Titel*, aus dem BEREIT-Modus die Befehlsfolge *Grafik Optionen Titel*.

- Wählen Sie den Menüpunkt *Erste*, um die erste Überschrift der Grafik zu bestimmen:

  Erste

  Erste Zeile des Grafiktitels: Break-Even-Analyse
  <Return>

  Sie könnten insgesamt zwei Titelzeilen eingeben.

- Aktivieren Sie erneut den Befehl *Titel* und wählen Sie den Menüpunkt *X-Achse. Titel X-Achse:* Menge in Stück
  <Return>.

  Verfahren Sie analog, um die Y-Achse mit: Erlöse/Kosten in DM zu beschriften.

- Wiederum nach Aufruf des Befehls *Titel* wählen Sie nun *Fußnote*.

Text für erste Fußnotenzeile: Stand 1. Februar 1990
<Return>.

- Mit *Weiter Fußnote* bestimmen Sie die zweite Fußnotenzeile, indem Sie eingeben: Dr.B.J.Output und mit *<Return>* bestätigen.

- Lassen Sie sich mit *<F10>* Ihre durch Erläuterungen ergänzte Grafik anzeigen.

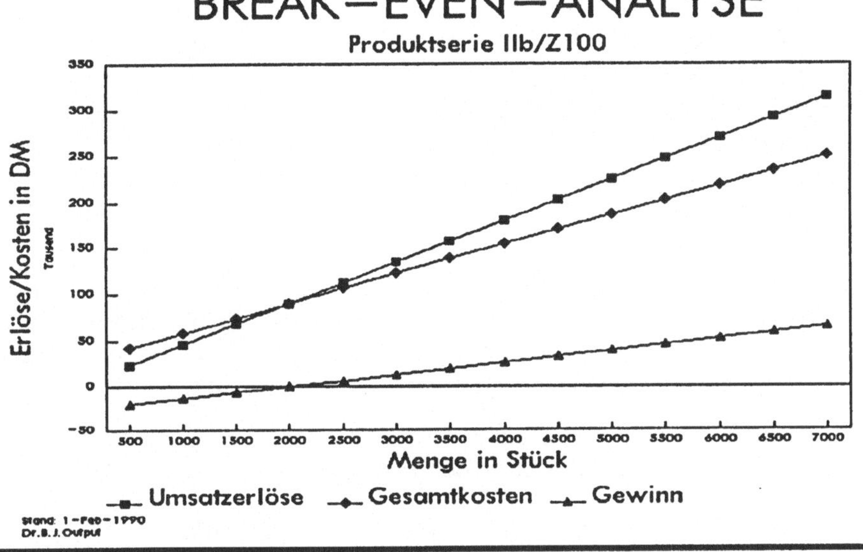

Abb. 5-4: Break-Even-Grafik mit Erläuterungen

5.2.3 Besondere Gestaltungsmöglichkeiten der Grafik

Die Befehle des *Grafik Optionen*-Menüs erlauben noch eine Reihe weiterer Gestaltungsverbesserungen. Da ist zunächst einmal der *Format*-Befehl, der Darstellungsvarianten für Linien-, Misch-, Aktien und XY-Grafiken erlaubt. Neben der Möglichkeit, über diesen Befehl Datenreihen als Linien, als Symbol-Reihen oder als Linien mit Symbolen darstellen zu lassen, können Sie auch einen ausgewählten Datenbereich als Fläche definieren.

VORGEHEN: Erstellen einer kombinierten Linien-Fläche-Grafik

- Befehlsfolge *Grafik Optionen Format.*

- Rufen Sie den Datenbereich C, der die dritte Datenreihe in Ihrer Tabelle (den Gewinn) repräsentiert durch Eingabe des Buchstabens C auf.

- Wählen Sie aus den nun angebotenen Optionen *Fläche.*

- Lassen Sie sich die veränderte Grafik mit *<F10>* anzeigen.

Sie sehen, daß der Zwischenraum zwischen der Gewinnlinie und der X-Achse nun als schraffierte Fläche erscheint. Zu beachten ist dabei, daß bei einer Flächen-Darstellung negative Werte, die unterhalb der X-Achse lägen, nicht berücksichtigt werden.

Neben den *Format*-Optionen stellt Ihnen 1-2-3 im *Grafik Optionen* Menü auch die Möglichkeit zur Verfügung, die Vorgabeskalierungen der X- und der Y-Achse zu verändern. In unserem Beispiel ist nur eine alternative Skalierung der Y-Achse möglich.

Aufgabe: Ändern Sie die Skalierung der Y-Achse, die sich automatisch an dem niedrigsten und dem höchsten Wert der als Datenbereiche definierten Datenreihen orientiert, indem Sie Ober- und Untergrenzen manuell festlegen.

VORGEHEN: Manuelle Skalierung der Y-Achse

- Befehlsfolge *Grafik Optionen Skalier Y-Skala*

- Wählen Sie den Menüpunkt *Man* für manuelle Skalierung; 1-2-3 setzt diese Anweisung sofort um und die Markierung bleibt auf *Man* stehen.

- Um die manuelle Skalierung durchzuführen, benötigt 1-2-3 Informationen über die Unter- und Obergrenze.

   Wählen Sie den Menüpunkte *Untergr* und geben Sie ein: 0 *<Return>*.
   Wählen Sie *Obergr* und geben Sie ein: 300000 *<Return>*.

- Lassen Sie sich die Grafik nach der Veränderung der Y-Achsen-Skalierung mit *<F10>* anzeigen. Oder geben Sie zweimal *Z* für *Zurück* ein, um wieder in das Grafik-Menü zu gelangen und wählen Sie den Befehl *Kontrolle*.

Die Y-Achse Ihrer Grafik reicht nun vom Wert 0 bis zum Wert 300000. Der Negativ-Bereich unterhalb der X-Achse, der durch die Formatierung der Gewinn-Datenreihe als Fläche ohnehin nicht mehr angezeigt wurde, würde nun auch dann nicht mehr erscheinen, wenn Sie die Flächenformatierung rückgängig machten.

Wenn die Werte auf der Y-Achse 1000 überschreiten, werden sie automatisch als Tausendstel des tatsächlichen Wertes dargestellt, also 50 für 50.000 zum Beispiel. Deshalb gibt 1-2-3 als Indikator Tausend aus.

Optional kann die Anzeige des Indikators aufgehoben werden, indem über die Befehlsfolge *Grafik Optionen Skalier Y-Skala* (bzw. *X-Skala*) *Indikator* die Option *Nein* aktiviert wird.

Darüberhinaus kann die Indikatoranzeige manuell verändert werden.

VORGEHEN: Manuelle Veränderung des Indikators

- Rufen Sie im *Grafik Optionen Skalier*-Menü für die *Y-Skala* den Befehl *Indikator* auf und wählen Sie die Option *Manuell*.

- Geben Sie als Indikatortext ein: in DM   *<Return>*.

- Um eine Doppelung zu vermeiden, ändern Sie nun den Titel der Y-Achse. Geben Sie zweimal Z für *Zurück* ein, um in das *Grafik Optionen*-Menü zurückzugelangen und rufen Sie die Befehlsfolge *Titel Y-Achse* auf.Mit der *<Rücktaste>* löschen Sie "in DM".

Wenn Sie sich nun mit *<F10>* Ihre abermals veränderte Grafik ansehen, werden Sie bemerken, daß durch den Wegfall des Indikators "Tausend" die Werte auf der Y-Achse zu Mißverständnissen führen könnten. Um dem vorzubeugen, hätte man als Indikator manuell eingeben können: "in Tsd. DM". Es gibt aber noch eine andere Lösung, nämlich die manuelle Veränderung des Exponenten.

VORGEHEN: Achsen-Werte durch Exponent bestimmen

- Wählen Sie im *Grafik Optionen Skalier*-Menü für die *Y-Skala* den Menüpunkt *Exponent*.

  Hier können Sie zwischen den Optionen *Automatisch* und *Manuell* wählen. Der Exponent entspricht der Zehnerpotenz. *Automatisch* legt 1-2-3 für Skalen, deren Werte 1000 überschreiten den Exponenten 3 fest, also 10 hoch 3. Somit wird angezeigt 50, wenn der Wert 50.000 ausmacht.

- Wählen Sie die Option *Manuell.* Sie haben die Möglichkeit, einen Exponenten zwischen -95 und 95 festzulegen. Geben Sie ein:0   *<Return>*.

  Damit werden die Skalenwerte in voller Länge ausgegeben, denn der Exponent 10 hoch 0 bedeutet, daß die dargestellten Ziffern mit 1 multipliziert werden.

Abschließend sollten Sie die Skalenziffern der Y-Achse der Übersichtlichkeit halber noch formatieren.

VORGEHEN: Formatierung von Achsenziffern

- Befehlsfolge *Grafik Optionen Skalier Y-Achse Format.*

- Die nun angebotenen Formatoptionen kennen Sie bereits: es handelt sich um dieselben, die Sie auch unter *Bereich Format* finden. Wählen Sie die Option . und übernehmen Sie mit *<Return>* die vorgeschlagenen 2 Nachkommastellen.

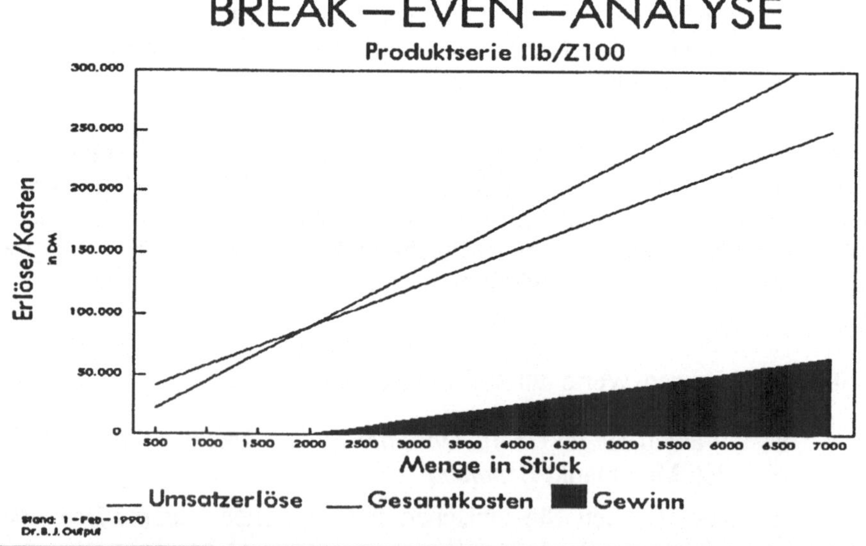

Abb. 5-5: Break-Even-Diagramm

HINWEIS:
> Außer bei der XY-Grafik können die Skalenziffern der X-Achse auf die eben beschriebene Weise nicht formatiert werden. Die in der Linien-, Balken-, gestaffelte Balken-, Aktien und Mischgrafik dargestellten Ziffern sind aus der für die X-Achse definierten Zahlenreihe nur als Beschriftungen für die Skalenpunkte übernommen worden und werden so dargestellt, wie Sie im Arbeitsblatt formatiert worden sind.

5.3 Drucken einer Grafik

Grundsätzlich wird eine Grafik wie ein Arbeitsblatt oder Arbeitsblattbereiche über Befehle des *Output*-Menüs ausgedruckt. Über dieses Menü legen Sie auch das Layout fest, also diejenigen Parameter, die 1-2-3 anweisen, die Grafik insgesamt in einer bestimmten Form zu Papier zu bringen. Wichtige Befehle für Gestaltungsmaßnahmen innerhalb einer Grafik befinden sich jedoch im *Grafik*-Menü. Festlegungen, die über das Grafik-Menü getroffen werden, gelten auch mit Einschränkungen für die Bildschirmanzeige der Grafik. Inwieweit die Einstellungen umgesetzt werden, hängt von der Art und Qualität des angeschlossenen Druckers ab.

5.3.1 Bestimmen von Farben und Schraffur, Schriftart und -größe über das Grafik-Menü

Mit der nachfolgenden Aufgabe sollen Farb- und Schraffur-Optionen für eine differenzierte Darstellung der einzelnen Datenbereiche der Break-Even-Liniengrafik genutzt werden. Sollten Sie keinen Farbbildschirm oder -drucker einsetzen, überspringen Sie in der Vorgehensbeschreibung die Angaben zur Colorierung.

Aufgabe: Lassen Sie die Datenbereiche A, B und C Ihrer Grafik in unterschiedlichen Farben darstellen und weisen Sie der Fläche des Datenbereichs C (Gewinn) eine neue Schraffur zu.

VORGEHEN: Farbe und Schraffur von Datenbereichen bestimmen

- Befehlsfolge *Grafik Optionen Weitere Colorierung*.

- Wählen Sie A für den ersten als Linie dargestellten Datenbereich (die Umsatzerlöse) und bestimmen Sie als Farboption 1, *<Return>*. Verfahren Sie analog für die Datenbereiche B und C, doch wählen Sie unterschiedliche Farboptionen aus.

Es werden Ihnen an dieser Stelle acht Farboptionen angeboten. Welche Farben mit welcher Option angezeigt und/oder ausgedruckt werden, hängt von Ihren Geräten ab.

- Lassen Sie sich das Ergebnis mit *<F10>* auf dem Bildschirm anzeigen.

- Gehen Sie mit *Zurück* oder *<Esc>* in das *Grafik Optionen Weitere*-Menü zurück und rufen den Befehl *Schraffur* auf.

  Nach der Auswahl des Datenbereichs C (Gewinn) für die Schraffurbestimmung können Sie an dieser Stelle aus 8 Optionen wählen. Unter den Optionsziffern 1 bis 8 wird jeweils die Art der Schraffur kurz kommentiert.

  Wählen Sie 1 für "ausgefüllt", *<Return>*.

- Mit *<F10>* oder indem Sie dreimal Z für *Zurück* eingeben und im Grafik-Menü den Befehl *Kontrolle* aufrufen, können Sie sich das Ergebnis anzeigen lassen.

Wenn Ihr Monitor bzw. Ihr Drucker unterschiedliche Farben unterstützt, können Sie mit 1-2-3 mehr als die angebotenen 8, nämlich 14 Farben erzeugen. Dasselbe gilt für die Auswahl von Schraffuren. In beiden Fällen sind dazu aber Vorarbeiten im Arbeitsblatt erforderlich, die nachfolgend am Beispiel der Farbauswahl geübt werden. Das Vorgehen bei der Schraffurauswahl ist analog.

Aufgabe: Legen Sie für den zweiten Datenbereich (B:Gesamtkosten) fest, daß die die Werte unter 10.000 in der Farbe 5, die Werte darüber in der Farbe 12 dargestellt und gedruckt werden sollen.

VORGEHEN: Colorierung über Festlegung eines Farbbereichs

- Gehen Sie in den BEREIT-Modus zurück und geben Sie in Spalte I in den Zellen I26 bis I28 ein: 5; in den Zellen I29 bis I39 geben Sie ein: 12.

- Aktivieren Sie nun die Befehlsfolge *Grafik Optionen Weitere Colorierung* und wählen Sie B für den zweiten Datenbereich.

- Rufen Sie im nun erscheinenden Farbuntermenü den Befehl *Bereich* auf, mit dem Sie dem Datenbereich B einen Farbbereich zuordnen. Geben als Bereich entweder ein: I26..I39 oder markieren Sie den Bereich mit Hilfe des Zellzeigers. Bestätigen Sie mit *<Return>* und lassen sich das Ergebnis mit *<F10>* anzeigen oder geben Sie dreimal Z für *Zurück* ein und wählen im Grafikhauptmenü den Befehl *Kontrolle*.

HINWEIS:
> Wenn Sie einen Farbmonitor und einen Farbdrucker haben, aber keine individuelle Farbauswahl vornehmen, wählt 1-2-3 automatisch Vorgabefarben aus. Die Datenbereiche A, B, C, D, E und F werden dann in denjenigen Farben ausgegeben, die den Farboptionen 2, 3, 4, 5, 6 und 7 entsprechen.

Auch für die Textteile einer Grafik kann analog zur oben beschriebenen Weise zwischen 14 unterschiedlichen Farben ausgewählt werden. Zudem können für die Texte bis zu acht verschiedene Fonts bestimmt und bis zu neun Schriftgrößen festgelegt werden.

Die Font-Bestimmung macht sich ausschließlich auf dem Drucker bemerkbar und ist auf dem Bildschirm nicht nachzuvollziehen. Auch was die Schriftgrößen betrifft, gibt es eine Einschränkung bei der Bildschirmanzeige: es werden lediglich drei unterschiedliche Schriftgrößen dargestellt. Bei der Wahl einer Schriftgrößen-Optionen zwischen 1 und 3 eine kleine, für Optionen zwischen 4 und 6 eine mittlere und für die Optionen von 7 bis 9 eine größere Schrift. Welche der zur Verfügung stehenden Fonts und Schriftgrößen am Ende auf Ihrem Drucker tatsächlich ausgegeben werden, hängt von dem eingesetzten Gerät ab.

Aufgabe: Bestimmen Sie Farbe, Fonts und Schriftgröße für die Textteile Ihrer Grafik.

VORGEHEN: Festlegen von Textattributen

* Befehlsfolge *Grafik Optionen Weitere Text.* Wählen Sie zunächst die Option

  1.

  Bestimmt Textattribute für ersten Grafiktitel

* Legen Sie zuerst über den Befehl *Colorierung* die Farbe fest, in der der Titel am Bildschirm dargestellt und auf dem Drucker ausgegeben werden soll. Wählen Sie eine der zur Verfügung stehenden Optionen und bestätigen Sie mit *<Return>*.

- Bestimmen Sie sodann über den Befehl *Font* die Schriftart für den Grafiktitel. Wählen Sie eine der zur Verfügung stehenden 8 Optionen und bestätigen Sie mit *<Return>*.

- Legen Sie die Schriftgröße für den Titel mit Hilfe des Befehls *Größe* fest. Aktivieren Sie *Vorgabe*: damit wird für den ersten Grafiktitel, um den es hier geht, automatisch der größte verfügbare Schriftgrad (identisch mit der Option 8) ausgewählt.

- Gehen Sie nun mit *Zurück* in das Menü zur Bestimmung der Textattribute und wählen Sie

  2.

  Bestimmt Textattribute für zweiten Grafiktitel, Achsentitel und Legenden

  Gehen Sie vor wie bei der Bestimmung der Textattribute für den ersten Grafiktitel und legen Sie *Colorierung*, *Font* und *Schriftgröße* für Achsentitel und Legenden fest. Die Option *Vorgabe* bei der Wahl der Schriftgröße bedeutet in diesem Fall, daß für die betreffenden Textteile der 4. Schriftgrad automatisch festgelegt wird.

- Bestimmen Sie abschließend über den Punkt

  3.

  Bestimmt Textattr. für Skalenindik., Achsen- u. Datenbeschr., Fußnoten

  die Farbe, Schriftart und -größe für Skalenindikator, Achsenbeschriftung und Fußnote. Mit Vorgabe würde hier bei der Schriftgrößenbestimmung automatisch der 2. Schriftgrad erzeugt.

5.3.2 Aktuelle Grafik abschließend für den Druck vorbereiten und ausdrucken

Der Ausdruck einer Grafik wird ähnlich dem Ausdrucken von Textdateien vorbereitet. Zunächst muß über die Befehlsfolge *Output Drucker* angegeben werden, was überhaupt gedruckt werden soll. Während bei Textdateien nun mit dem Befehl *Bereich* der Druckbereich eines Arbeitsblattes definiert wird, muß diese Anweisung bei Grafiken mit dem Befehl *Grafik* gegeben werden. Damit kann entweder die aktuelle Grafik oder eine namentlich benannte Grafik zum Druck angewiesen werden.

VORGEHEN: Grafik zum Druck bestimmen

- Befehlsfolge *Output Drucker Grafik.*
- Wählen Sie die Option *Aktuelle Grafik.*

In diesem Fall ist die Grafikbestimmung problemlos: es gibt derzeit nur eine aktuelle Grafik, mit der wir arbeiten und noch keine benannten Grafiken, die ausgewählt werden könnten. Wenn später mit mehreren Grafiken in einer Tabelle gearbeitet wird, muß anders verfahren werden. (vgl. Kap. 8)

Als nächstes legen Sie die Layout-Parameter für die nun zum Ausdruck bestimmte Grafik fest.

Aufgabe: Bestimmen Sie, daß Ihre Grafik im Querformat zunächst als Entwurf ausgedruckt wird.

VORGEHEN: Layout-Parameter für Grafik bestimmen

- Befehlsfolge *Output Drucker Opt Parameter Grafik.* Wählen Sie im nun angezeigten Untermenü den Befehl *Drehung.* Bestimmen Sie, daß Ihre Grafik im Querformat ausgedruckt wird, indem Sie die Option *Ja* wählen.

  Wenn Ihr Drucker dazu in der Lage ist, Querformate auszudrucken, wird die Grafik entsprechend ausgedruckt werden. Falls nicht, bleibt der eingegebene Drehungsbefehl wirkungslos und die Grafik wird im Hochformat gedruckt.

- Rufen Sie als nächstes den Befehl *Qualität* auf und wählen Sie die Option *Entwurf.*

  Damit wird die Grafik in geringer Dichte ausgedruckt und somit auf den meisten Druckern schneller als Präsentationsgrafiken mit hoher Dichte ausgegeben. Sollte Ihr Drucker nur eine Dichte drucken können, bleibt der Befehl wirkungslos.

- Drucken Sie nun Ihre Grafik aus, indem Sie dreimal den Befehl *Zurück* wählen oder dreimal *<Esc>* drücken und im *Output Drucker*-Menü mit dem Befehl *Just* zunächst den internen Zeilenzähler auf 0 justieren und dann den Befehl *Drucken* aktivieren.

Für den Fall, daß Ihr Drucker nicht grafikfähig ist, bleibt die Druckseite frei.

Wenn die ausgedruckte Grafik Ihren Erwartungen entspricht, können Sie aus dem *Output Drucker*-Menü mit der Befehlsfolge *Opt Parameter Grafik Qualität* die Option *Präsentation* wählen, um die Grafik anschließend in besserer Druckqualität erneut auszudrucken.

Speichern Sie abschließend Ihre Datei BREAK1.WK3. Damit wird die von Ihnen erstellte Grafik in der Datei mit gespeichert. Wenn Sie die Datei das nächste Mal laden und die Befehlsfolge *Grafik Kontrolle* aktivieren, wird die Grafik mit sämtlichen von Ihnen ausgewählten Parametern und Formatierungen angezeigt werden.

Eine Musterlösung finden Sie auf der Übungsdiskette in Datei BEA_GRAF.WK3

5.4 Befehls- und Funktionsübersicht

MENÜBEFEHLE

Grafik
>   eröffnet ein Untermenü mit den Befehlen *Typ X A B C D E F Vorgabe Kontrolle Speichern Optionen Name Gruppe Zurück*, über die Grafiken erzeugt, am Bildschirm angezeigt, gestaltet und benannt werden können

>   *Grafik Typ*
>>   bestimmt die grundlegenden Grafiktypen *Linie Balken XY Gestaff Balken Kreis Aktien Misch* und erlaubt über den Befehl *Darstellung* Ergänzungen vorzunehmen

>   *Grafik X*
>>   weist eine definierte Datenreihe des Arbeitsblattes der X-Achse zu

>   *Grafik A-F*
>>   weist definierte Datenreihen des Arbeitsblattes den Datenbereiche A-F zu

>   *Grafik Kontrolle*
>>   zeigt die zuvor erstellte aktuelle Grafik auf dem Bildschirm an

Grafik Optionen
>   erlaubt über die Befehle des Untermenüs *Legende Format
>   Titel Raster Skalier Color Mono Beschrift Weitere,*
>   Ergänzungen bei erstellten Grafiken und bezüglich ihrer
>   Bildschirmanzeige vorzunehmen

Grafik Optionen Legende
>   legt Legenden für die grafisch dargestellten Datenbereiche
>   A-F fest

Grafik Optionen Format
>   weist den Datenbereichen A-F (außer bei Kreisgrafiken)
>   mittels der Befehle des Untermenüs *Linie Symbole Beides
>   Keine Fläche* Darstellungsformate zu

Grafik Optionen Titel
>   legt über die Befehle des Untermenüs *Erste Zweite X-
>   Achse Y-Achse 2Y-Achse Fußnote Weiter Fußnote* Texte
>   zur Erläuterung der Grafik fest

Grafik Optionen Skalier
>   eröffnet über ein Untermenü verschiedene Möglichkeiten,
>   die Achsenskalierung zu verändern, die X-
>   Achsenbeschriftung einzugrenzen und Skalenwerte
>   darzustellen

Grafik Optionen Skalier (Y-Skala X-Skala 2Y-Skala) Autom
>   wählt die Vorgabeskalierung für die Achsen (orientiert an
>   den niedrigsten und höchsten Werten der darzustellenden
>   Datenbereiche)

Grafik Optionen Skalier (Skalen) Man
>   ermöglicht manuelle Skalierung für die dafür
>   ausgewählte(n) Achse(n). Ist für die X-Achse nur in der
>   XY-Grafik einsetzbar

Grafik Optionen Skalier (Skalen) Untergr
>   legt eine Untergrenze der Skalierung für eine ausgewählte
>   Achse fest und wird nur wirksam, wenn zugleich die
>   manuelle Skalierung gewählt wird

Grafik Optionen Skalier (Skalen) Obergr
>   legt eine Obegrenze der Skalierung für eine der Achsen
>   fest und wird ebenfalls nur wirksam im Zusammenhang
>   mit der Bestimmung manueller Skalierung

Grafik Optionen Skalier (Skalen) Format
   führt Zahlenformatierungen auf den Achsen aus mit Befehlen eines Untermenüs, das in seinen grundlegenden Möglichkeiten identisch ist mit dem Bereichs-Format-Menü. Für die X-Achse nur bei XY-Grafiken anwendbar

Grafik Optionen Skalier (Skalen) Indikator
   ermöglicht, den Vorgabe-Skalenindikator auszublenden oder manuell einen Indikator-Text einzugeben. Bei der X-Achse nur in XY-Grafiken

Grafik Optionen Skalier (Skalen) Exponent
   ermöglicht, den Skalierungsfaktor manuell zwischen -95 und 95 festzulegen. Automatisch setzt 1-2-3 bei Zahlen, die über 1000 liegen als Exponenten 3 ein, d.h. die dargestellten Skalenziffern müssen mit 10 hoch 3 multipliziert werden, um den realen Werten zu entsprechen

Grafik Optionen Weitere
   erlaubt die Auswahl von Farben und Schraffuren für die Datenbereiche A-F sowie die Wahl von Farb-, Font- und Schriftgrößenoptionen für Grafiktext

Grafik Gruppe
   weist zusammenhängende Datenreihen des Arbeitsblattes gleichzeitig den Grafik-Datenbereichen X sowie A bis F zu

Output Drucker Grafik
   bestimmt die Grafik, die aktuell ausgedruckt werden soll

Output Drucker Opt Parameter Grafik
   führt über das Untermenü *Drehung Größe Qualität* Layoutbestimmungen für den Grafikausdruck aus. So kann für Hoch-oder Querformat optiert werden sowie für einen Präsentationsausdruck mit hoher Dichte oder einen Entwurfs-Ausdruck mit niedrigerer Dichte

GRAFIK-Funktionstaste <F10>
   zeigt die aktuelle Grafik auf dem Bildschirm an

Übungsbeispiel 2: Grafische Darstellung der Vereinsrechnung

Die Lösung dieser Übungsaufgabe setzt einen Kenntnisstand voraus, wie er in den ersten fünf Kapiteln dieses Buches vermittelt wurde.

Aufgabe: Ein Verein will seine Einnahmen, die er in einer Tabelle nach Einnahmeposten monatlich erfaßt und zum 1. Quartal abgerechnet hat, grafisch darstellen.

Dabei sollen

- die Anteile der einzelnen Einnahmeposten an der Quartalseinnahme deutlich gemacht werden. Ein besonderes Interesse besteht am Anteil der Einnahmen aus Veranstaltungen des Vereins;

- die Einnahmen-Entwicklung während der ersten drei Monate des Jahres dargestellt und in diesem Zusammenhang die Anteile der einzelnen Einnahmeposten verglichen werden.

Eine Musterlösung dieser Aufgabe finden Sie auf der Übungsdiskette in Datei **VER_GRAF.WK3**.

Laden Sie zunächst die Datei VEREIN.WK3., in der die von Ihnen bereits bearbeitete und fertiggestellte Vereinstabelle gespeichert ist. Befehlsfolge *Transfer Laden*.

1. Schritt: Bestimmen des Grafiktyps und der grafisch darzustellenden Tabellenbereiche

Zunächst soll der erste Teil der Aufgabe -die grafische Präsentation der Anteile der jeweiligen Einnahmeposten an der Quartalssumme- gelöst werden.

Anteile an einer Gesamtsumme lassen sich gut in einer Kreisgrafik darstellen. Jeder Wert einer Zahlenkolonne wird in der Kreisgrafik durch ein Kreissegment repräsentiert, dessen Größe seinem prozentualen Anteil an der Gesamtsumme der Werte entspricht.

Aufgabe: Bestimmen Sie den Grafiktyp und den darzustellenden Tabellenbereich.

VORGEHEN:

- Befehlsfolge *Grafik Typ*. Wählen Sie die Option *Kreis*.

- Rufen Sie *A* auf, um den ersten Datenbereich zu bestimmen. Bei der Kreisgrafik ist der Datenbereich A derjenige, der die in Segmenten darzustellenden Werte enthält.

  Erster Datenbereich: A:G9..A:G12 *<Return>*

- Lassen Sie sich mit dem Befehl *Kontrolle* das Ergebnis anzeigen. 1-2-3 gibt für die Kreissegmente automatisch Prozentangaben aus.

  Mit *<esc>* wird die Grafik wieder ausgeblendet.

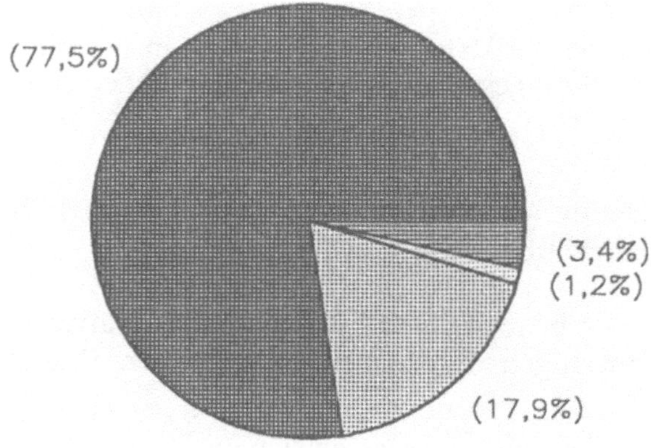

Abb.: Kreisgrafik mit automatischer Prozent-Beschriftung

2. Schritt: Erklärungen für die Verständlichkeit der Grafik einführen: Beschriftung der Segmente, Legenden, Titel

Das bisherige Ergebnis ist nicht aussagekräftig. Zwar werden die Kreis-Segmente von 1-2-3 automatisch unterschiedlich schraffiert und mit den für sie zutreffenden Prozentzahlen beschriftet. Doch sollte kenntlich sein, welches Segment welchen Wert repräsentiert, welche Einnahmeposten dargestellt sind und um welche Tabelle es sich bei der grafischen Darstellung handelt.

Aufgabe: Beschriften Sie die Kreissegmente mit den Werten der entsprechenden Einnahmeposten.

VORGEHEN: Beschriftung der Kreissegmente

- Wählen Sie *X* im *Grafik*-Menü. Bei der Kreisgrafik bestimmt der X-Datenbereich die Beschriftung der Kreissegmente.

  X-Achsenbereich: A:G9..A:G12   *<Return>*

  Damit haben Sie ein und denselben Tabellenbereich einmal für die Erzeugung von Kreissegmenten (Datenbereich A) und zum anderen für die Beschriftung dieser Segmente (Datenbereich X) bestimmt.

Aufgabe: Weisen Sie durch Einführung von Legenden aus, welches Segment welchen Einnahmeposten repräsentiert.

VORGEHEN: Legenden einführen

- Befehlsfolge *Grafik Optionen Legende*. Wählen Sie den Menübefehl *Grafikdatenbereich*.

  Mit diesem Befehl wird ein Tabellenbereich festgelegt, der alle Legendentexte oder -werte enthält. Bis zu sechs Legenden können auf diese Weise bestimmt werden, wobei 1-2-3 die erste Zelladresse des Legendenbereichs dem ersten Kreissegment, die zweite dem zweiten Kreissegment usw. zuordnet. In Spalte A unserer Tabelle sind die Bezeichnungen der Einnahmeposten in derselben Reihenfolge untereinander angeordnet, wie die Quartalssummen dieser Einnahmeposten in Spalte G. Wir können also diesen Bereich en bloc für die Erstellung der Legenden wählen.

Legenden-Bereich: A:A9..A:A12   *<Return>*.

- **Sehen Sie sich das Ergebnis mit *Kontrolle* oder *<F10>* an.**

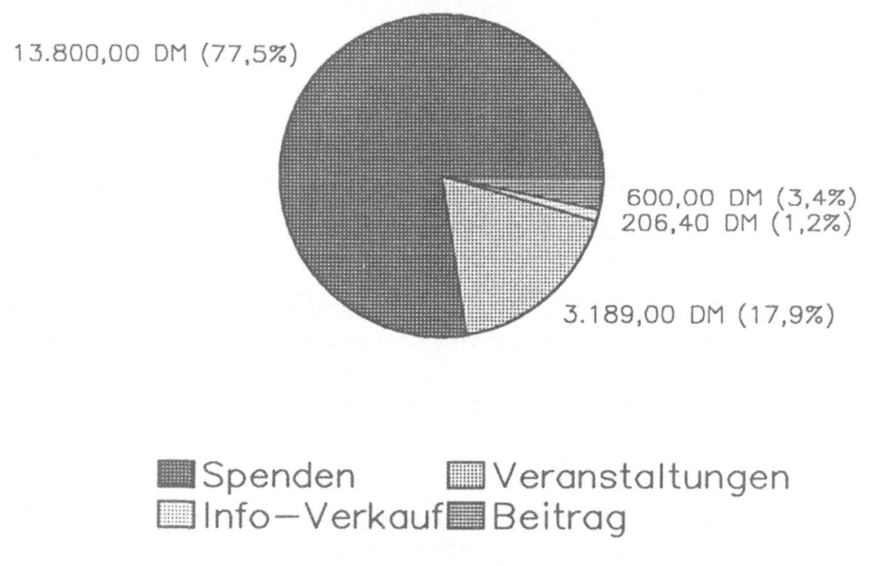

Abb.: Kreisgrafik mit Segmentbeschriftung und Legenden

Aufgabe: Geben Sie der Grafik den Titel:"Vereinstabelle Abrechnung 1. Quartal" und legen Sie als Fußnote das Datum der Grafik-Erstellung fest.

VORGEHEN: Grafik-Titel bestimmen

- Wählen Sie im *Grafik Optionen*-Menü den Befehl *Titel* und im Untermenü *Erste* für erste Titelzeile. Geben Sie ein:

  Vereinstabelle   *<Return>*.

- Befehlsfolge *Titel Zweite*, um die zweite Titelzeile einzugeben:

  Abrechnung 1. Quartal   *<Return>*.

- Befehlsfolge *Titel Fußnote*. Geben Sie zum Beispiel ein:

  Erstellt am 10.4.1990   *<Return>*.

3. Schritt: Individuelle Schraffur- und Farbauswahl; Benennung der Grafik

Bisher haben Sie die Schraffurauswahl für die Grafikdarstellung und -wenn Sie über einen Farbmonitor verfügen und mit der Befehlsfolge *Grafik Optionen Color* eine farbige Anzeige der Grafik bestimmt haben- die Auswahl der Farben 1-2-3 überlassen. Automatisch setzt 1-2-3 für den ersten darzustellenden Wert die mit der Kennziffer 2 bezeichnete Schraffur und die mit der Kennziffer 2 belegte Farbe ein. Die nachfolgenden Werte werden mit den Schraffuren bzw. Farben dargestellt, die den Kennziffern 3, 4 und 5 entsprechen. Während die Schraffuren auf allen Monitoren identisch dargestellt und auf allen Druckern gleich ausgegeben werden, variiert die Farbdarstellung und -ausgabe je nach eingesetztem Gerät.

Bei der Kreisgrafik dient der B-Datenbereich der individuellen Schraffur- bzw. Farbzuweisung. Diesem Datenbereich wird eine im Arbeitsblatt zu erstellende Datenreihe zugeordnet, in die die gewünschten Schraffur- bzw. Farbkennziffern eingetragen werden. Wenn Sie keinen Farbmonitor haben, oder über die Befehlsfolge *Grafik Optionen Mono* eine monochrome Anzeige und den Schwarz-Weiß-Ausdruck der Grafik bestimmt haben, wird über den B-Datenbereich die Schraffurauswahl festgelegt. Haben Sie sich für die farbige Anzeige entschieden, dann legen Sie mit der folgenden Aufgabe die Farben individuell fest.

Aufgabe: Bestimmen Sie die Schraffur bzw. die Farben individuell, um die einzelnen Kreissegmente deutlicher voneinander abzuheben.

VORGEHEN: Individuelle Schraffur- oder Farbbestimmung bei der Kreisgrafik

- Gehen Sie in den BEREIT-Modus zurück und erstellen Sie eine neue Datenreihe im Tabellenbereich A:I10..A:I13. Geben Sie ein:

  in Zelle I9: 7
  in Zelle I10: 2
  in Zelle I11: 1
  in Zelle I12: 8

- Befehlsfolge *Grafik B*. Legen Sie den B-Datenbereich fest:

  Zweiter Datenbereich: A:I9..A:I12

- Sehen Sie sich die neue Schraffierung bzw. Farbdarstellung mit *<F10>* oder *Kontrolle* an.

Wenn Sie über einen Farbmonitor verfügen und eben die Farbauswahl individuell bestimmt haben, können Sie zusätzlich Schraffuren festlegen über die Befehlsfolge *Grafik Optionen Weitere Schraffur A Bereich*. Legen Sie als Bereich mit Schraffurkennziffern den eben erstellten neuen Tabellenbereich fest:

  Schraffur-Bereich: A:I9..A:I12

Aufgabe: Um dem besonderen Interesse an den Einnahmen aus Veranstaltungen zu entsprechen, setzen Sie das entsprechende Kreissegment von den übrigen ab.

VORGEHEN: Absetzen eines Kreissegments

- Geben Sie in Zelle I10 ein: 102. Durch das Hinzufügen von 100 zu Schraffur- bzw. Farbkennziffern im B-Datenbereich erreichen Sie die Absetzung des entsprechenden Segments.

- Lassen Sie das Ergebnis mit *Kontrolle* oder *<F10>* anzeigen.

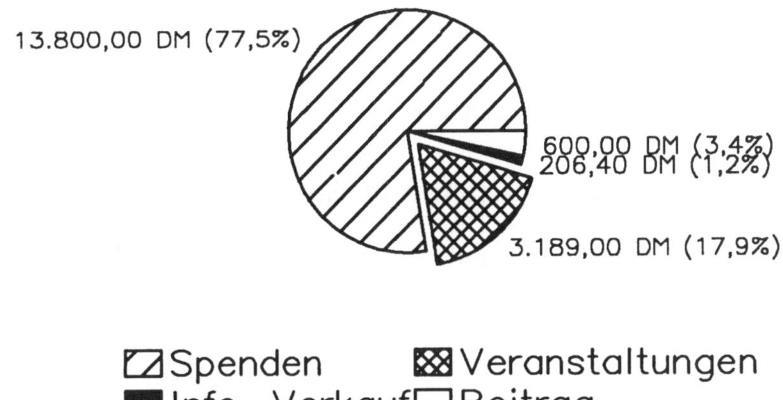

Abb.: Fertiggestellte Kreisgrafik

Ihre nunmehr fertiggestellte Kreisgrafik ist derzeit die einzige der Datei Verein.WK3 zugeordnete und somit die aktuelle Grafik. Wenn Sie die Datei speichern, wird diese Grafik mit gespeichert und ist beim nächsten Laden der Datei vollständig verfügbar. Da Sie jedoch zur Lösung des zweiten Teils der Übungsaufgabe eine weitere Grafik aus derselben Tabelle erzeugen werden, müssen Sie die Kreisgrafik nun benennen. Damit gewährleisten Sie, daß die Kreisgrafik nicht durch die Erstellung einer weiteren Grafik in derselben Datei überschrieben wird.

Aufgabe: Geben Sie der Kreisgrafik einen Namen und speichern Sie die Datei Verein.WK3.

VORGEHEN: Grafik benennen

- Befehlsfolge *Grafik Name Erstellen.* Geben Sie ein:

  Grafikname: KRSGRAF   *<Return>.*

- Speichern Sie die Datei mitsamt der nun benannten Grafik mit *Transfer Speich Ja.*

4.Schritt: Erstellen einer gestaffelten Balkengrafik

Die Einnahmeentwicklung während der ersten drei Monate des Jahres läßt sich bei gleichzeitigem Interesse an einem Vergleich der jeweiligen Anteile der Einnahmeposten am besten durch eine gestaffelte Balkengrafik darstellen, in der die Monate als X-Achsenbeschriftung dienen und die Einnahmeposten in einem Balken pro Monat unterschiedlich schraffiert und gestaffelt dargestellt werden.

Dafür müssen Sie gegenüber den bisherigen Einstellungen den Grafik-Typ, die Grafik-Datenbereiche und natürlich die Beschriftungen der Grafik verändern. Um gleichzeitig die mit dem Namen KRSGRAF versehene Kreisgrafik zu erhalten, darf diese nicht mehr den Status der "aktuellen Grafik" haben. Wählen Sie die Befehlsfolge *Grafik Name Erstellen* und geben Sie als Namen ein: BALKGRAF. Rufen Sie noch einmal den Befehl *Name* auf und aktivieren Sie den Unterbefehl *Wählen.* Geben Sie den Namen der Grafik ein, die aktuelle Grafik werden soll: BALKGRAF. Eingeblendet wird Ihnen nun die Kreisgrafik, denn Sie haben bisher noch keine Parameter geändert. Die folgenden Änderungen werden nun aber die Grafik mit dem Namen KRSGRAF unbeschadet lassen.

Aufgabe: Erstellen Sie eine gestaffelte Balkengrafik, in der die Monate als X-Achsenbeschriftung und die jeweiligen Einnahmeposten den Grafik-Datenbereichen A, B , C und D zugewiesen werden.

VORGEHEN: Erstellen einer gestaffelten Balkengrafik

- Befehlsfolge *Grafik Vorgabe Grafik.* Damit annulieren Sie alle bisher festgelegten Grafikparameter.

- Wählen Sie im Grafik-Menü mit Hilfe des Befehls *Typ* die Option *Gestaff Balken.*

- Rufen Sie auf: *X* und bestimmen Sie als X-Achsenbeschriftung Januar, Februar und März. Bewegen Sie dazu den Zellzeiger auf Zelle C7, verankern mit einem Punkt (.) und ziehen die Markierung mit der *<Pfeiltaste rechts>* bis Zelle E7. Bestätigen Sie mit *<Return>*.

- Wählen Sie *A*, um den ersten Datenbereich zu bestimmen und diesem die Spendeneinnahmen zuzuordnen. (Zellzeiger auf Zelle C9 positionieren, mit dem Punkt (.) verankern und die Markierung bis Zelle E9 ziehen   *<Return>*.

- Ordnen Sie in gleicher Weise den Datenbereichen B, C und D die Einnahmen aus Veranstaltungen, Info-Verkauf und Beiträgen zu.

- Lassen Sie sich das Ergebnis mit *<F10>* oder *Kontrolle* anzeigen.

Führen Sie als nächstes erklärende Beschriftungen ein und gestalten Sie die Grafik.

Legenden: Mit der Befehlsfolge *Grafik Optionen Legende Grafikdatenbereich* legen Sie den Bereich fest, in dem die Legenden im Arbeitsblatt stehen: A: A9..A:A12.

Grafiktitel: Mit *Titel Erste* bestimmen Sie als ersten Grafik-Titel: "Einnahmen Januar bis März". Mit *Fußnote* legen Sie als Fußnote fest: erstellt am 10.4.1990.

Indikator: Ändern Sie schließlich noch den Indikator, für den 1-2-3 automatisch "Tausend" ausgibt, wenn die darzustellenden Datenreihen höhere Werte als 1000 aufweisen. Wählen Sie dazu die Befehlsfolge *Grafik Optionen Skalier Y-Skala Indikator Manuell* und geben als Indikatortext ein: "in DM".

Exponent: Mit *Skalier Y-Skala Exponent Manuell* sollten Sie nun noch den Exponenten auf 0 setzen, damit die Skalenziffern der Y-Achse wie in der Tabelle angezeigt werden. (Automatisch setzt 1-2-3 bei Werten über 1000 den Exponenten auf 3, d.h. die in der Grafik angezeigten Skalenziffern der Y-Achse müssen mit 10 hoch 3 multipliziert werden, um den Werten der dargestellten Datenreihen zu entsprechen. Ein auf 0 gesetzter Exponent hat zur Konsequenz, daß die Skalenziffern mit 10 hoch 0, also mit 1 multipliziert den dargestellten Werten entsprechen.)

Sehen Sie sich das bisherige Ergebnis mit *<F10>* an.

Schraffur- und Farbbestimmung

Wählen Sie nun eine individuelle Schraffierung und -wenn Sie über einen Farbmonitor und einen farbfähigen Drucker verfügen- eine individuelle Colorierung, die den für die Kreisgrafik ausgewählten Schraffuren/Farben entsprechen.

Befehlsfolge *Grafik Optionen Weitere Colorierung A*. Für den A-Datenbereich (die Spenden) geben Sie den Farbcode 7 ein. Für den B-Datenbereich (Veranstaltungen) wählen Sie den Code 2; für C (Info-Verkauf) den Code 1 und für die Beiträge (D-Datenbereich) den Code 8.

Mit *Zurück* gelangen Sie in das *Grafik Optionen Weitere*-Menü zurück und aktivieren nun den Befehl *Schraffur*. Wählen Sie zur Bestimmung der Schraffuren für die Datenbereiche A bis D die gleichen Codes in der gleichen Reihenfolge wie bei der Farbbestimmung.

Schriftgrößen und Fonts

Um nun für die verschiedenen Grafik-Textbereiche individuelle Schrifttypen und -größen auszuwählen, aktivieren Sie den Befehl *Text* im *Grafik Option Weitere*-Menü. Mit *1* treffen Sie Festlegungen für den ersten Grafiktitel. Rufen Sie auf *Font* und wählen die Option 8. Anschließend aktivieren Sie den Unterbefehl *Größe* und wählen die Option 6.

Mit *Zurück* gelangen Sie eine Menüebene höher und können nun durch die Wahl des Unterbefehls 2 Festlegungen für die Gestaltung der Achsentitel und Legenden treffen: *Font*: 6; *Größe*: 2.

Gehen Sie mit *Zurück* wieder in das *Text*-Menü, um durch die Wahl des Unterbefehls *3* Festlegungen für den Skalenindikator und die Fußnote zu treffen: *Font*: 4; *Größe*: 1.

Sichern Sie die nunmehr fertige gestaffelte Balkengrafik, indem Sie dem aktuellen Stand Ihrer Arbeit den schon vorhandenen Grafiknamen BALKGRAF zuweisen: *Grafik Name Erstellen* (benennt die aktuelle Grafik), den Namen BALKGRAF markieren und mit *<Return>* bestätigen.

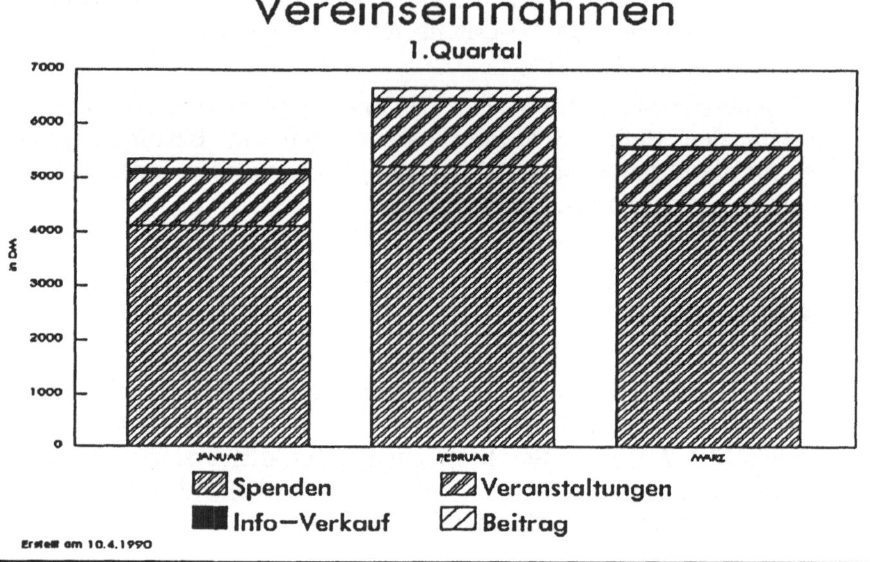

Abb.: Fertiggestellte gestaffelte Balkengrafik

5. Schritt: Ausdruck der zwei Vereinsgrafiken

Aufgabe: Drucken sie die von Ihnen erstellten Grafiken BALKGRAF und KRSGRAF aus. Beide Grafiken sollen im Querformat nebeneinander auf einer Druckseite Platz finden. Sollte Ihr Drucker nicht in der Lage sein, Querformate auszugeben, wird der Querformatbefehl ignoriert und die Grafik im Hochformat gedruckt

VORGEHEN: Ausdruck von Grafiken

- Befehlsfolge *Output Drucker Grafik*. Beachten Sie bitte, daß die Datei Verein.WK3 geladen sein muß, damit die Grafiken ausgedruckt werden können.

  Wählen Sie die Option *Benannte_Grafik*, markieren Sie den Namen BALKGRAF und bestätigen Sie mit *<Return>*.

- Im *Output Drucker*-Menü aktivieren Sie nun die Befehlsfolge *Opt Parameter Grafik Drehung* und wählen die Option *Ja*, um die Grafik im Querformat auszugeben. Bestätigen Sie mit *<Return>*.

- Aktivieren Sie den Befehl *Größe* und den Unterbefehl *Individuell*. Damit können Sie Breite und Höhe des Ausdrucks der Grafik bestimmen, d.h., die Grafik nach Wunsch verkleinern oder vergrößern.

  Geben Sie als Grafikbreite ein: 35 (Vorgabeeinstellung ist 76, d.h. 76 Standardzeichen). Bestätigen Sie mit *<Return>* und geben Sie als Grafikhöhe ein: 30 (Vorgabeeinstellung ist 66).

- Drücken Sie dreimal *Z* für *Zurück*, um in das *Output Drucker-Menü* zurückzugelangen. Wählen Sie den Befehl *Just*, um den internen Zeilenzähler auf 0 zu setzen und veranlassen den Ausdruck mit dem Befehl *Drucken*.

- Führen Sie einen manuellen Papiervorschub von 4 Druckzeilen durch und wählen Sie mit Hilfe der Befehlsfolge *Grafik Benannte_Grafik* nun die Grafik namens KRSGRAF zum Ausdruck aus.

  1-2-3 hat sich die vorgenommenen Layout-Einstellungen gemerkt und wendet sie auch für den Ausdruck der zweiten Grafik an.

- Da Sie auf derselben Druckseite weiterdrucken wollen, aktivieren Sie diesmal nicht den Befehl *Just*, sondern veranlassen sogleich den Ausdruck mit dem Befehl *Drucken*.

  Für den Fall, daß Ihr Drucker nur im Hochformat ausdruckt, beachten Sie bitte: die über die Befehlsfolge *Opt Parameter Grafik Größe Individuell* eingegebenen Abmessungen für die Grafik gelten andersherum. Die Eingaben für die Grafikbreite (35 Standardzeichen) betreffen in diesem Fall die vertikale Abmessung, die Eingaben für die Grafikhöhe (30 Standardzeichen) die horizontale Abmessung der Grafik.

Wenn Sie Ihre Datei VEREIN.WK3 nun mit *Transfer Speich Ja* speichern, werden auch die Druck- und Layout-Parameter mit gesichert.

6   DIE DATENBANK

Sie lernen in diesem Kapitel:

- *was unter einer 1-2-3-Datenbank zu verstehen ist und welche Fachbegriffe in diesem Zusammenhang von Bedeutung sind;*

- *wie Datensätze nach bestimmten Sortierschlüsseln in auf- oder absteigender Reihenfolge geordnet werden können;*

- *die 1-2-3-Datenbank einzurichten, abzufragen und die Daten zu pflegen;*

- *Texte, Werte, Formeln und logische Verknüpfungen in Suchkriterien zu verwenden, um präzise Abfragen zu starten;*

- *einfache statistische Datenbankanalysen mit Hilfe von Funktionen durchzuführen.*

6.1   Begriffsklärung: Datenbank, Datensatz, Feld, Feldnamen

Die Grundlage der Datenbank bildet eine in einem Arbeitsblatt einzurichtende Tabelle, bei deren Aufbau bestimmte Kriterien berücksichtigt werden müssen: jede Zeile stellt einen einzelnen Datensatz und jede Spalte ein Feld der Datenbank dar. Die Kopfzeile der Tabelle, die Spaltentitel, sind die Namen der jeweiligen Felder. Sortiert und abgefragt wird eine Datenbank über die Felder.

```
A:A6: [B7] "Nummer                                                    BEREIT

     A          B              C            D                    E       F
1
2                            K U N D E N K A R T E I
3
4
5
6  Nummer    Name          Vorname      Strasse               PLZ     Ort
7    5338 Lorenz        Rosemarie    Brücker Landstr.17       5000 Köln
8    4765 Maier         Otto         Steinmetzstr.54          5300 Bonn
9    7224 Hermes        Michaela     Neubrücker Str.34        5000 Köln
10   5619 Nimmersatt    Markus       Bundesallee 178          1000 Berlin
11   1501 Baier         Fred         Salzburger Str.17        1000 Berlin
12   4861 Radolphi      Benjamin     Sternstr.33              1000 Berlin
13   8129 Bauer         Barbara      Glockenweg 7             5000 Köln
14   6932 Voigt         Eberhard     An der Rennbahn 8        5000 Köln
15   5861 Herbst        Heinz        Eichborndamm 12          4000 Düsseldorf
16   5729 Maier         Peter        Conrad-Allee 78          6000 Frankfurt
```

Abb.6-1: Ausriß aus einer Kundenkartei

Zur Verständigung ist es wichtig, sich auf bestimmte Begriffe zu einigen. Die
folgende Übersicht enthält Begriffe aus dem Gebiet der Datenbank, wie sie
von 1-2-3 interpretiert werden.

1-2-3 Datenbankbegriffe

Datenbank: Eine Sammlung von Daten, die 1-2-3 in einer selektier- und
sortierbaren Datei verwaltet. Im vorliegenden Beispiel ist es eine
Kundendatei.

Datensatz: Jede Zeile in einer 1-2-3 Datenbank bildet einen Datensatz. In
unserem Beispiel: Jeder Kundeneintrag, von der Kennziffer in
der Spalte Nummer bis zum Datum in der Datumsspalte stellt
einen Datensatz dar. Eine Datenbanktabelle kann bis zu 8191
Datensätze enthalten, die sich aus einem oder mehreren
Datenfeldern zusammensetzen.

Feld: Jede Spalte in einer 1-2-3-Datenbank bildet ein Feld. Eine
               Datenbanktabelle kann bis zu 256 Felder enthalten. Die Einträge
               in einem Feld können Labels sein oder Werte, also Zahlen,
               Datumswerte, Formeln oder Funktionen. Gemischte Einträge -
               einige Labels, einige Werte - in einem Feld sind nicht möglich.
               Jedes Feld erhält einen Feldnamen.

Feldname: Ein Name, der die in einem Feld gespeicherten Daten
               identifiziert. Die vergebenen Feldnamen müssen in einer
               Datenbanktabelle einmalig sein und dürfen ausschließlich als
               Text eingegeben werden. Die Kopfzeile eines Datenbankbereichs
               enthält die Leiste der Feldnamen und darf nicht durch eine
               Leerzeile von der übrigen Tabelle abgetrennt sein.

Wenn Sie eine Datenbank erstellen, ist der erste Schritt, sich zu überlegen,
welche Art von Daten für welche Zwecke verwaltet werden soll. Das heißt,
Sie sollten wissen, welche Abfragen für Sie relevant sind, um entsprechende
Felder mit aussagekräftigen Feldnamen einzurichten. Und Sie sollten sich
Gedanken darüber machen, welche Daten in die Datensätze, die Ihnen später
bei Abfragen ausgegeben werden, eingebunden werden sollen. Die Struktur
und optimale Funktionsweise einer von Ihnen geplanten Datenbank sollten
Sie immer schon nach Eingabe von wenigen Datensätzen testen und
gegebenenfalls ändern.

Das Eingeben der Feldnamen wie der Datensätze erfolgt mit den normalen
Verfahren der Tabellenkalkulation.

1)   Zunächst geben Sie die Kopfzeile mit den Feldnamen als Labels ein.

2)   Direkt darunter erfassen Sie die Daten der Datensätze, wobei nicht jeder
     Datensatz vollständig sein muß, d.h nicht in jedem Feld muß ein Eintrag
     erfolgen. Die Textausrichtung und die Zahlenformate der Zellinhalte
     können wie immer im nachhinein mit den Befehlen *Bereich Just* bzw.
     Bereich Format oder vorab bei der Dateneingabe über die Befehlsfolge
     Bereich Format Opt Automatisch bestimmt werden.

3)   1-2-3 differenziert beim Sortieren und bei der Suche nach Datensätzen
     nicht nach Groß- und Kleinschreibung.

Um Ihnen das langwierige Erfassen der Datensätze zu ersparen, liegen die
Daten bereits in der Datei KUNDEN.WK3 vor. Laden Sie bitte diese Datei
zur weiteren Arbeit von der beigefügten Übungsdiskette.

6.2 Sortieren von Datensätzen

Bereits an dieser Stelle lassen sich Techniken der Tabellenkalkulation einsetzen, die in Bezug auf die Datenbank von Relevanz sind, aber auch bei jeder anderen Tabelle angewandt werden können. So ermöglicht die Befehlsfolge *Daten Sortier*, Daten nach bestimmten Sortierschlüsseln in auf- oder absteigender Reihenfolge zu ordnen. Es können bis zu 255 verschiedene Sortierschlüssel angegeben werden.

Aufgabe: Die Datensätze sollen nach Postleitzahl in aufsteigender Reihenfolge sortiert werden.

VORGEHEN: Ordnen von Datensätzen nach einem Sortierschlüssel

- Rufen Sie das Menü auf und wählen Sie die Befehle *Daten Sortier*.

- Als Erstes bestimmen Sie den *Datenbereich*: A:A7...A:I45, d.h. den Bereich derjenigen Datensätze, die sortiert werden sollen.

  Achten Sie bitte darauf, daß der Sortierbereich nicht die Feldnamen beinhaltet, ansonsten würden diese mit sortiert !

- Mit dem Befehl *1.Sortierschl* geben Sie den Primärschlüssel an, von dem die Sortierung der Datensätze bestimmt wird. Es reicht, den Zellzeiger in eine Zelle der entsprechenden Spalte zu setzen (hier:PLZ=Spalte E) und mit *<Return>* zu bestätigen.

- Mit *S* (=steigend) oder *A* (=absteigend) bestimmen Sie die Sortierfolge der Datensätze. Legen Sie mit *S* und der Bestätigung durch *<Return>* eine steigende Folge fest.

- Mit *Sortier* lösen Sie den Sortiervorgang aus.

Mit 1-2-3 ist es möglich, Datensätze nach mehr als einem Sortierschlüssel zu ordnen. Die Sortierschlüssel sind hierarchisch angelegt.

Aufgabe: Die nunmehr in aufsteigender Reihenfolge nach dem Firmensitz geordneten Datensätze sollen zudem im Rahmen der Postleitzahlen in steigender alphabetischer Reihenfolge der Kundennamen (Feld: Name) sortiert werden.

VORGEHEN: Ordnen von Datensätzen nach zwei Sortierschlüsseln

- Rufen Sie das Menü auf und wählen Sie die Befehle *Daten Sortier*. 1-2-3 hat sich den Datenbereich sowie den ersten Sortierschlüssel gemerkt , d.h. beide Befehle müssen nicht nochmals durchgeführt werden.

- Mit *2.Sortierschl* bestimmen Sie das Name-Feld (Spalte B) als zweiten Sortierschlüssel und anschließend mit *S* steigende Sortierfolge.

- Mit *Sortier* lösen Sie den Sortiervorgang aus.

Mit dem Befehl *Extraschlüssel* können nach dem Primär- und dem Sekundärschlüssel noch weitere Sortierbereiche bestimmt werden.

Aufgabe: Die innerhalb der Postleitzahlbereiche nach Kundennamen alphabetisch sortierten Datensätze sollen im Rahmen dieser Ordnung zusätzlich noch in alphabetischer Reihenfolge nach den Vornamen der Kunden (Feld: Vorname) sortiert werden.

VORGEHEN: Ordnen von Datensätzen nach drei Sortierschlüsseln

- Rufen Sie das Menü auf und wählen Sie die Befehle *Daten Sortier*. 1-2-3 hat sich den 1. und 2. Sortierschlüssel gemerkt.

- Mit *Extra-Schl* wählen Sie die Option, eine oder mehrere zusätzliche Felder als Sortierschlüssel zu bestimmen. Übernehmen Sie im Befehlsfeld *Nr.E-Schl.:* mit *<Return>* die 1, die für 1. Zusatzschlüssel steht. Bestimmen Sie sodann das Vorname-Feld als dritten Sortierschlüssel, indem Sie den Zellzeiger in die entsprechende Spalte (C) bewegen und *<Return>* betätigen. Legen Sie abschließend mit *S* und *<Return>* die alphabetisch steigende Reihenfolge fest.

- Mit *Sortier* lösen Sie den Sortiervorgang aus.

Wenn Sie Felder mit Label-Inhalten sortieren, die nicht nur ausschließlich mit Buchstaben, sondern teilweise mit Zahlen oder mit Leerzeichen beginnen oder keinen Eintrag aufweisen, sortiert 1-2-3 nach der Vorgabe im Modus "Zahlen zuerst". Der nachstehenden Übersicht können Sie entnehmen, was diese Sortierfolge für die Option "steigend" bedeutet.

Übersicht Sortierfolge:
Zahlen zuerst: Steigende Reihenfolge

1. Leere Zellen
2. Labels, die mit Zahlen beginnen, in numerischer Reihenfolge
3. Labels, die mit Buchstaben beginnen,in alphabetischer Reihenfolge
4. Labels, die mit anderen Zeichen beginnen
5. Werte

HINWEIS:
Die Standard-Sortierfolge "Zahlen zuerst" kann über das Install-Programm in eine ASCII- oder "Zahlen zuletzt"-Reihenfolge geändert werden.

```
A:C7: [B12] 'Elke                                              MENU
FÜll Tabelle Sortier Abfrage Verteil Matrix Regression Datenanalyse Extern
Sortiert Datenbanksätze
  A        A          B           C          D                   E      F
  6    Nummer Name          Vorname      Strasse                 PLZ    Ort
  7     3114 Baier         Elke         Eberstr.67              1000 Berlin
  8     1501 Baier         Fred         Salzburger Str.17       1000 Berlin
  9     7070 Fensterlos    Bernhard     Seebadstr.2             1000 Berlin
 10     3201 Fester        Monika       Fasanenstr.182          1000 Berlin
 11     1669 Klöhner       Bodo         Joachimstaler Str.      1000 Berlin
 12     8855 Kromabach     Hanns        Mommsenstr.6            1000 Berlin
 13     5619 Nimmersatt    Markus       Bundesallee 178         1000 Berlin
 14     4861 Radolphi      Benjamin     Sternstr.33             1000 Berlin
 15     8454 Altmann       Karl-Heinz   Bunsenstr.45            2000 Hamburg
 16     2289 Balzer        Jochen       Grundstr.29             2000 Hamburg
 17     5098 Beier         Hubert       Reeperbahn 4            2000 Hamburg
 18     2917 Krüger        Ruth         Pappelallee 17          2000 Hamburg
 19     3589 Reedmann      Heinrich     Fasanenstr.78           2000 Hamburg
 20     7336 Schürholz     Klaus        Uferstr.23              2000 Hamburg
 21     1117 Wolf          Heinz        Bundestr.46             2000 Hamburg
 22     9275 Baier         Linda        Vogelstr.8              3000 Hannover
 23     4377 Meinert       Hagen        Vossstr.3               3000 Hannover
 24     8371 Norden        Fredi        Sattlerstr.51           3000 Hannover
 25     9998 Scholz        Edith        Grabwinkler Weg 5       3000 Hannover
14-Jan-90 01:56 PM                                                    NU
```

Abb.6-2: Ausriß aus einer sortierten Kundenkartei

6.3 Pflege des Datenbestandes - Datenbank-Abfragen

Die bisher eingesetzten Verfahren einschließlich der Sortierung bewegten sich im Rahmen von Techniken der normalen Tabellenkalkulation. Zwar haben wir den Aufbau unserer Tabelle schon unter dem Blickwinkel vorgenommen, damit die Grundlage für eine Datenbank zu legen. Um aber tatsächlich Datenbankabfragen starten zu können, durch die zum Beispiel die Adressen aller in Köln wohnenden Kunden aufgelistet werden oder diejenigen Kunden, deren Zahlungen länger als vier Wochen ausstehen, müssen noch weitere Vorbereitungen getroffen werden.

Abfragen wie die eben beispielhaft genannten, setzen voraus, daß 1-2-3 weiß, welche Daten wo zu suchen sind und wohin diese Daten -wenn sie aufgefunden wurden- schließlich auszugeben sind. Dafür muß das Arbeitsblatt präpariert werden. Das heißt:

- es muß derjenige Bereich des Arbeitsblattes als Datenbankbereich definiert werden, in dem Datenbankoperationen stattfinden sollen. Das sind alle Datensätze zuzüglich der Feldnamen;

- ein Kriterienbereich muß angelegt werden, in dem konkrete Suchkriterien eingegeben werden können, mit denen 1-2-3 nach Datensätzen im Datenbankbereich suchen und diese schließlich ausgeben kann;

- es empfiehlt sich, einen Ausgabebereich einzurichten, um die mit den Suchkriterien übereinstimmenden Datensätze dort auflisten zu lassen.

Die Einrichtung von Datenbankbereichen ist eine Grundvoraussetzung für die Datenpflege mit 1-2-3. Eine Kundendatei zum Beispiel muß stets auf dem neuesten Stand sein. Überflüssige Einträge müssen gelöscht, neue hinzugefügt werden können und Veränderungen innerhalb der Einträge möglich sein. Für alle diese oft mühseligen Aspekte der Datenpflege bietet 1-2-3 eine Reihe von Vereinfachungen an, die wir Ihnen weiter unten in diesem Abschnitt vorstellen werden.

Beginnen wir jedoch damit, die Kundendatei als Datenbank einzurichten, um dann anhand einfacher Suchkriterien gesuchte Datensätze anzeigen zu lassen.

6.3.1 Suchen und Ausgeben von Datensätzen

Während die Datenbanktabelle bereits vorhanden und später nur noch als Datenbankbereich angegeben werden muß, fehlt der Kriterienbereich völlig. Ein Kriterienbereich ist notwendig, um den Datenbestand einer Datenbank mit den konkreten Suchkriterien zu verbinden.

Um einen Kriterienbereich im Arbeitsblatt einzurichten, werden im ersten Schritt die Feldnamen (Kopfzeile) der Datenbanktabelle in einem freien Bereich des Blattes wiederholt. Es empfiehlt sich,

- die Feldnamen mit dem Befehl *Kopie* zu kopieren, nicht nur, weil das schneller geht als eine Neuerfassung. Wichtig ist nämlich, daß die Namen im Kriterienbereich absolut identisch mit denen im Datenbankbereich sind, was durch *Kopie* gewährleistet ist;

- den Kriterienbereich nicht unter der Tabelle sondern rechts daneben anzulegen, damit Platz gelassen wird für später im Datenbankbereich hinzukommende Datensätze.

Aufgabe: Lassen Sie sich alle Kunden mit dem Namen "Baier" in der Datenbanktabelle suchen und anzeigen

VORGEHEN: Anzeigen der gesuchten Datensätze im Datenbank-Bereich

- Kopieren Sie die Feldnamen des Datenbankbereichs (A:A6..A:I6) mit *Kopie* in den Arbeitsblattbereich A:L6..A:T6, um den Kriterienbereich anzulegen. Verbreitern Sie die Spalten im Kriterienbereich (*Arbeitsblatt Spalte Bestimme*), damit die Feldnamen ganz angezeigt werden.

- Geben Sie im Kriterienbereich direkt unterhalb des Feldnamens "Name" das konkrete Suchkriterium "Baier" ein.

- Rufen Sie das Menü auf und wählen die Befehlsfolge *Daten Abfrage*.

- Bestimmen Sie den Datenbankbereich über den Befehl *Bereich*.
  Eingabebereich:A:A6..A:I45   *<Return>*

Achten Sie darauf, daß der Datenbank-Bereich auch die Kopfzeile der Feldnamen enthält. Nur über diese Feldnamen kann 1-2-3 die gesuchten Daten identifizieren.

- Legen Sie mit *Krit* den Kriterienbereich fest. Zum Kriterienbereich zählt die Leiste der Feldnamen sowie die darunterliegende Zeile mit dem Suchkriterium.

  Kriterienbereich:A:L6..A:T7   *<Return>*.

- Lassen Sie die mit dem Kriterium übereinstimmenden Datensätze suchen und in der Datenbank anzeigen mit *Finden.*

- Der Feldzeiger springt zum ersten übereinstimmenden Datensatz in die Datenbanktabelle und markiert ihn. Mit der *<Pfeiltaste unten>* springt der Zeiger zum nächsten übereinstimmenden Satz, mit der *<Pfeiltaste oben>* zum vorhergehenden.

Um Datensätze nach einem neuen Kriterium auswählen zu lassen, reicht es, das alte Kriterium zu radieren und das neue einzugeben bzw. das alte mit dem neuen zu überschreiben, um dann sofort die Abfrage zu starten. Geben Sie im Kriterienbereich statt "Baier" den Namen "Maier" ein. Sie können das Suchverfahren sofort starten mit:

Daten Abfrage Finden

oder

ABFRAGE-Funktionstaste *<F7>*.

1-2-3 hat sich sowohl den zu durchsuchenden Datenbankbereich als auch den Kriterienbereich gemerkt.

Suchen und Kopieren von Datensätzen in einen Ausgabebereich

In der Praxis ist es oft notwendig, die gesuchten Datensätze nicht nur anzeigen zu lassen, sondern auch zu kopieren, um damit weiterzuarbeiten. Voraussetzung dafür ist, einen eigenen Ausgabebereich anzulegen.

Vorbild eines Ausgabebereichs ist eine Zeile mit den Feldnamen der Datenbank. Um den Ausgabebereich so einzurichten, genügt es, die Kopfzeile mit den Feldnamen der Datenbank in einen freien Bereich des Arbeitsblattes zu kopieren:

Kopie
Bereich, aus dem kopiert werden soll: A:A6..I6   *<Return>*
Bereich, in den kopiert werden soll: A:L13..T13   *<Return>*

VORGEHEN: Datensuche mit Kopie der gefundenen Datensätze in einen
            Ausgabebereich

- Rufen Sie das Menü auf und wählen Sie die Befehle *Daten Abfrage*.

- Über die Option *Ausgabe* legen Sie den Ausgabebereich fest. Geben Sie als Bereich nur die Feldnamenleiste an, damit gelten alle darunterliegenden Zeilen als potentieller Ausgabebereich.

  Ausgabebereich:A:L13..A:T13   *<Return>*.

- Durch den Befehl *Extrakt* werden die mit dem Kriterium übereinstimmenden Datensätze gesucht und in den Ausgabebereich kopiert.

- Mit *Zurück* gelangen Sie wieder in den BEREIT-Modus

Abb.6-3: Eingerichteter Kriterien- und Ausgabebereich

Wenn wie im vorliegenden Beispiel lediglich die Feldnamen als Ausgabebereich bestimmt werden, nimmt 1-2-3 den darunterliegenden Bereich bis zum unteren Rand des Arbeitsblattes als potentielle Ausgabe. Speichern Sie von daher keine anderen Daten unterhalb des so definierten Ausgabebereichs oder beschränken Sie ihn von vornherein auf eine bestimmte Anzahl von Zeilen. Sollten nicht alle übereinstimmenden Datensätze in diesen beschränkten Ausgabebereich passen, schaltet 1-2-3 in den FEHLER-Modus und gibt die Meldung aus: " Zu viele Datensätze für Ausgabebereich" und Sie müssen ihn erweitern.

Sie können den Ausgabebereich auch horizontal beschränken. Wenn Sie im Falle unseres Beispiels als Ausgabebereich mit *Daten Abfrage Ausgabe* nur die Felder Nummer bis Bez. (A:L13..A:R13) als Ausgabebereich angegeben hätten, würden die den Suchkriterien entsprechenden Datensätze ohne Eingaben in Nettoumsatz- und Datumsspalte kopiert.

Analog zum Finden der Daten genügt ein neues Kriterium, um einen neuen Extrakt auszugeben. Radieren Sie das alte Kriterium mit *Bereich Radieren* und geben Sie in das Postleitzahlfeld des Kriterienbereichs A:P7 die Zahl 4000 ein. Starten Sie die neue Abfrage entweder mit den Menübefehlen

> *Daten Abfrage Extrakt*
> oder
> der ABFRAGE-Funktionstaste *<F7>*.

Ob *<F7>* den Finden- oder Extraktvorgang startet, hängt davon ab, welchen der Befehle Sie zuletzt im Menü gewählt hatten.

Im Ausgabebereich überschreiben nun alle aufgefundenen Datensätze, die dem Postleitzahlkriterium 4000 entsprechen, die mit der vorherigen Abfrage im Ausgabebereich angezeigten Datensätze.

Soll verhindert werden, daß doppelte Datensätze ausgegeben werden, kann statt *Extrakt* der Befehl *Unik* gewählt werden. Mit *Daten Abfrage Unik* werden doppelte Datensätze im Ausgabebereich nur einmal angezeigt.

6.3.2   Editieren, Hinzufügen und Löschen von Datensätzen

Editieren von Datensätzen

Die Möglichkeit, Datensätze im Datenbankbereich zu editieren, ist in der Praxis recht mühsam. Zunächst müßte einmal der zu verändernde Datensatz

herausgefunden und mit dem Zellzeiger angesteuert werden, um dann die zu
verändernde Zelleingabe zu überschreiben oder mit der Funktionstaste *<F2>*
in das Bedienfeld zu holen und dort zu editieren. Statt dessen können Sie mit
der Befehlsfolge *Daten Abfrage Modifiz* nach angegebenen Kriterien zu
findende Datensätze in den Ausgabebereich kopieren, dort verändern und
dann in den Datenbankbereich zurückschreiben lassen.

Aufgabe: Die Kundin Michaela Hermes aus Köln hat ihren Firmensitz in
die Hauptstr. 23a verlegt. Die Daten sollen auf den neuesten
Stand gebracht werden.

VORGEHEN: Suchen und Editieren von Datensätzen

- Löschen bzw. überschreiben Sie das alte Kriterium im
  Kriterienbereich und tragen das neue Kriterium "Hermes"
  unterhalb des Feldnames "Name" in Zelle M7 ein.

- Mit *Daten Abfrage Modifiz Kopieren* wird der gesuchte
  Datensatz in den Ausgabebereich kopiert. Mit *Zurück*
  gelangen Sie in das Arbeitsblatt, bzw. den BEREIT-Modus
  zurück.

- Im Ausgabebereich überschreiben Sie die "Neubrücker
  Strasse 34" durch die "Hauptstr.23a".

- Mit *Daten Abfrage Modifiz Ersetzen* wird der geänderte
  Datensatz in die Datenbank zurückgeschrieben.

Für eine weitere Abfrage mit dem Ziel, die Daten zu ändern und aktualisiert
in die Datenbank zurückzuschreiben, wird das entsprechende neue Kriterium
eingetragen und über die Menübefehle

Daten Abfrage Modifiz

oder

die Funktionstaste *<F7>*

das Untermenü aufgerufen, aus dem Sie wieder die Option *Kopieren* und nach
der Korrektur die Option *Ersetzen* wählen können.

Hinzufügen von Datensätzen

Es besteht die Möglichkeit, neue Datensätze direkt im Datenbankbereich einzutragen. Wenn Sie über die Befehlsfolge *Arbeitsblatt Einfügen Zeile* im Datenbankbereich eine Leerzeile einfügen, wird der für die Abfragen definierte Datenbankbereich automatisch angepaßt. Wenn Sie aber einen neuen Datensatz am Ende der Tabelle hinzufügen, befindet er sich außerhalb des Datenbereichs, der anschließend über die Befehlsfolge *Daten Abfrage Bereich* neu definiert werden müßte. Die Alternative: Mit *Daten Abfrage Modifiz Hinzufügen* bietet 1-2-3 ein einfacheres Verfahren zur automatischen Erweiterung des Datenbankbereichs.

Aufgabe: Ein neuer Kunde soll in die Kartei aufgenommen werden. Seine Daten: *7777; Hannes Neu; Albrecht Ring 5; 5000 Köln 1; 23.000,00; 14-Jan-89*

VORGEHEN: Hinzufügen von Datensätzen

- Wenn Sie bisher als Ausgabebereich nur die Feldnamen angegeben hatten, müssen Sie nun den Ausgabebereich auf eine bestimmte Zeilenzahl festlegen. (Befehlsfolge *Daten Abfrage Ausgabe*). Ansonsten erhielten Sie bei Anwendung dieses Verfahrens, die Fehlermeldung: "Ausgabebereich muß mehr als eine Zeile enthalten".

- Tragen Sie die Daten des neuen Kunden in die erste Zeile des Ausgabebereichs ein.

- Menübefehle *Daten Abfrage Modifiz Hinzufügen*.

  Der neue Datensatz wird umgehend dem Datenbank-Bereich hinzugefügt, der dadurch um eine Zeile erweitert wird.

Beachten Sie bitte, daß 1-2-3 durch dieses Verfahren den neuen Datensatz an das Ende des Datenbankbereichs stellt und nicht "einsortiert". Denken Sie zudem daran, daß Sie den Ausgabebereich im Zuge dieses Verfahrens manuell festgelegt haben und für spätere Abfrageaktionen wieder erweitern oder durch Bereichsfestlegung auf die Feldnamen-Zeile automatisch bis zum Ende des Arbeitsblattes bestimmen lassen müssen.

Suchen und Löschen von Datensätzen

Auch ohne die Definition eines Ausgabebereichs wäre es möglich, gesuchte Datensätze aus der Datenbank zu löschen. Um allerdings sicher zu gehen, daß die gewünschten Datensätze und nicht aus Versehen andere gelöscht werden, sollte zuvor eine Überprüfung durch die Ausgabe der gesuchten Datensätze im Ausgabebereich stattfinden. Das Löschen von Datenbank-Datensätzen, die den Suchkriterien entsprechen, erfolgt danach mit der Befehlsfolge *Daten Abfrage Löschen,* die im Rahmen einer Sicherheitsabfrage mit *Ja* bestätigt werden muß.

6.3.3 Gestaltung von Kriterien- und Ausgabebereich

Kriterien- und Ausgabebereich wurden bislang durch einfaches Kopieren der Feldnamen der Datenbank in freie Bereiche des Arbeitsblattes eingerichtet. Nun sind beide Bereiche weder daran gebunden, alle Feldnamen der Datenbank aufzuführen, noch ist die Reihenfolge der Feldnamen vorgeschrieben. So könnte sich beispielsweise der Kriterienbereich auf den Feldnamen Nummer beschränken und der Ausgabebereich in der Reihenfolge Vorname, Name, PLZ., Ort angeordnet sein. Bei Eingabe der Kundennummer unter dem Feldnamen "Nummer" im Kriterienbereich würde der entsprechende Datensatz mit der Befehlsfolge *Daten Abfrage Extrakt* in der Reihenfolge der Feldnamen des Ausgabebereichs kopiert.

Bedingung für beide Bereiche ist jedoch, daß die in Kriterien- und Ausgabebereich verwandten Feldnamen genau mit den der Datenbanktabelle übereinstimmen müssen.

Der Ausgabebereich kann auch für Berechnungen genutzt werden, indem eine **berechnete Spalte** eingeführt wird.

Aufgabe: Der Ausgabebereich soll die Feldnamen: "Nummer", "Name", "Nettoumsatz" enthalten und darüberhinaus 14% Mehrwertsteuer berechnen.

VORGEHEN: Berechnete Spalte im Ausgabebereich

- Ändern Sie den Ausgabebereich, indem Sie die Zelladresse N13 mit der Formel: **+Nettoumsatz*14%** überschreiben .

Zunächst erscheint in N13 eine Fehlermeldung, die darauf basiert, daß Sie den verwendeten Bereichsamen "Nettoumsatz" nicht vergeben haben. Dazu besteht auch keine Notwendigkeit, denn 1-2-3 erkennt die Feldnamen intern und führt die gewünschte Berechnung durch. Um Irritationen zu vermeiden, formatieren Sie die Fehlermeldung mit *Bereich Format Text*.

- Löschen Sie die nachfolgenden Feldnamen des Ausgabebereichs ab Spalte O mit *Bereich Radier*.

- Geben Sie in das "Name"-Feld des Kriterienbereichs ein: Hermes.

- Wählen Sie die Befehlsfolge *Daten Abfrage Ausgabe* und geben als Ausgabebereich A:L13..A:N13 an.

- Starten Sie mit *Daten Abfrage Extrakt* oder <F7> die Abfrage.

- Abschließend können Sie mit *Zurück* in den BEREIT-Modus gehen und die ausgegebene Berechnung der Mehrwertsteuer mit *Bereich Format Fest*, 2 Nachkommastellen, formatieren.

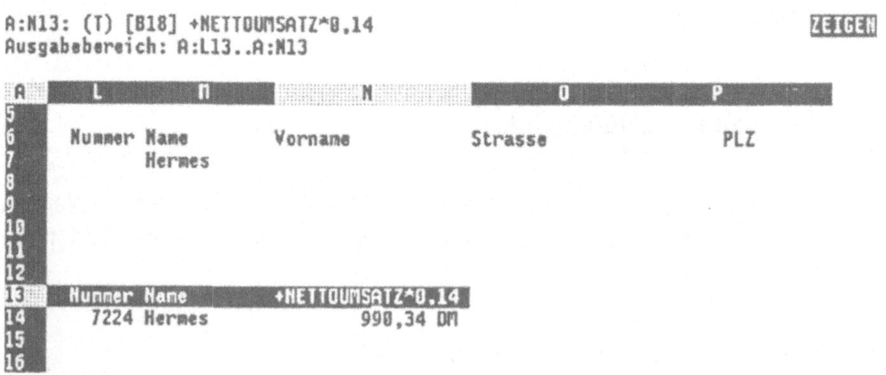

Abb.6-4: Datenabfrage mit berechneter Spalte und abweichendem Ausgabebereich

6.4 Gezielter Zugriff auf Daten - Suchkriterien für präzise Datenbank-Abfragen aufstellen

Nachdem der Test mit der Datei KUNDEN.WK3 soweit gelungen ist, können wir dazu übergehen, Suchkriterien so präzise zu formulieren, daß der Zugriff auf jeden gewünschten Datensatz erfolgen kann.

Als Kriterien können eingegeben werden Labels, Werte und Formeln.

6.4.1 Texte, Werte und Formeln in Suchkriterien

Verwenden von Texten in Suchkriterien

Wie Texte/Labels als Kriterium für die Suche in Textfeldern eingegeben werden, haben Sie bereits praktisch festgestellt. Wenn nach einer genauen Übereinstimmung gesucht wird, gibt man den Text genauso ein, wie er im Datenbankbereich steht.

HINWEIS:
> Wenn Sie im Install-Programm die Sortierfolge "Zahlen zuerst" bestätigt haben, unterscheidet 1-2-3 nicht zwischen Groß- und Kleinschreibung. Nur die Sortierfolge "ASCII" trifft eine derartige Unterscheidung.

Wenn Sie nicht sicher sind, ob Ihr Kunde sich mit einem "e" oder "a" schreibt, besteht die Möglichkeit mit Jokern (Stellvertreterzeichen) zu arbeiten.

Stellvertreterzeichen für Textsuche:	
?	entspricht einem einzelnen Zeichen
*	entspricht allen Zeichen bis zum Ende des Texte

Bevor Sie an die Durchführung der folgenden Aufgaben gehen, sollten Sie den Ausgabebereich zunächst wieder erweitern. Kopieren Sie einfach die Feldnamenszeile des Kriterienbereichs in den Bereich A:L13..T13 und bestimmen Sie mit *Daten Abfrage Ausgabe* den Ausgabebereich: A:L13..A:T13.

Aufgabe: Ein häufig anzutreffender Name wird unterschiedlich geschrieben: Baier, Beier, Beyer oder Bayer. Lassen Sie sich alle in Frage kommenden Datensätze ausgeben.

VORGEHEN: Textsuche mit ?-Stellvertreterzeichen

- Geben Sie in das "Namen"-Feld des Kriterienbereichs A:M7 ein B:??er.

- Starten Sie mit *Daten Abfrage Extrakt* oder *<F7>* die Abfrage.

Aufgabe: Lassen Sie Sich alle Kunden suchen und kopieren, deren Name mit M beginnt.

VORGEHEN: Textsuche mit *-Stellvertreterzeichen

- Geben Sie unter Name im Kriterienbereich ein: M* und lassen Sie das Suchergebnis mit *<F7>* in den Ausgabebereich kopieren.

Sie haben auch die Möglichkeit, Stellvertreterzeichen in Textkriterien zu kombinieren. Beispielsweise könnten Sie mit der Eingabe B??er* einen Kunden suchen, von dem Sie nicht mehr genau wissen, ob er Beierlein, Baierlein oder Beiermann heißt.

Als Ausschlußzeichen vor einem Labelkriterium dient die Tilde (~) Auch die Tilde ist mit Stellvertreterzeichen kombinierbar.

Aufgabe: Lassen Sie sich nur diejenigen Kunden in den Ausgabebereich kopieren, deren Name nicht Maier, Meier, Meyer oder Mayer lautet.

VORGEHEN: Ausschluß von Datensätzen durch Einsatz der Tilde

- Geben Sie in das Name-Feld des Kriterienbereichs ein:~M??er. Starten Sie die Abfrage mit *<F7>*.

Die Tilde erzeugen Sie übrigens mit <AltGr> oder indem Sie die *<Alt>*-Taste gedrückt halten und auf dem numerischen Block der Tastatur die Zahlenfolge 126 drücken.

Der Einsatz logischer Operatoren vor Textkriterien setzt Bedingungen für die Textsuche. Ein logischer Operator muß dabei dringend mit einem Textkennzeichen als Label identifiziert werden. Ansonsten wurde 1-2-3 das Symbol < als Menüaufruf verkennen.

Aufgabe: Suchen Sie nach den Kunden, deren Name mit einem höheren Buchstaben als M beginnt.

VORGEHEN: Textsuche mit logischen Operatoren

- Geben Sie in das Name-Feld des Kriterienbereichs ein: '>M*.

- Das gleiche Ergebnis, nämlich die Anzeige aller Kunden, deren Namen mit einem höheren Buchstaben als M beginnen, hätten Sie bekommen durch folgende Eingaben:'>=M* oder `>N.

Verwenden von Werten in Suchkriterien

Wie Sie nach Labels suchen können, die bestimmten Bedingungen genügen, gilt das für Werte analog. Die nachfolgende Übersicht der logischen Operatoren gilt folglich für Wert- und Textkriterien gleichmaßen:

Übersicht:	Vergleichende Operatoren
=	gleich
<	kleiner
<=	kleiner gleich
>	größer
>=	größer gleich
<>	ungleich

Aufgabe: Gesucht und in den Ausgabenbereich kopiert werden sollen alle Datensätze, deren Betrag im Feld Nettoumsatz über 13000 DM liegt

VORGEHEN: Suchkriterien in Werte-Feldern mit Operatorenverwendung

- Geben Sie im Kriterienbereich unter dem Feldnamen Nettoumsatz ein:

  '>13000

  Vergessen Sie nicht, zuerst das Textkennzeichen einzugeben!

- Löschen Sie alle anderen noch vorhandenen Suchbegriffe unter anderen Feldnamen des Kriterienbereichs mit *Bereich Radieren*. Ansonsten würden diese anderen Suchbegriffe weiter wirksam bleiben. Sie würden gemeinsam mit dem neu eingegebenen Kriterium die Grundlage für die Selektion bilden, da 1-2-3 alle Eingaben in einer Zeile des Kriterienbereichs automatisch mit einem logischen UND-Operator verbindet.

- Starten Sie die Abfrage mit *Daten Abfrage Extrakt* oder *<F7>*.

```
A:S7: [B12] '>13000                                          BEREIT
```

	O	P	Q	R	S	T
4						
5						
6	Strasse	PLZ	Ort	Bez.	Nettoumsatz	Datum
7					>13000	
8						

Abb. 6-5: Suchkriterien mit Wert

Unter die Kategorie, Werte in Suchkriterien zu verwenden, fällt auch die Suche nach Datumswerten.

HINWEIS:
>   1-2-3 verfügt über eine Datumsarithmetik. Dateneingaben werden, wenn sie in einem
>   Standardformat (z.B 30.9.50 oder 30-Sep-50) von 1-2-3 erfolgen, als Datum begriffen
>   und in eine serielle Zahl umgesetzt. Wenn Sie zum Beispiel das Datum 4.1.90
>   eingeben, erhalten Sie im Arbeitsblatt ausgegeben: 32877. Um diese serielle Zahl
>   wieder als Datum ausgeben zu lassen, müssen Sie die Zelle oder einen Zellbereich mit
>   *Bereich Format Datum* formatieren, wonach Sie zwischen verschiedenen Datums-
>   Anzeigeoptionen wählen können (vgl. Kap. 7).

Aufgabe: Ausgegeben werden sollen alle Datensätze vom 22.1.90.

VORGEHEN: Selektion über Datum

- Geben Sie unter dem Feldnamen Datum des Kriterienbereichs ein: 22.1.90. Sie erhalten in der entsprechenden Zelle eine serielle Zahl angezeigt, die Sie formatieren können.

- Starten Sie die Abfrage mit *<F7>* oder *Daten Abfrage Extrakt*.

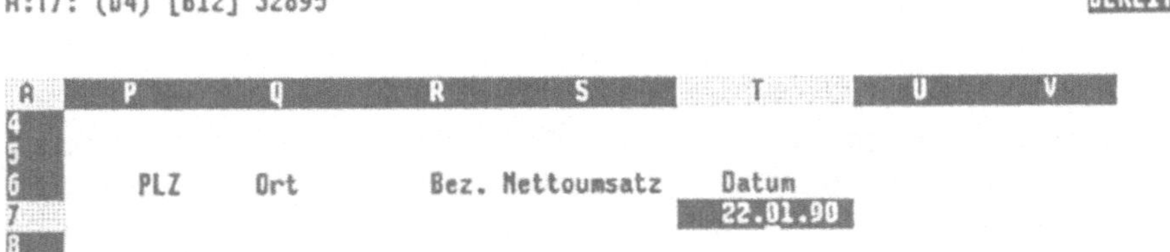

Abb. 6-6: Suchkriterium mit Datum

Verwenden von Formeln in Suchkriterien

Will man nicht nur ein ganz bestimmtes Datum als Suchkriterium verwenden, sondern einen Zeitraum, der nach oder vor einem Datum liegt, ist das unter Verwendung logischer Operatoren möglich. Zu beachten ist dabei jedoch, daß eine solche Abfrage nur durch die Eingabe einer Formel bzw. Funktion @Datum(Jahr;Monat;Tag), z.B. @Datum(90;1;22) möglich ist.

Aufgabe: Lassen Sie alle Datensätze im Ausgabebereich anzeigen, die ein späteres Datum als den 15.1.90 eingetragen haben.

VORGEHEN:

- Geben Sie in Zelle A:T7 ein:

  +Datum>@Datum(90;1;15)

  Sie erhalten wieder eine Fehlermeldung, da der als Bereichsname verwandte Begriff "Datum" von Ihnen nicht vergeben wurde. Wenn es Sie irritiert, können Sie mit *Bereich Format Text* formatieren.

  Achten Sie darauf, daß in den übrigen Kriterienfeldern kein Eintrag mehr steht. Für den Fall, daß sich zwei Kriterien in unterschiedlichen Kriterienfeldern ausschließen, erhielten Sie überhaupt keine Ausgabe.

- Starten Sie die Abfrage mit *<F7>*.

Im Ausgabebereich werden Ihnen nun sämtliche Datensätze ausgegeben, die ein Datum nach dem 15.1.90 aufweisen.

Sie könnten auch anders verfahren, indem Sie den Ausgabebereich um eine Spalte erweitern und in Zelle U13 die Datumsformel eingeben und den Kriterienbereich leer lassen. Ausgegeben würden Ihnen bei der anschließenden Abfrage alle vorhandenen Datensätze, die in der neuen Spalte nun mit 0 oder 1 gekennzeichnet würden: 0 steht für "keine Übereinstimmung", d.h., diese Datensätze weisen ein Datum auf, daß vor dem 15.1.90 liegt, 1 bedeutet "Übereinstimmung".

Bislang wurden in den Suchkriterien Werte und Texte verwendet. Es ist möglich, Zellbezüge einzubeziehen, die sich außerhalb der Datenbank befinden. Richten Sie als Beispiel außerhalb der Datenbank eine Zelle ein, in die Sie als Stichtag das Datum "21.1.90" eintragen.

Aufgabe: Lassen Sie sich alle Kunden ausgeben, deren Datum nach dem Stichtag 21.1.90 liegt.

VORGEHEN:

- Bewegen Sie den Zellzeiger zur Zelle A:T4 und geben das Datum 21.1.90 ein.

- Vergeben Sie für diese Zelle mit *Bereich Name Erstellen* den Namen "Stichtag".

- Tragen Sie im Kriterienbereich unterhalb des Feldnamens "Datum" in der Zelle T7 die Formel: +Datum>Stichtag ein. Wenn Sie trotz Vergabe des Bereichsnamens "Stichtag" nach wie vor eine Fehler-Meldung erhalten, so liegt das daran, daß "Datum" noch nicht als Bereichsname vergeben wurde.

- Betätigen Sie *<F7>*: es werden Ihnen bei der Abfrage alle Datensätze ausgegeben, die ein späteres Datum als den 21.1.90 aufweisen.

6.4.2 UND- und ODER-Verknüpfungen in Suchkriterien

Bislang wurde zur Datensuche lediglich ein Kriterium eingesetzt. Präzise Abfragen bedingen indes Kombinationen von Suchkriterien, die es erlauben, gezielt auf bestimmte Datensätze zuzugreifen. Darunter fallen Abfragen, die zum Beispiel alle Berliner Kunden mit einem Nettoumsatz über 13.000 DM suchen lassen. Eine UND-Verknüpfung bedeutet: übereinstimmen muß das erste Kriterium (Berlin) und das zweite (>13000). Oder der Zugriff soll auf alle Berliner und Hamburger erfolgen (ODER-Verknüpfung: entweder es stimmt das erste Kriterium (Berlin) oder das zweite (= Hamburg).

UND-Verknüpfung

Wenn Sie Kriterien mit logischen Operatoren verwenden, handelt es sich um eine Formel, die eingegeben wird. Bezug nimmt diese Formel auf das Feld im Datenbankbereich, das dem Feldnamen im Kriterienbereich entspricht, unter dem die Formel eingetragen wird.

Wenn Sie keine Bereichsnamen für die Felder vergeben haben, erhalten Sie - wie oben gesehen- zwar trotzdem das gewünschte Abfrageergebnis, müssen jedoch die Fehlermeldung in Kauf nehmen. Da das irritierend sein kann, empfiehlt sich die Vergabe von Bereichsnamen. Sinnvoll ist es, die Feldnamen selbst als Bereichsnamen zu verwenden. Entweder werden die

Namen nacheinander wie gehabt mit *Bereich Name Erstellen* eingegeben. Oder Sie erstellen die Feldnamen, die ja bereits im Arbeitsblatt eingetragen sind, in einem Gang. Positionieren Sie dazu den Zellzeiger in Zelle A6, in der Kopfzeile der Tabelle, und wählen Sie die Befehlsfolge *Bereich Name Benennen unten*: A:A6..A:I6.

Sie können UND-Verknüpfungen für ein Feld des Datenbereichs oder auch für mehrere Felder herstellen.

Aufgabe: Lassen Sie sich alle Kunden ausgeben, deren Nettoumsätze größer als 12000 und kleiner als 13000 sind.

VORGEHEN: UND-Verknüfung innerhalb eines Feldes

- Geben Sie im Kriterienbereich unter dem Feldnamen Nettoumsatz ein:

  +NETTOUMSATZ >12000#UND#NETTOUMSATZ<13000

- Starten Sie die Abfrage mit *<F7>*.

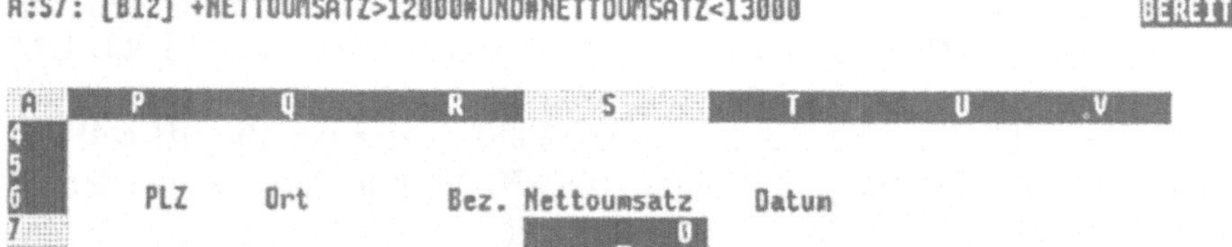

Abb. 6-7: UND-Verknüpfung innerhalb eines Feldes

Aufgabe: Kombinieren Sie bei der Eingabe von Suchkriterien unterschiedliche Felder, indem Sie sich alle Kunden mit einem Nettoumsatz über 13.000 DM und einem Datum nach dem 15.1.90 in den Ausgabebereich kopieren lassen.

VORGEHEN: UND-Verknüfung von zwei Feldern des Datenbereichs

- Geben Sie unter das Feld "Nettoumsatz" im Kriterienbereich (A:S7) ein:

  +NETTOUMSATZ>=13000#UND#DATUM>@DATUM(90;1;15)

  indem Sie den vorherigen Eintrag einfach überschreiben.

- Lassen Sie das Ergebis mit <F7> ausgeben.

Werden in der freien Zeile unterhalb der Feldnamen des Kriterienbereichs in zwei unterschiedlichen Spalten Suchkriterien eingetragen, so handelt es sich automatisch um eine UND-Verknüpfung. Diese logische Bedingung bewirkt, daß nur diejenigen Datensätze ausgewiesen werden, die zugleich beiden Suchkriterien entsprechen.

Aufgabe: Lassen Sie sich alle Kölner Kunden ausgeben, deren Betrag über 12000 DM liegt.

VORGEHEN: UND-Verknüfung von zwei Kriterien

- Tragen Sie unter dem Feldnamen "Ort" im Kriterienbereich ein: Köln und überschreiben Sie den Eintrag unter dem Feldnamen "Nettoumsatz" mit: +Nettoumsatz>=12000.

- Starten Sie die Abfrage mit <F7>.

ODER-Verknüpfung

Um eine ODER-Verknüpfung von zwei Suchkriterien zu realisieren, bedarf es der Erweiterung des Kriterienbereichs durch eine weitere Zeile. Das erste Kriterium wird direkt, das zweite in der zweiten Zeile unter dem entsprechenden Feldnamen plaziert.

Damit die logische ODER-Verknüpfung der Suchkriterien wirksam wird, muß vor der Abfrage der Kriterienbereich entsprechend angepasst, d.h. um eine Zeile vergrößert werden *(Daten Abfrage Krit* A:L6..A:T8).

Aufgabe: Lassen Sie sich alle Hamburger und Berliner Kunden ausgeben.

VORGEHEN: ODER-Verknüpfung von Suchkriterien

- Löschen Sie noch vorhandene Einträge im Kriterienbereich mit *Bereich Radier*.

- Geben Sie unter dem Feldnamen Ort im Kriterienbereich ein: Berlin und in der Zelle darunter Hamburg.

- Passen Sie den Kriterienbereich an.

- Lassen Sie sich mit *<F7>* das Ergebnis ausgeben.

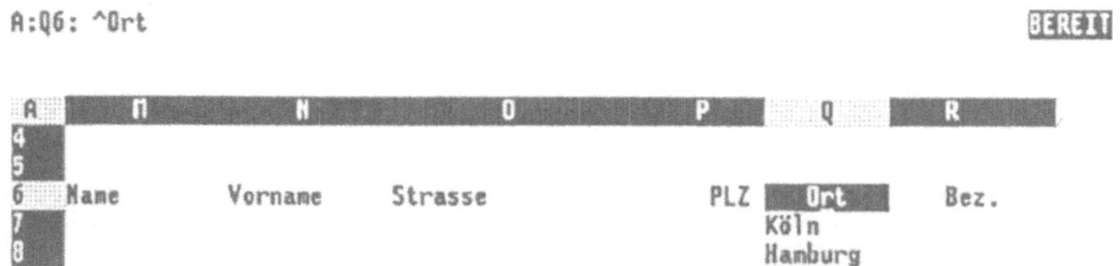

Abb. 6-8: ODER-Verknüpfung mit mit zwei Kriterienzeilen

Wie Sie gesehen haben, versteht 1-2-3 Kriterien, die in zwei Spalten des Kriterienbereichs innerhalb einer Zeile eingegeben werden, automatisch als UND-Verknüfung und Kriterien, die in zwei Zeilen innerhalb einer Spalte erfaßt sind, automatisch als ODER-Verknüpfung. Demgegenüber müssen Kriterien, die innerhalb eines Feldes mehrere Bedingungen an die Abfrage stellen, mit der #UND# oder #ODER#-Verknüpfung gekennzeichnet sein.

Aufgabe: Lassen Sie sich alle Kunden ausgeben, deren Nettoumsatz über 13000 und unter 1000 liegt. (Also entweder Kunden mit einem Umsatz über 13000 **oder** Kunden mit einem Umsatz unter 1000).

VORGEHEN: ODER-Verknüpfung innerhalb eines Feldes

- Geben Sie unter dem Feldnamen Nettoumsatz im Kriterienbereich ein:

  +NETTOUMSATZ>13000#Oder#NETTOUMSATZ<1000

Denken Sie bitte daran, zuvor andere Kriterien im Kriterienbereich zu löschen (*Bereich Radier*), da diese Kriterien sonst über die automatische UND-Verknüpfung weiter wirksam blieben.

- Anzeige des Ergebnisses mit *<F7>*.

6.5 Einfache statistische Auswertungen

6.5.1 Statistische Datenbankauswertung über zusammenfassende Spalten im Ausgabebereich

Um statistische Datenbankauswertungen vorzunehmen, müssen Sie im Ausgabebereich eine oder mehrere zusammenfassende Spalten einrichten, d.h. Spalten, für die durch eine Formel bestimmt wird, daß für eine Gruppe von in Beziehung gesetzten Werten Berechnungen durchgeführt werden. Die Formel muß mit einer der folgenden Funktionen aufgestellt werden:

@Summe (addiert die Werte eines angegebenen Feldes)

@Anzahl (addiert die Einträge in einem Feld)

@Mittelwert (errechnet den Mittelwert der Werte im angegebenen Feld)

@Min (nennt die kleinste Zahl im angegebenen Feld)

@Max (liefert die größte Zahl im angegebenen Feld)

Aufgabe: Lassen Sie für jeden Kundenort (PLZ oder Ort) Summe und Mittelwert des Nettoumsatzes berechnen, den größten und niedrigsten Nettoumsatz ausweisen sowie die Anzahl der Kunden in der jeweiligen Stadt angeben.

VORGEHEN: Zusammenfassende Spalten im Ausgabebereich

- Richten Sie einen zweiten Ausgabebereich ein, indem Sie in Zelle L25 eingeben: Ort; in den Zellen M25, N25, O25, P25 und Q25 geben Sie nacheinander ein:
  @Summe(Nettoumsatz); @Mittelwert(Nettoumsatz);
  @Min(Nettoumsatz); @Max(Nettoumsatz)
  und @Anzahl(Nettoumsatz).

Gleich nach Bestätigung der jeweiligen Eingabe erhalten Sie ein irritierendes Ergebnis, nämlich 7447,36. Dabei handelt es sich um den ersten Eintrag im Nettoumsatz-Feld Ihres Datenbankbereichs. Der Grund dafür ist die Bereichsnamen-Vergabe.

Formatieren Sie die Funktionseingaben mit *Bereich Format Text* (A:L25..A:Q25).

- Verbreitern Sie der Übersichtlichkeit halber die Spalten (*Arbeitsblatt Spalte Modifizieren Bestimmen*, Bereich: A:L25..A:Q25 , bis die Spaltentitel (die Formel) vollständig angezeigt werden.

- Bestimmen Sie den Ausgabebereich neu über *Daten Abfrage Ausgabe*: A:L25..A:Q25.

- Achten Sie darauf, daß im Moment keine Eintragungen im Kriterienbereich stehen und starten Sie die Abfrage mit *<F7>* oder *Extrakt*.

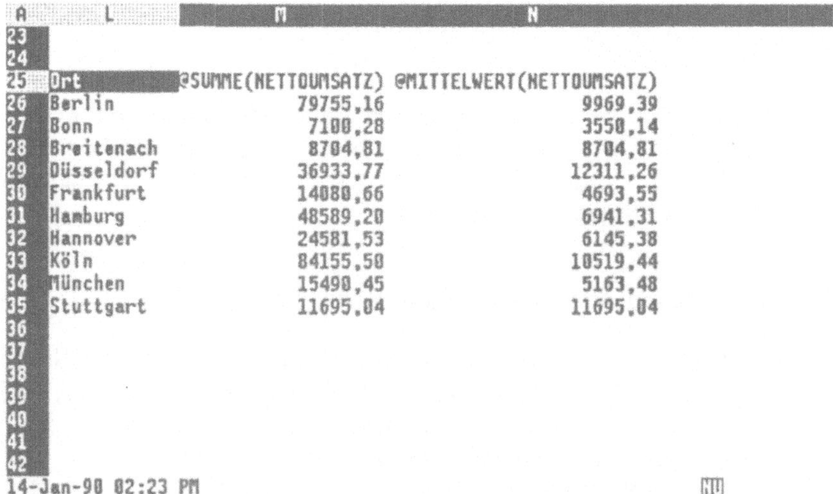

Abb. 6-9: Ausgabebereich mit zusammenfassenden Spalten

Durch die Eingabe von Kriterien im Kriterienbereich kann die Ausgabe von berechneten Werten in den zusammenfassenden Spalten konkretisiert werden. Wenn zum Beispiel im Kriterienbereich unter dem Feldnamen PLZ eingegeben wird: >5000, werden anschließend im Ausgabebereich nur die Berechnungen für Städte angezeigt, deren Postleitzahl größer als 5000 ist.

6.5.2   Statistische Auswertungen mit Hilfe von Datenbankfunktionen

1-2-3 stellt Ihnen spezielle Datenbank-Funktionen zur Verfügung, mit denen Sie statistische Auswertungen Ihrer Datenbank vornehmen können. So können in kürzester Zeit Fragen nach der Summe ausgewählter Werte eines Feldes, ihrem Mittelwert oder der Standardabweichung beantwortet werden.

Die allgemeine Schreibweise der Datenbank-Funktionen lautet:

   @DFunktionsname(Datenbankbereich;Spalte;Kriterienbereich).

Die Datenbankfunktion Summe, in unserer Datenbank eingesetzt zur Auswertung des Feldes Nettoumsatz (Spalte 7) und bei dem definierten Kriterienbereich würde demnach folgendermaßen aussahen:

   @DSUMME(A:A6..A:I46;7;A:L6..A:T8)

Um nicht wiederholt und mit der Gefahr sich zu vertippen die Datenbankbereichs- und Kriterienbereichsadresse in Datenbankfunktionen eingeben zu müssen, sollten diese Bereiche mit Namen versehen werden. Vergeben Sie für den Datenbankbereich den Bereichsnamen Kunden_DB und für den Kriterienbereich den Namen Kunden_Kr (*Bereich Name Erstellen*).

Wie die Datenbank-Summenfunktion beginnen auch alle anderen Datenbankfunktionen nach dem Klammeraffen mit dem Buchstaben "D". Danach folgt der jeweilige Funktionsname.

Aufgabe: Werten Sie für alle Kölner Kunden die Summe, den Mittelwert, den Maximal- und Minimalwert sowie die Standardabweichung des Nettoumsatzes aus.

VORGEHEN: Auswertungen mit Datenbankfunktionen

- Tragen Sie im Kriterienbereich unter dem Feldnamen PLZ ein: 5000.

- Geben Sie nun in Zelle V6 ein: Summe; in V7: Mittelwert; in V8: Maximum; in V9: Minimum; in V10: Standardabweichung und in V11: Anzahl.

  Verbreitern Sie Spalte V (*Arbeitsblatt Spalte Bestimmen*), bis die Texte vollständig angezeigt werden.

- In Spalte W tragen Sie nun neben den entsprechenden Labels die Datenbankfunktionen ein:

      @DSUMME(Kunden_DB;7;Kunden_Kr)

      @DMITTELWERT(KundenD_B;7;Kunden_Kr)

      @DMAX(Kunden_DB;7;Kunden_Kr)

      @DMIN(Kunden_DB;7;Kunden_Kr)

      @DSTDABW(Kunden_DB;7;Kunden_Kr)

      @DANZAHL(Kunden_DB;7;Kunden_Kr).

Direkt nach Bestätigung der jeweiligen Eingabe mit *<Return>* bzw. durch Bewegen des Zellzeigers auf die nächste Zelle wird der gesuchte Wert berechnet und angezeigt.

Sobald Sie ein neues Kriterium eingeben, z.B. eine veränderte Postleitzahl in der PLZ-Spalte des Kriterienbereichs, berechnet 1-2-3 sofort das mit den Datenbankfunktionen erzielte Ergebnis neu.

Im einzelnen werden durch den Einsatz der Datenbankfunktionen folgende Ergebnisse erzielt -jeweils bezogen auf das angegebene Feld für diejenigen Datensätze in der Datenbank, die die Suchkriterien erfüllen:

DSUMME()   die Summe der Zahlen im angegebenen Feld derjenigen Datensätze in der Datenbank, die die Suchkriterien erfüllen. Konkret: 79.755,16 DM ist die Summe des Nettoumsatzes für alle Berliner Kunden.

DANZAHL()	die Anzahl der Zahlen. Konkret: es gibt 8 Berliner Kunden.

DMAX()	die größte Zahl. Konkret: der höchste Nettoumsatz in der Berliner Kundschaft beträgt 14.394,65 DM.

DMIN()	die kleinste Zahl. Konkret: der kleinste Betrag in der Berliner Kundschaft beträgt 4.794,70 DM.

DMITTELWERT()	der Mittelwert der Zahlen. Konkret: Die Berliner Kundschaft macht im Durchschnitt einen Nettoumsatz von 9969,40 DM.

DSTDABWP	die Standardabweichung (erzielt durch Schätzung) einer Grundgesamtheit anhand einer Stichprobe unter Verwendung der Zahlen im angegebenen Feld derjenigen Datensätze in der Datenbank, die die Suchkriterien erfüllen.

DSTDABW	Die Funktion liefert als Ergebnis die Standardabweichung einer vollständigen Grundgesamtheit unter Verwendung der Zahlen im angegebenen Feld derjenigen Datensätze in der Datenbank, die die Suchkriterien erfüllen. Konkret: Die Standardabweichung in Bezug auf die Berliner Kunden 2830,49 DM.

Der Vollständigkeit wegen sei vermerkt, daß es weitere Datenbank-Funktionen gibt, die in diesem Beispiel nicht zur Anwendnung kommen:

DVARIANZ()	Schätzt die Varianz einer Grundgesamtheit anhand einer Stichprobe.

DBVARIANZEN(Datenbank;Feld;Suchkriterien) Liefert als Ergebnis die Varianz einer Grundgesamtheit.

Abschließend können Sie Ihre Datenbank durch Formatierung der Zahlen, Abstimmung der Spaltenbreiten, Einfügen von Trennlinien und Bezeichnung der Bereiche übersichtlich gestalten.

6.6   Befehls- und Funktionsübersicht

MENÜBEFEHLE

Daten Sortier

sortiert Spalten oder Zeilen eines definierten Datenbereichs nach Maßgabe bestimmter Sortierschlüssel

Daten Sortier Datenbereich

legt den Datenbereich fest, in dem Datensätze sortiert werden sollen

Daten Sortier 1.Sortierschl

bestimmt das Feld des Datenbereichs, das primär sortiert werden soll und zwar in steigender oder fallender Sortierfolge

Daten Sortier 2.Sortierschl

bestimmt das Feld des Datenbereichs, das nach erfolgter Sortierung durch den 1. Sortierschlüssel als nächstes sortiert werden soll

Daten Sortier Extra-Schl

erlaubt die Festlegung weiterer Felder als Sortierschlüssel im Rahmen der mit dem 1. und 2. Sortierschlüssel erfolgten Sortierung der Datensätze

Daten Sortier Sortier

startet die Sortierung

Daten Abfrage Bereich

bestimmt den Datenbankbereich, in dem Datensätze mittels Abfragen gesucht werden können

Daten Abfrage Krit

legt einen Bereich des Arbeitsblattes, in den einer oder mehrere Feldnamen des Datenbankbereichs als Kopfzeile eingegeben werden, als Kriterienbereich fest

Daten Abfrage Ausgabe

definiert den Bereich des Arbeitsblattes, in den einer oder mehrere Feldnamen des Datenbankbereichs als Kopfzeile einegegeben werden, als Ausgabebereich, in den nach bestimmten Kriterien gesuchte Datensätze kopiert werden können

Daten Abfrage Finden
> markiert Datensätze, die den Suchkriterien entsprechen, im Datenbankbereich

Daten Abfrage Extrakt
> kopiert gefundene Datensätze in den Ausgabebereich

Daten Abfrage Unik
> verhindert die Kopie von Duplikaten gefundener Datensätze in den Ausgabebereich

Daten Abfrage Löschen
> löscht Datensätze, die den Suchkriterien entsprechen.

Daten Abfrage Modifiz
> erlaubt Datensätze im Ausgabebereich zu verändern

> *Daten Abfrage Modifiz Kopieren*
>> kopiert Datensätze, die eingegebenen Kriterien entsprechen, in den Ausgabebereich

> *Daten Abfrage Modifiz Ersetzen*
>> schreibt Datensätze, die im Ausgabebereich korrigiert wurden, in den Datenbankbereich zurück

> *Daten Abfrage Modifiz Hinzufügen*
>> fügt im Ausgabebereich erstellte Datensätze dem Datenbankbereich hinzu

Daten Abfrage Zurück
> führt in den BEREIT-Modus zurück

FUNKTIONSTASTEN

ABFRAGE-Funktionstaste <F7>
> führt denjenigen Abfragebefehl aus, der zuvor mittels *Daten Abfrage*-Menü aktiviert wurde

FUNKTIONEN:

@Anzahl:
> addiert die Einträge eines angegebenen Bereichs

@Mittelwert:
> errechnet den Mittelwert der Werte in einem angegebenen Bereich

@Min:
> nennt den kleinsten Eintrag in einem angegebenen Bereich

@Max:
>   nennt den größten Eintrag in einem angegebenen Bereich

DATENBANKFUNKTIONEN:

siehe detaillierte Beschreibung in Abschnitt 6.5.2

Übungsbeispiel 3:   Umsatzentwicklung

Die Lösung dieser Aufgabe erfordert einen Kenntnisstand, wie er in Kapitel 6 dieses Buches vermittelt wurde.

Aufgabe: Abfrage und Auswertung von Umsatzdaten

Zur Aufgabe der Controlling-Abteilung eines weltweit agierenden Konzerns zählt die Überwachung und Auswertung der internationalen Umsatzentwicklung. Den einzelnen Controlling-Gruppen wurde die Prüfung der Umsatzentwicklung bestimmter Artikel in verschiedenen Regionen übertragen.

Auftrag der Controller ist es,

- zwei Datenlisten vorzulegen: die eine sortiert nach Höhe des Umsatzes, die andere alphabetisch geordnet nach Produkt und Land;

- die vorliegenden Umsatzdaten so auszuwerten, daß kurzfristig Informationen über die Verkaufsziffern sowohl in einzelnen Ländern als auch bestimmter Artikel bereitgestellt werden können;

- eine statistische Auswertung über die Gesamt-Umsatzentwicklung vorzulegen.

Die Umsatzzahlen für die Regionen I, II und III finden Sie auf der Übungsdiskette in der Datei: **UMSATZ.WK3** gespeichert. Die Daten sind bereits formatiert und die Spaltenbreiten den Erfordernissen entsprechend bestimmt.

```
A:B4:                                                          BEREIT
```

```
   A        A            B          C          D           E
1  UMSATZENTWICKLUNG 1989 REGION I + II + III
2
3
4                                                  UMSATZ in DM
5  LAND        STOFF-NR.  PRODUKT      Quartal 1/90 Quartal 2/90
6  Spanien         4000  Achsschenkel     12.200       14.978
7  Tansania        3000  Gebläse          13.000       15.220
8  Tunesien        3500  Kugellager      129.000      132.492
9  Ungarn          3500  Kugellager    1.200.000    1.200.440
10 Mexiko          3500  Kugellager      239.000      240.309
11 Nicaragua       3000  Gebläse           1.000        2.314
12 Algerien        3000  Gebläse         213.000      215.519
13 Italien         3000  Gebläse         675.000      676.555
14 Niederlande     4000  Achsschenkel    351.000      353.400
15 Venezuela       3500  Kugellager      130.000      130.039
16 Kenia           4000  Achsschenkel    760.000      760.787
```

Abb.: Ausriß aus der Umsatz-Datenbank

HILFESTELLUNG

Sortieren von Daten

Die Controller haben keinen Einfluß darauf, in welcher Ordnung die
Umsatzdaten geliefert werden. Einer der ersten Schritte wird das Sortieren der
Daten mit der Befehlsfolge *Daten Sortier* sein.

Sortieren der Datensätze nach Höhe des Umsatzes in absteigender Folge::

> - *Daten Sortier*
>
> - *Datenbereich*: A:A6..A:E38
>
> - *1.Sortierschl*: A:E6   *Sortierfolge*:A
>
> - *Sortier*

Eine Musterlösung finden Sie auf der Übungsdiskette in der Datei:
Umsatz1A.WK3 gespeichert.

Sortieren der Daten in alphabetischer steigender Reihenfolge nach Produkten
und Ländern:

> - *Daten Sortier*
>
> - *1.Sortierschl*: A:C6   *Sortierfolge*:S

- 2.Sortierschl: A:A6   *Sortierfolge*:S

- Sortier

Eine Musterlösung finden Sie auf der Übungsdiskette in der Datei: **Umsatz1B.WK3** gespeichert.

Datenbank - Abfragen

<u>Einrichten des Datenbank-, Kriterien- und Ausgabebereichs.</u>

Um Abfragen zu starten, wie hoch der Umsatz in bestimmten Ländern ist oder welche Umsätze für ein bestimmtes Produkt vorliegen, müssen die Daten als Datenbank bestimmt und ein Kriterienbereich eingerichtet und definiert werden. Sollen die gesuchten Datensätze in einen besonderen Bereich kopiert werden, muß dafür ein eigener Ausgabebereich angelegt und bestimmt werden.

Kriterien- und Ausgabebereich werden am einfachsten durch die Übernahme der Feldnamen der Datenbank vorbereitet.

- Kopie

- Bereich, aus dem Kopiert werden soll: A:A5..A:E5

- Bereich, in den kopiert werden soll: A:H5 (für den Kriterienbereich), bzw. A:H11 (für den Ausgabebereich)

Alle drei Bereiche müssen über die Menübefehle *Daten Abfrage* definiert werden.

Festlegen des Datenbank-, Kriterien- und Ausgabebereichs:

- Daten Abfrage

- Bereich

   Eingabebereich:A:A5..A:E38

- Krit

   Kriterienbereich:A:H5..A:L7

- Ausgabe

   Ausgabebereich:A:H11..A:L11

Beachten Sie bitte, daß der Datenbankbereich im Gegensatz zum Sortierbereich unbedingt die Feldnamenleiste mitenthalten muß !

<u>Beispiele für mögliche Abfragen</u>

Aufgabe: Umsatzzahlen für Kenia

- Geben Sie das Suchkriterium: Kenia unterhalb des Feldnamens: LAND im Kriterienbereich ein. (Zelle A:H6).
- Menübefehle: *Daten Abfrage Extrakt*
- 1-2-3 überprüft die Datenbank und zeigt mit dem Suchkriterium übereinstimmende Datensätze im Ausgabebereich an.

Aufgabe: Alle Umsatzzahlen des 2.Quartals über 500.000 DM

Achten Sie darauf, daß Sie zunächst das alte Kriterium mit *Bereich Radier* löschen. Geben Sie im Kriterienbereich unter dem Feldnamen Quartal 2/90 ein: >500000. Statt des Befehls *Daten Abfrage Extrakt* kann die ABFRAGE-Funktionstaste *<F7>* eingesetzt werden, um die gefundenen Datensätze im Ausgabebereich anzeigen zu lassen.

Aufgabe: Alle Umsatzzahlen mit der Stoff-Nr. 4000 (=Achsschenkel) des 2.Quartals über 500.000 DM

Zwei Kriterien in einer Zeile bedeuten eine UND-Verknüpfung: es werden die Datensätze ausgegeben, die dem einen <u>und</u> zugleich dem anderen Kriterium entsprechen. Geben Sie im Kriterienbereich unter dem Feldnamen "Stoff-Nr." 4000 ein und unter "Quartal 2/90" >500000.

Aufgabe: Alle Umsatzzahlen des 2.Quartals, die zwischen 500.000 DM und 700.000 DM liegen

Eine UND-Verknüpfung (#UND#) in einem Feld muß mit Hilfe einer Formel erstellt werden. Es ist sinnvoll, für die Zellen A:D6 und A:E6 (=1. Datensatz, Feld: Quartal 1/90 bzw. Quartal 2/90) Bereichsnamen zu vergeben. Sie verwenden die bereits eingegebenen Namen "Quartal 1/90" und "Quartal 2/90" als Bereichsnamen, indem Sie den Zellzeiger auf die Zelle D5 setzen, die Befehlsfolge *Bereich Name Benennen Unten* wählen und als Labelbereich eingeben A:D5..A:E5.

Jetzt können Sie in der ersten Zeile des Feldes Quartal 2/90 des Kriterienbereich die Formel wie folgt eingeben:

+Quartal 2/90>500000#UND#Quartal 2/90<700000

Um ein richtiges Ergebnis zu erzielen, das mit *<F7>* im Ausgabebereich angezeigt werden kann, mußten wieder noch vorhandene Eingaben im Kriterienbereich mit *Bereich Radier* gelöscht werden.

Aufgabe: Abgefragt werden alle Umsatzzahlen für Achsschenkel und Gebläse des 2.Quartals, die zwischen 500.000 DM und 800.000 DM liegen

Für diese kombinierte UND/ODER Verknüpfung sind im Feld "Produkt" des Kriterienbereichs untereinander die Bezeichnungen "Achsschenkel" und "Gebläse" einzugeben und im Feld "Quartal 2/90" untereinander jeweils die Formel

+Quartal 2/90>500000#UND#Quartal 2/90<800000

```
A:L6: +QUARTAL 2/90>500000#UND#QUARTAL 2/90<800000            BEREIT

 A      H         I               J            K           L
 5     LAND     STOFF-NR.        PRODUKT    Quartal 1/90 Quartal 2/90
 6                           Achsschenkel                          1
 7                           Gebläse                               1
 8
 9  Ausgabebereich
10
11     LAND     STOFF-NR.        PRODUKT    Quartal 1/90 Quartal 2/90
12  Brasilien     4000       Achsschenkel     762.000     763.215
13  Kenia         4000       Achsschenkel     760.000     760.787
14  Italien       3000       Gebläse          675.000     676.555
15
16
```

Abb: Kombinierte UND-/ODER-Verknüpfung

Eine Musterlösung finden Sie auf der Übungsdiskette in der Datei: **Umsatz2A.WK3** gespeichert.

Aufgabe: Berechnet werden soll die Summe der einzelnen Produkte für beide Quartale

Dazu werden im Ausgabebereich berechnete Spalten eingeführt. Der Ausgabebereich besteht aus drei Feldern ("Produkt", "Quartal 1/90", "Quartal 2/90"). Passen Sie den Ausgabebereich mit *Daten Abfrage Ausgabe* an (A:J11..A:L11). Die Feldnamen der zu berechnenden Felder im Ausgabebereich holen Sie mit *<F2>* in das Bedienfeld und setzen sie nach der Eingabe der normalen Summenfunktion in Klammern:

@Summe(Quartal 1/90)

@Summe(Quartal 2/90)

Achten Sie darauf, daß der Kriterienbereich kein Suchkriterium mehr enthält und lassen Sie die Ergebnisse mit *<F7>* im Ausgabebereich ausgeben. Anschließend können die Summenformeln mit *Bereich Format Text* und die Ergebnisse mit *Bereich Format Währung 2* formatiert und die Spalten verbreitert werden.

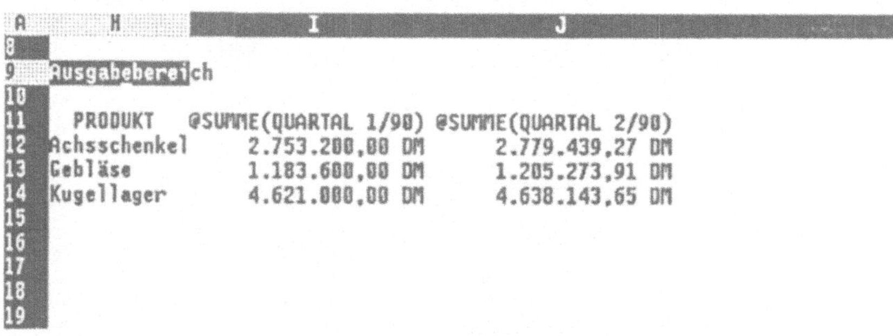

Abb.: Ausgabebereich mit berechneten Spalten

Eine Musterlösung finden Sie auf der Übungsdiskette in der Datei: **UMSATZ2B.WK3** gespeichert.

Statistische Auswertung des ersten Halbjahres 1990

Die statistische Auswertung (Summe, Mittelwert, Maximum, Minimum, Streuung) bezieht sich auf den Gesamtumsatz. Achten Sie deshalb darauf, daß Sie im Kriterienbereich alle Suchkriterien gelöscht haben.

Sinnvoll ist es, Datenbank- und Kriterienbereich mit Bereichsnamen zu versehen. Hier wurden die Namen: "Datenbank" und Kriterien" vergeben.

Geben Sie Texte und Formeln ein. Zur Erinnerung: die Datenbankfunktionen beginnen nach dem Klammeraffen mit einem D. Sie verlangen drei in Klammern gesetzte, durch Semikolon getrennte Argumente: (Bereich, in dem die Berechnungen stattfinden; Spaltennummer des Feldes, das ausgewertet werden soll; Bereich für Suchkriterien).

Geben Sie nacheinander in die Zellen 07, 08, 09, 010,011 die Formeln ein:

> @DSumme(Datenbank;3;Kriterien)
>
> @DMittelwert(Datenbank;3;Kriterien)
>
> @DMax(Datenbank;3;Kriterien)
>
> @DMin(Datenbank;3;Kriterien)
>
> @DStdabw(Datenbank;3;Kriterien)

Verfahren Sie analog für das 2. Quartal.

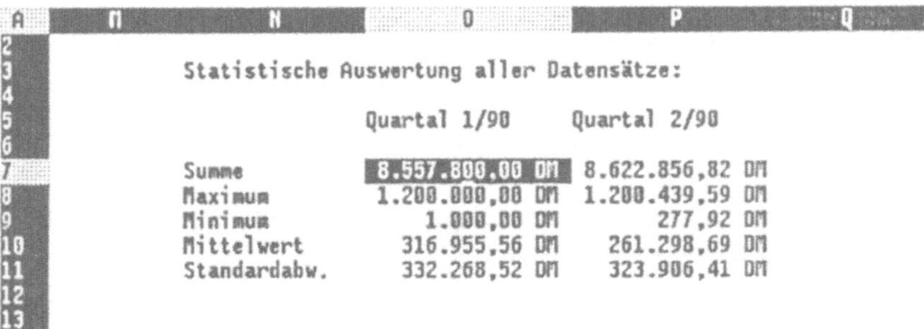

Abb.: Statistische Auswertung mit Datenbankfunktionen.

Eine Musterlösung finden Sie auf der Übungsdiskette in der Datei: **UMSATZ2C.WK3** gespeichert.

7 FORTGESCHRITTENE TECHNIKEN DER TABELLENKALKULATION

Dieses Kapitel:

- *wiederholt und ergänzt Techniken zum Formatieren von Zahlen (Direktformatierung) und zum Einsatz von Feldnamen in Formeln;*

- *gibt einen Überblick über: Datumseingabe, -funktionen, -formatierung und -arithmetik;*

- *zeigt Möglichkeiten, mit Hilfe von Bildschirm-Fenstern und Zellbezügen die Übersichtlichkeit von Tabellen zu erhöhen;*

- *führt ein in die Arbeit mit logischen Wenn-Dann-Abfragen und Suchfunktionen;*

- *zeigt, wie Daten aus anderen Tabellenbereichen der Datei gesucht und weiterverarbeitet werden können;*

- *ergänzt das Anwendungsspektrum der Was-Wäre-Wenn-Analysen am Beispiel von Planungstabellen*

- *vermittelt Techniken zum Schutz von Zellinhalten, Arbeitsblattparametern und Dateien vor unerwünschten Änderungen*

Fallbeispiel: Bezugskalkulation

Ein Großhandelsunternehmen erhält am 15.1.1990 von seinem Lieferanten eine Rechnung über 5 PC-Festplatten zu einem Stückpreis von 1200,- DM. Die Lieferung erfolgt ab Werk. Es wird ein Mengenrabatt von 4% und 2% Skonto bei Zahlung innerhalb von 14 Tagen eingeräumt. Der Großhändler berücksichtigt Bezugskosten in Höhe von 50,- DM.

Zu berechnen ist der Bezugspreis (netto) der Ware unter Berücksichtigung von Rabatt, Skonto und Bezugskosten.

Der Aufbau der Tabelle soll gewährleisten, daß sie nicht nur für die Festplattenrechnung, sondern von dem Großhandelsunternehmen generell als Berechnungsraster für Bezugskalkulationen eingesetzt werden kann.

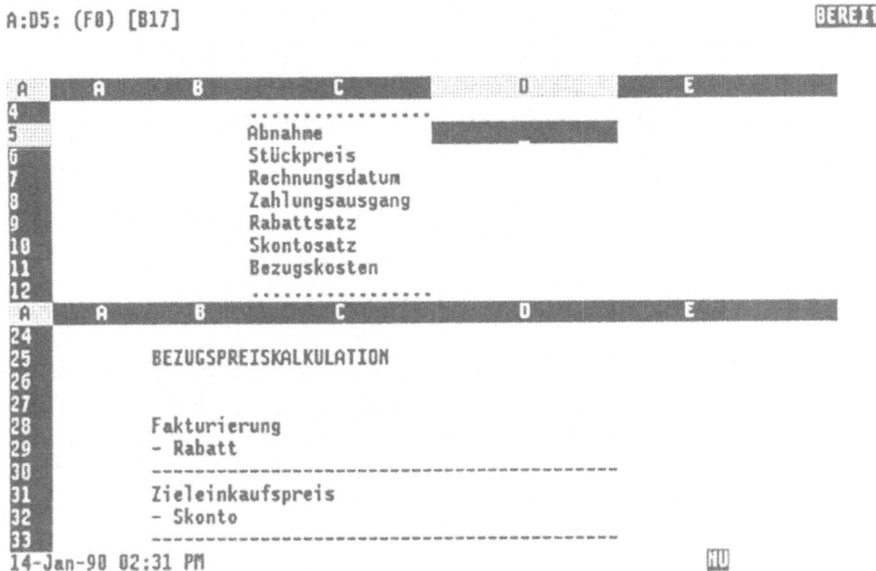

Abb. 7-1: Bezugskalkulation - Eingabe- und Berechnungsbereich

7.1 Einrichten der Tabellenbereiche

Wie Sie der Abbildung entnehmen können, erfolgt der Aufbau der Bezugskalkulation nach dem gleichen Prinzip wie der Aufbau der Break-Even-Analyse. Die Erfassung der variablen Daten für Abnahme, Stückpreis, Rechnungsdatum, Zahlungsausgang, Rabattsatz, Skontosatz und Bezugskosten ist getrennt von dem Berechnungsteil, der ein gleich bleibendes Kalkulationsschema enthält. Damit ist der flexible Einsatz der Tabelle gewährleistet.

Die beiden Tabellenraster sind vorbereitet in der Datei **BEZUG.WK3.** Laden Sie die Datei mit *Transfer Laden* A:BEZUG.WK3 von der beigefügten Übungsdiskette.

Eine Musterlösung der Aufgabe finden Sie in der Datei BEZUG1.WK3 auf der beigefügten Übungsdiskette.

HINWEIS:
Minus- und Pluszeichen vor Texten (z.B. - Rabatt in Zelle B29 oder + Bezugskosten in Zelle B35) müssen mit einem Textkennzeichen eingegeben werden. Ansonsten begreift 1-2-3 diese Zeichen als Rechensymbole und gibt eine Fehlermeldung aus, da es sich bei dem Zellinhalt nicht um Werte sondern um Texte handelt.

7.1.1 Zahlen- und Datumseingaben mit Nach- und Direktformatierung

Zahlenformate werden im nachhinein - wie bekannt - über die Befehlsfolge *Bereich Format* bestimmt. Für die Bezugskalkulation werden 3 Zahlenformate benötigt: Prozent-, Währungs- und Datumsanzeigen.

Aufgabe: Geben Sie im Eingabebereich des Arbeitsblattes die gegebenen Werte für Abnahme (D5), Stückpreis (D6), Rabattsatz (D9), Skontosatz (D10) und Bezugskosten (D11) ein. Lassen Sie Stückpreis und Bezugskosten im Währungsformat und Rabattsatz sowie Skontosatz im Prozentformat anzeigen.

VORGEHEN: Zahlenformatierung im Nachhinein

- Geben Sie die Werte wie folgt ein:

A:D5	5
A:D6	1200
A:D9	0,04
A:D10	2%
A:D11	50

- Formatieren Sie die Stückpreis- und Bezugskosteneingabe im Währungsformat:

  Bereich Format Währung, Dezimalstellen 2, A:D6..A:D6

  Bereich Format Währung, Dezimalstellen 2, A:D11..A:D11

- Formatieren Sie die Rabattsatz- und Skontoeingabe im Prozentformat:

  Bereich Format Prozent, Dezimalstellen 1, A:D9..A:D10

  In Zelle D9 hatten Sie den Faktor eingegeben, mit dem Prozente berechnet werden, in Zelle D10 mit dem

Prozentzeichen veranlaßt, daß 1-2-3 von sich aus den Berechnungsfaktor ausgibt (0,02). In beiden Fällen erhalten Sie durch die Formatierung die Prozentanzeige mit der entsprechenden Multiplikation mit 100.

Das in Zelle D7 einzugebende Rechnungsdatum und das Datum für den Zahlungsausgang in Zelle D8 dienen dazu, die Berechtigung eines Skontoabzuges zu überprüfen. Das bedeutet, daß mit den Datumsangaben Berechnungen durchgeführt werden sollen, diese also von 1-2-3 als Werte erkannt werden müssen. Dazu müssen die Eingaben in einer bestimmten Schreibweise erfolgen. Mögliche Eingabeformate sehen Sie im Kasten weiter unten. 1-2-3 setzt die als Datumswerte erkannten Eingaben in eine serielle Zahl um.

Basis der Datumsarithmetik von 1-2-3 ist der Fixpunkt, daß der 1.1. 1900 der Zahl 1 entspricht. Von da an wird fortlaufend hochgezählt, so daß für den 15.1.1990 die serielle Zahl 32888 eingesetzt wird. Die höchste serielle Zahl ist 73050, gleichbedeutend mit dem Datum: 31.12.2099.

Um die serielle Zahl als Datum anzeigen zu lassen, muß für die entsprechende Zelle ein Datumsformat bestimmt werden.

Datumseingabe	Beispiel
T.M.JJ	1.1.90
TT.M.JJ	01.1.90
T.MM.JJ	1.01.90
TT.MM.JJ	01.01.90
T-MMM-JJ	1-Jan-90
TT-MMM-JJ	01-Jan-90
T-MMM	1-Jan
TT-MMM	01-Jan

Standardformate	Beispiel
1 (TT-MMM-JJ)	15-Jan-90
2 (TT-MMM)	15-Jan
3 (MMM-JJ)	Jan-90
4 (Lang Int.'l)	15.1.90
5 (Kurz Int.'l)	15.1.

Geben Sie nun in Zelle D7 das Datum 15.1.90 in einer der gezeigten Schreibweisen ein und formatieren Sie die ausgegebene serielle Zahl sowie gleichzeitig die darunterstehende Zelle, in der später das Zahlungsausgangsdatum eingetragen wird, mit:

Bereich Format Datum 4 (Lang Int.'l), A:D7..A:D8

HINWEIS:
- Alle Datumseingaben, die keinem Standard-Datumsformat entsprechen, werden als einfacher Text gespeichert.
- Wenn das Jahr nicht mit angegeben wird (15-Jan), bezieht 1-2-3 das aktuelle Jahr ein.
- Uhrzeiten können Sie in der Form: 8:45 AM bzw. 8:45 oder 8:45:00 und 8:45 PM bzw. 20:45 oder 20:45:00 eingeben und mit einem der im Untermenü von *Bereich Format Datum Uhr* angeführten Formate anzeigen lassen.

Wie Sie bereits in Kapitel 6 sehen konnten, können Datumseingaben auch unter Verwendung einer Funktion erfolgen. Die Schreibweise der Funktion Datum lautet allgemein:

@Datum(JJ;MM;TT);

ausgegeben wird eine serielle Zahl, die mit *Bereich Format Datum* als Datumsanzeige formatiert werden kann.

HINWEIS:
Ein mit der Datumsfunktion in eine serielle Zahl umgesetzes Datum wird nicht automatisch als Datumsangabe angezeigt, wenn Sie die automatische Formatierung mit *Bereich Format Opt* Automatisch gewählt haben.

Neben der Funktion @Datum() gibt es noch weitere Funktionen, die Berechnungen mit Datums- und Zeitangaben erlauben. Eine Übersicht finden Sie im unten stehenden Kasten.

Übersicht: Datums- und Zeitfunktionen	
@HEUTE	gibt die serielle Zahl des aktuellen Datums aus. Kann mit *Bereich Format Datum* als Datumsanzeige formatiert werden
@JETZT	gibt die serielle Zahl des aktuellen Datums und die Seriennummer der aktuellen Zeit aus; kann mit *Bereich Format Datum* als Datums- oder als Zeitanzeige formatiert werden
@DATUM(Jahr;Monat;Tag)	gibt die serielle Zahl des eingegebenen Datums aus; Formatierung mit *Bereich Format Datum* als Datumsanzeige
@ZEIT(Stunde;Minute;Sekunde)	gibt die Zeitseriennummer der eingegebenen Uhrzeit aus; Formatierung mit *Format Bereich Datum Uhr* als Zeitanzeige.
@D360(Datumsseriennummer; Datumsseriennummer)	berechnet die Anzahl der Tage zwischen zwei seriellen Datumszahlen auf der Basis eines 360 Tage umfassenden Jahres
@Jahr (Datumsseriennummer) @Monat(Datumsseriennummer) @Tag (Datumsseriennummer)	diese Funktionen errechnen aus den eingegebenen Datumsseriennummern das zutreffende Jahr, den Monat oder den Tag
@Stunde(Zeitseriennummer) @Minute(Zeitseriennummer) @Sekunde(Zeitseriennummer)	diese Funktionen errechnen aus eingegebenen Zeitseriennummern die zutreffende Stunde, Minute oder Sekunde
@Datumwert(Datumszeichenfolge) @Zeitwert(Zeitzeichenfolge)	diese Funktionen setzen Zeichenfolgen, die wie eine Datums- bzw. Zeitangabe aussehen, in die entsprechenden Datums bzw. Zeitseriennummern um. Formatierung mit *Bereich Format Datum* als Datumsanzeige bzw. Zeitanzeige

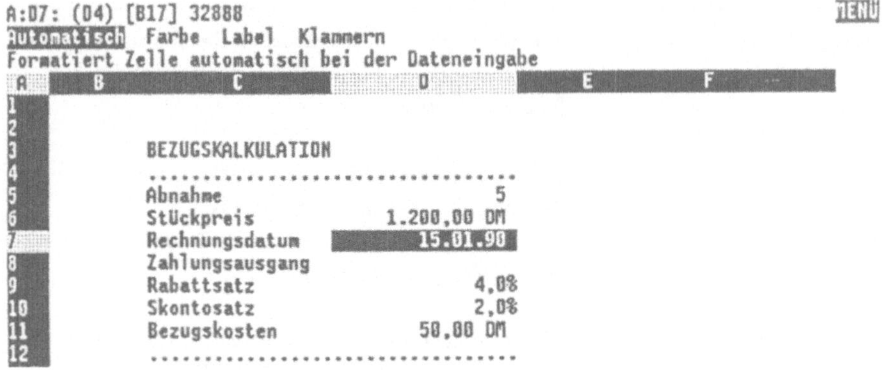

Abb.7-2: Formatierte Ausgabe der Daten

Direktformatierung

Statt Eingabe und Formatierung nacheinander, in zwei Schritten durchzuführen, besteht die Möglichkeit, vorab eine automatische Formatierung von Zellen festzulegen, die sich nach der jeweiligen Eingabe richtet. Mit *Arbeitsblatt Global Format Optionen Automatisch* legen Sie die automatische Formatierung für das gesamte Arbeitsblatt fest. Mit *Bereich Format Opt Automatisch* A:D5..A:D11 für einen definierten Bereich des Arbeitsblattes.

Auf diese Weise werden Datums- und Uhrzeiteingaben in den entsprechenden Zellen sofort in der vorgenommenen Schreibweise ausgegeben und die serielle Zahl nur im Bedienfeld angezeigt. Prozenteingaben werden -wenn sie mit dem Prozentzeichen erfolgen (z.b. 2%)- angezeigt wie eingegeben und der Berechnungsfaktor erscheint im Bedienfeld (0,02). Angezeigt wird Ihnen das gewählte Zahlenformat im Bedienfeld in runden Klammern neben der Zelladrese (A:D7: (D4) 32888). Ist die erstmalige Eingabe in eine automatisch zu formatierende Zelle ein Text, wird sie als Label-Zelle formatiert. Auch wenn die Eingabe später mit einer Zahl überschrieben wird, bleibt die Formatierung erhalten und die Zahl wird als Label aufgefaßt.

Eine Formatänderung der Zellen bewirken Sie, indem Sie über *Bereich Format* ein anderes Format wählen.

Erhöhen Sie nun die Übersichtlichkeit des Tabelleneingabebereichs, indem Sie nach erfolgter Zahlenformatierung die Spalten so verbreitern, daß die Eingaben vollständig angezeigt werden *(Arbeitsblatt Spalte Bestimmen)*.

7.1.2 Befehle rückgängig machen - die UNDO-Funktion

Datenerfassung birgt immer die Gefahr von Fehleingaben. So kann man sich bei der Zahleneingabe ebenso irren, wie bei der Formatierung. 1-2-3 bietet die Möglichkeit, sofort bemerkte Fehleingaben rückgängig zu machen.

Über *Arbeitsblatt Global Vorgabe Optionen Widerrufen Ja* aktivieren Sie die UNDO-Funktion für das aktuelle Arbeitsblatt. Soll diese Option generell erhalten bleiben, muß sie als neue Vorgabe mit dem Befehl *Aktual* im *Arbeitsblatt Global Vorgabe*-Menü gespeichert werden.

Haben Sie die Widerrufen-Option gewählt, können Sie die jeweils zuletzt durchgeführte Operation im Arbeitsblatt mit Hilfe der UNDO-Funktionstaste *<Alt><F4>* zurück nehmen. Nach Betätigung dieser Tastenkombination (*<Alt>*-Taste gedrückt halten und gleichzeitig *<F4>* drücken) müssen Sie sicherheitshalber Ihre Absicht bestätigen:

> *Nein*
> *Änderungen am Arbeitsblatt werden nicht widerrufen*
>
> *Ja*
> *Die letzten Änderungen an den Arbeitsblattdaten werden widerrufen*

Beachten Sie bitte folgendes:

- Mit *<Alt><F4>* wird im BEREIT-Modus nur die Operation ungeschehen gemacht, die vor Betätigung der Tastenkombination durchgeführt wurde.

- Wird die UNDO-Funktion eingesetzt, nachdem im Menü-Modus diverse Befehle aktiviert wurden ohne zwischendurch in den BEREIT-Modus zurückzugehen, werden sämtliche veranlaßten Befehle widerrufen. Wenn Sie z.B. im Grafik-Menü die Typbestimmung, die Datenbereich-Festlegungen, und über Grafik Optionen Legenden- oder Titel-Eingaben vorgenommen haben, wird bei anschließender Betätigung von *<Alt><F4>* die gesamte Aktion annulliert.

- Zellzeigerbewegungen werden durch die UNDO-Funktion nicht rückgängig gemacht; ebensowenig Dateiänderungen auf einem Speichermedium, verschiedene Befehle des Output-Menüs oder die Neuberechnung von Formeln durch neue Dateneingaben. Wenn versehentlich eine dieser Aktionen mit *<Alt><F4>* widerrufen werden soll, greift 1-2-3 auf die letzte zuvor erfolgte, widerrufbare Aktion zurück und annulliert sie.

Die Aktivierung der UNDO-Funktion als Vorgabe hat neben dem Vorteil der schnellen Fehlerkorrektur auch einen Nachteil: es wird mehr Platz im Hauptspeicher Ihres Computers beansprucht und die Ausführung von Berechnungen und Befehlen verlangsamt sich.

7.1.3　Vergabe von eingegebenen Texten als Bereichsnamen

Für die spätere Berechnung im Kalkulationsschema ist es sinnvoll, mit Bereichsnamen zu arbeiten. Bei der Break-Even-Analyse wurden Bereichsnamen vergeben mit der Befehlsfolge *Bereich Name Erstellen*.

Im vorliegenden Fall wäre es effektiver die bereits eingegeben Texte als Bereichsnamen zu vergeben.

Aufgabe:　　Vergeben Sie in einem Zug die bereits eingegebenen Texte von "Abnahme" bis "Bezugskosten" als Bereichsnamen für die Werte in den rechts daneben liegenden Zellen

VORGEHEN:　Benennen von Zelladressen

- Zellzeiger auf C5 positionieren und die Menübefehle *Bereich Name Benennen* aktivieren.

  Benennen
  Erstellt Bereichsnamen aus einem Labelbereich

- Die Bereichsnamen sollen für die Werte in den rechts liegenden Zellen vergeben werden; wählen Sie daher die Option :

  Rechts
  Jedes Label in dem Bereich benennt die rechts daneben stehende Zelle

- Als Labelbereich, d.h. als Bereich, der die Texte für die Bereichsnamen enthält, legen Sie fest:

  A:C5..A:C11　　*<Return>*

Auf diese Weise sind 7 Bereichsnamen in einem Gang und ohne nochmalige Eingabe vergeben worden.

7.1.4 Formeln mit Bereichsnamen aufstellen

Nachdem Sie die Bereichsnamen vergeben haben, können Sie auf eine bequeme Weise, die zudem noch die Gefahr von Fehleingaben minimiert, die Berechnungsformeln im Kalkulationsraster aufstellen.

Wie Sie bereits gelernt haben, können Formeln unter Verwendung der Zelladressen oder von Bereichsnamen eingegeben werden. Hier soll noch einmal die Möglichkeit wiederholt werden, mit Hilfe der NAME-Funktionstaste *<F3>* die gewünschten Bereichsnamen in die Formeln eintragen zu lassen.

Aufgabe: Zu berechnen ist der Bezugspreis (netto) der Ware unter Berücksichtigung der gegebenen Werte von Abnahme, Stückpreis, Rabatt, Skonto und Bezugskosten.

VORGEHEN: Bereichsnamen in Formeln eintragen lassen

- Positionieren Sie den Zellzeiger in Zelle D28, wo die Formel zur Berechnung der Fakturierung (Abnahme * Stückpreis) eingetragen werden soll und geben Sie ein Plus-Zeichen (+) ein.

- Betätigen Sie die Funktionstaste *<F3>*. Im Bedienfeld werden in alphabetischer Reihenfolge sämtliche vergebenen Bereichsnamen aufgelistet. Betätigen Sie noch einmal *<F3>* und die Bereichsnamen werden auf dem Bildschirm ausgegeben. Für den jeweils markierten Bereichsnamen wird die Zelladresse angegeben, für die dieser Name vergeben wurde.

- Markieren Sie mit Hilfe der *<Pfeiltasten>* den Namen "Abnahme" und bestätigen Sie mit *<Return>*. Im Bedienfeld erscheint nach dem Plus-Zeichen der gewählte Bereichsname.

- Geben Sie nun das Multiplikationszeichen * ein, betätigen zweimal *<F3>* und wählen aus der Liste der Bereichsnamen "Stückpreis"   *<Return>*.

- Bestätigen Sie die nun fertige Formel mit *<Return>* und in Zelle D28 wird Ihnen das Ergebnis ausgegeben: 6000.

- Geben Sie in den Zellen D29, D31, D32, D34, D35 und D37 die restlichen Berechnungsformeln ein. Wenden Sie in denjenigen Formeln, in denen mit Bereichsnamen gearbeitet wird, die eben gelernte Methode an.

- Formatieren Sie abschließend die Ergebnisse mit *Bereich Format Währung*, Dezimalstellen 2.

Abb. 7-3: Formeln im Kalkulationsraster

7.2 Die Bildschirmübersicht der Tabelle erhöhen - Fenstertechnik und andere Gestaltungshilfen

Nachdem Sie die Formeln eingegeben haben, können Sie die Flexibilität der Tabelle überprüfen, indem Sie im Eingabebereich einen neuen Wert für die Abnahme oder den Stückpreis eintragen und das Berechnungsergebnis im Kalkulationsraster ansehen. Um Eingabebereich und Kalkulationsschema gleichzeit auf dem Bildschirm anzeigen zu lassen, können Sie sich -wie in Kapitel 4.4 beschrieben- der Fenstertechnik bedienen. Mit der Befehlsfolge *Arbeitsblatt Fenster Horiz* teilen Sie den Bildschirm ab der Zellzeigerposition in zwei horizontale Fenster. Durch Aktivierung der Befehle *Arbeitsblatt Fenster Unsych* erreichen Sie, daß Sie beide Ausschnitte unabhängig voneinander rollen können. Mit *<F6>* können Sie den Zellzeiger von einem in das andere Fenster springen lassen.

7.2.1 Zellbezüge als Übersichts- und Organisationshilfe für die Tabelle

Eine andere Art und Weise, das Berechnungsergebnis sofort nach der Dateneingabe abzulesen, besteht darin, durch einen einfachen Zellbezug den Bezugspreis unmittelbar unterhalb der Datenerfassung anzeigen zu lassen. Falls Sie den Bildschirm in Fenster aufgeteilt haben, löschen Sie zunächst die Ausschnitte mit der Menübefehlsfolge *Arbeitsblatt Fenster Löschen.*

Aufgabe: Lassen Sie sich den Bezugspreis unterhalb der Datenerfassung (in Zelle D13) anzeigen, indem Sie einen Bezug zu der Zelle herstellen, in der der Bezugspreis berechnet wird (D37).

VORGEHEN: Einen Zellbezug herstellen

- Geben Sie in Zelle C13 ein: Bezugspreis.

- Bewegen Sie den Zellzeiger zur Zelle D13. In dieser Zelle soll der jeweilige Bezugspreis ausgewiesen werden.

- Stellen Sie den Bezug zur Zelle D37 (kalkulierter Bezugspreis) her, indem Sie ein Plus-Zeichen und nachfolgend die Zelladresse eingeben.

+D37

> Es erscheint der Wert des Bezugspreises, basierend auf den aktuellen Daten, berechnet und angezeigt im Kalkulationsschema und nochmals zur besseren Übersicht ausgewiesen unterhalb der Datenerfassung.

Aufgabe: Modifizieren Sie das Verfahren, indem Sie für die Zelle D37 den Bereichsnamen "Bezugspreis" vergeben.

VORGEHEN: Einen Zellbezug mit Bereichsnamen herstellen

- Positionieren Sie den Zellzeiger auf der Zelle D37 und vergeben Sie mit *Bereich Name Erstellen* den Bereichsnamen "Bezugspreis".

- In Zelle D13 geben Sie ein:

     +BEZUGSPREIS

  oder:

  Sie lassen die Zelladresse D37 durch den Bereichsnamen ersetzen, indem Sie mit *<F2>* den Bezug ins Bedienfeld holen und mit *<F3>* die Zelladresse gegen den Bereichsnamen austauschen lassen.

HINWEIS:
1-2-3 ersetzt nicht automatisch die Zelladressen durch die vergebenen Bereichsnamen. Erst mit *<F3>* wird der Austausch von Adresse und Bereichsname vorgenommen.

Ob Sie für einen besseren Überblick über Ihre Tabellenbereiche die Fenstertechnik einsetzen oder über einen Zellbezug das Ergebnis anzeigen lassen, hängt von der inhaltlichen und gestalterischen Aufgabenstellung ab.

7.3 Arbeiten mit logischen Wenn-Dann-Abfragen

Bislang zog eine Veränderung der Abnahmemenge keine Anpassung des Rabattsatzes und der Bezugskosten nach sich. Zudem blieb der Zahlungsausgang und damit die Berechtigung eines Skontoabzuges unberücksichtigt.

Das wird nachfolgend geändert, indem Rabatt- und Skontosatz sowie die Bezugskosten mit Hilfe von WENN-DANN-Abfragen in Abhängigkeit gesetzt werden zu der Abnahmemenge und dem Termin des

Zahlungausgangs. 1-2-3 stellt für solche Zwecke die logische WENN-Funktion zur Verfügung. Die allgemeine Schreibweise dieser Funktion lautet:

@WENN(Bedingung;Dann-Teil;Sonst-Teil)

Fügen Sie zunächst aus Übersichtsgründen zwischen Zahlungsausgang und Rabattsatz eine Trennlinie ein (mit *Arbeitblatt Einfügen Zeile* zuerst eine Leerzeile oberhalb der Zellzeigerposition erzeugen und danach die Trennlinie kopieren).

Aufgabe: Rabatte werden in Abhängigkeit von der Höhe der Abnahmemenge gewährt. Entwickeln Sie eine Abfrage, die folgende Bedingung berücksichtigt:

- bei einer Abnahme von weniger als 5 Festplatten wird kein Rabatt gewährt,

- ab 5 Festplatten wird ein Rabattsatz von 4% eingeräumt.

VORGEHEN: Einsatz der @WENN-Funktion

- Positionieren Sie den Zellzeiger auf Zelle D10 (Rabattsatz).

- Geben Sie folgende Formel ein:
  @WENN(D5<5;0%;4%)   *<Return>*
  oder mit Bereichsnamen:
  @WENN(ABNAHME<5;0%;4%)   *<Return>*

Damit haben Sie den Rabattsatz in Zelle D10 mit einer Wenn-Dann-Abfrage verknüpft. Die Bedingung ist die Höhe der Abnahmemenge; ist sie erfüllt (=WAHR), wird der Dann-Teil ausgeführt, d.h., es wird 0 Prozent Rabatt gewährt; wird die Bedingung nicht eingehalten (=FALSCH), wird der Sonst-Teil ausgeführt, d.h., es werden 4 Prozent Rabatt gewährt.

Testen Sie die Abfrage, indem Sie für die Abnahme einen Wert unter 5 eingeben. Der Rabattsatz wird sich entsprechend auf 0% anpassen und der Bezugspreis auf dieser Basis neu kalkuliert.

Für die Berechnung der Bezugskosten kann eine ähnliche Abfrage formuliert werden.

Aufgabe: Bezugkosten werden in Abhängigkeit von der Höhe der Abnahmemenge gewährt. Entwickeln Sie eine Abfrage, die folgende Bedingung berücksichtigt:

- bei einer Abnahme von weniger als 10 Festplatten werden Bezugskosten in Höhe von 50 DM berechnet,

- ab 10 Festplatten werden 75 DM Bezugskosten eingerechnet.

VORGEHEN:

- Bewegen Sie den Zellzeiger zur Zelle D12 (Bezugskosten).

- Geben Sie folgende Abfrage ein:

    @WENN(D5<10;50;75)   *<Return>*

    oder mit Bereichsnamen:

    @WENN(ABNAHME<10;50;75) *<Return>*

Testen Sie die Abfrage, indem Sie den Wert für die Abnahme ändern. Rabattsatz und Bezugskosten passen sich entsprechend an.

Mit der WENN-Funktion können Sie ebenfalls überprüfen, inwieweit ein Skontoabzug berechtigt ist oder nicht.

Aufgabe: Wenn die Rechnung vom 15.1.90 über 5 Festplatten innerhalb von 14 Tagen beglichen wird, sollen 2% Skonto gewährt werden, ansonsten wird der volle Rechnungspreis berechnet. Zahlungsausgangsdatum ist der 23.1.90.

VORGEHEN:

- Tragen Sie zunächst in Zelle D8 (Zahlungsausgang) das Datum 23.1.90 ein. Es wird Ihnen formatiert angezeigt, da Sie eingangs der Übung die Datumsformatierung auch für diese Zelle durchgeführt hatten.

- Geben Sie in Zelle D11 (Skontosatz) folgende Abfrage ein:

    @WENN(D8-D7<=14;2%;0%)

    oder mit Bereichsnamen:

    @WENN(ZAHLUNGSAUSGANG-RECHNUNGSDATUM
    <=14;2%;0%)

Diese Wenn-Dann-Abfrage greift auf die Datumsarithmetik von 1-2-3 zurück. Hinter dem Datum 15.1.90 in Zelle D7 (Rechnungsdatum) steht die serielle Zahl 32888. Hinter dem Datum 23.1.90 in Zelle D8 (Zahlungseingang) steht die serielle Zahl 32896.

Also lautet die Subtraktion: 32896-32888=8. Die Bedingung 8<=14 ist wahr, mithin können 2% Skonto (Dann-Teil) abgezogen werden.

```
A:C14: [B17] 'Bezugpreis                                      BEREIT

  A        C                           D
 1
 2
 3    BEZUGSKALKULATION
 4    .......................................................
 5    Abnahme                                              5
 6    Stückpreis                                1.200,00 DM
 7    Rechnungsdatum                               15.01.90
 8    Zahlungsausgang                              23.01.90
 9    .......................................................
10    Rabattsatz       @WENN(ABNAHME<5;0;0,04)
11    Skontosatz       @WENN(ZAHLUNGSAUSGANG-RECHNUNGSDATUM<=14;0,02;0)
12    Bezugskosten     @WENN(ABNAHME<10;50;75)
13    .......................................................
14    Bezugpreis                                5.694,80 DM
15    .......................................................
16
17
18
19
20
14-Jan-90 02:43 PM                                         NU
```

Abb.7-4: Logische Wenn-Funktion

Im nächsten Schritt kann eine weitere Abfrage eingebaut werden. Anders formuliert: Funktionen können geschachtelt werden.

Aufgabe: Entwickeln Sie eine Abfrage, die folgende Bedingungen berücksichtigt:

- bei einer Abnahme von weniger als 5 Festplatten wird kein Rabatt gewährt,

- bei einer Abnahme ab 5 Festplatten aber weniger als 10 ein Rabattsatz von 4%,

-       bei einer Abnahme ab 10 Festplatten und mehr ein Rabatt von 5% eingeräumt.

Die notwendige Ergänzung der Formel in Zelle D10 erreichen Sie über ein Schachteln der Funktionen.

Ohne Bereichsnamen:

@WENN(D5<5;0%;@WENN(D5<10;4%;5%))

Mit Bereichsnamen:

@WENN(ABNAHME<5;0%;@WENN(ABNAHME<10;4%;5%))

Um die neue Bedingung zu erfüllen, wurde im Sonst-Teil der ersten Abfrage eine zweite Wenn-Funktion eingebaut. Den beiden Funktionen wird durch die doppelte Klammer am Ende der Formel Rechnung getragen. Es wäre durchaus möglich, weitere Funktionen zu schachteln. Die Bezugskosten könnten z.B. weiter gestaffelt werden, indem in Zelle D12 eingegeben würde:

@WENN(D5<10;50;@WENN(D5<20;75;@WENN(D5<30;90;100)))

oder:

@WENN(ABNAHME<10;50;@WENN(ABNAHME<20;75;@WENN(ABNAHME<30;90;100)))

So könnten immer mehr -auch verschiedene- Funktionen verschachtelt werden. Doch die mangelnde Übersichtlichkeit setzt Grenzen. Die Berücksichtigung von über 10 Rabattsätzen würde die Abfrage unnötig komplizieren. Sinnvoll ist es in solchen Fällen, nach anderen Funktionen zu suchen, die dem Problem eher gerecht werden.

Im folgenden Abschnitt werden Ihnen Suchfunktionen vorgestellt, die es ermöglichen, die Rabattsätze und die Bezugskosten aus anderen Tabellen einzulesen und für die Kalkulation zu nutzen.

7.4 Mit Suchfunktionen Daten aus anderen Tabellen finden und weiter verarbeiten

Mit den Sonderfunktionen @VVERWEIS und @HVERWEIS eröffnet 1-2-3 Möglichkeiten, Daten in einer Tabelle aufzufinden und sie in anderen Tabellen für Rechenoperationen einzusetzen. Treffen Sie zunächst die Vorbereitungen, indem Sie eine vertikale Verweis-Tabelle anlegen, auf die später mit der Funktion @VVERWEIS zugegriffen werden kann.

```
A:I6: [B6] 0                                                        BEREIT

 A      G       H       I          J          K        L        M
1
2
3                    RABATTSTAFFEL
4          Abnahme                    Rabattsatz
5          ..............................
6              0     Stück =           0,0%
7              5     Stück =           4,0%
8             10     Stück =           4,5%
9             15     Stück =           5,0%
10            20     Stück =           5,5%
11            25     Stück =           6,0%
12            30     Stück =           6,5%
13            35     Stück =           7,0%
14            40     Stück =           7,5%
15            45     Stück =           8,0%
16            50     Stück =           8,5%
17
18
19
20
14-Jan-90 02:46 PM                                      NU
```

Abb.7-5: Rabattstaffel- vertikale Verweistabelle

Aufgabe: Als Kalkulationsgrundlage versendet der Lieferant vorab eine Rabattstaffel. Legen Sie eine Rabattstaffel-Tabelle entsprechend Abb.7-5 an.

VORGEHEN: Arithmetische Reihen erzeugen

- Da es sich bei den Abnahmemengen und den Rabattsätzen um Datenreihen mit immer gleichem Schrittwert handelt (arithmetische Reihen), können Sie über die Befehlsfolge *Daten Füll* eingegeben werden.

  Für die Abnahmemengen:

  Zu füllender Bereich: A:I6..A:I16
  Anfang:0   Schritt:5   Ende:8191

Für die Rabattsätze:

1-2-3 hat sich den zu füllenden Bereich als A:I6..A:I16 und auch die Angaben zu Anfang und Schrittwert gemerkt. Überschreiben Sie entweder die Bereichsangabe oder -wenn Sie mit der Zellzeigermethode arbeiten- lösen Sie mit *<Esc>* die Verankerung und markieren den gewünschten Bereich:

Zu füllender Bereich: A:K7..A:K16
Anfang:4%   Schritt:0,5%   Ende:8191

Die Eingabe des Rabattsatzes in Zelle K6 (0,0%) müssen Sie manuell vornehmen, da der Schrittwert zum nächsten Rabattsatz zu den übrigen Schrittwerten differiert.

- Formatieren Sie die Rabattsätze mit *Bereich Format Prozent*, Dezimalstelle 1, zu formatierender Bereich: A:K6..A:K16.

- Tragen Sie in Zelle J6 den Text "Stück =" ein und kopieren Sie den Zellinhalt mit *Kopie* in den Zellbereich A:J7..A:J16.

- Vergeben Sie für den neuen Tabellenbereich mit der Befehlsfolge *Bereich Name Erstellen* den Bereichsnamen "Rabattstaffel".

  Zu erstellender Name: Rabattstaffel

  Bereich: A:I6..A:K16

Aufgabe: Entwickeln Sie eine Formel, die für die jeweilige Abnahmemenge den entsprechenden Rabattsatz aus der Rabattstaffel-Tabelle entnimmt und für weitere Berechnungen in der Eingabezelle D10 (Rabattsatz) einsetzt.

Dazu bedienen Sie sich der Verweis-Funktion, deren allgemeine Syntax lautet:

@VVERWEIS(Schlüssel;Suchbereich;Versatz)

@HVERWEIS(Schlüssel;Suchbereich;Versatz)

Schlüssel   ist der Wert oder Text, den die Funktion im Suchbereich
                             sucht. In unserer Aufgabe der Wert in Zelle D5
                             (Abnahme).

Suchbereich   ist der Bereich, in dem die Funktion nach dem Schlüssel
                             sucht. In unserer Aufgabe der Bereich A:I6..A:K16
                             (Rabattstaffel).

Versatz   bezeichnet die Anzahl der Spalten/Zeilen, die die Funktion
                             bei Auffinden des Schlüssels nach rechts bzw. unten
                             versetzt zugreifen muß, um den entsprechenden Wert
                             einzulesen.

Vertikale Suchfunktion

Auf Grund der Form der Rabattstaffel-Tabelle wird @VVERWEIS, d.h. die
vertikale Suchfunktion eingesetzt. Die konkrete Funktion, die in Zelle D10
(Rabattsatz) einzutragen ist, lautet:

>   @VVERWEIS(D5;I6..K16;2)

Unter Verwendung der vergebenen Bereichsnahmen lautet die Formel:

>   @VVERWEIS(ABNAHME;RABATTSTAFFEL;2)

Als Ergebnis gibt die Funktion bei einer Abnahme von 5 Stück den Rabattsatz
von 4% aus.

Ablauf der Funktion:

- Die Funktion setzt in der ersten Spalte des Suchbereichs (in
  Zelle I6) auf und sucht vertikal nach dem Schlüssel, das heißt
  dem Wert, der in Zelle D5 eingegeben ist (5.) Die Funktion
  stoppt, wenn der Wert exakt getroffen wird, hier in Zelle I7.

- Von I7 aus "versetzt" die Funktion um 2 Spalten nach rechts
  und gibt als Resultat den Wert in Zelle K7, d.h. den
  Rabattsatz von 4% aus.

Angenommene Abnahme in Zelle D5: 24 Stück.

- Aufgrund der Form der Rabattstaffel wird @VVERWEIS,
  d.h. die vertikale Suchfunktion eingesetzt.

- Die Funktion setzt in der ersten Spalte des Suchbereichs auf und sucht vertikal nach dem Schlüssel, d.h. dem Wert, der in D5 eingegeben ist (24).

- Die Funktion untersucht die erste Spalte der Rabattstaffel, findet aber keinen genau übereinstimmenden Wert. Solange der überprüfte Wert in der Spalte kleiner ist als der Schlüssel, also kleiner als 24, geht die Funktion um eine Zeile nach unten. Trifft Sie auf einen Wert, der größer ist als 24, hier:25, setzt sie um eine Zeile zurück auf den Wert 20 in Zelle I10.

- Von I10 aus "versetzt" die Funktion um 2 Spalten nach rechts und gibt als Resultat den Wert in Zelle K10, d.h. den Rabattsatz von 5,5% aus.

Horizontale Suchfunktion

Aufgabe: Entwickeln Sie eine Formel, die für die jeweilige Abnahmemenge die zutreffenden Bezugskosten aus einer Tabelle entnimmt und für weitere Berechnungen in der Eingabezelle D12 (Bezugskosten) einsetzt.

Für die Tabelle der Bezugkosten, die Sie nun entsprechend Abb.7-6 im Tabellenbereich A:K24..A:P26 anlegen müssen, kann keine vertikale , sondern nur eine horizontale Suchfunktion eingesetzt werden.

```
A:I24: [85] 'Abnahme (in Stück)                                    BEREIT
```

A	I	J	K	L	M	N	O	P
22	STAFFEL DER BEZUGSKOSTEN							
23								
24	Abnahme (in Stück)		0	5	10	15	20	25
25								
26	Bezugskosten (in DM)		0,00	50,00	51,50	53,00	54,50	56,00

Abb.7-6: Bezugskosten - Horizontale Verweis-Tabelle

Bei der Einrichtung der Tabelle können Sie die Datenreihen wieder mit *Daten Füll* erstellen; die Bezugskosten-Reihe allerdings erst ab Zelle L26 (50,00), weil erst ab da ein gleicher Schrittwert einsetzt.

Geben Sie folgende Funktion in der Zelle D12 (Bezugskosten) ein:

@HVERWEIS(D5;K24..P26;2)

bzw. wenn Sie für den Bereich K24..P26 den Bereichsnamen "Transport" vergeben:

@HVERWEIS(ABNAHME;TRANSPORT;2)

<u>Ablauf der Funktion:</u>

- Aufgrund der Form der Rabattstaffel wird @HVERWEIS, d.h. die horizontale Suchfunktion eingesetzt.

- Die Funktion setzt in der ersten Zeile des Suchbereichs (Zeile 24) auf und sucht horizontal nach dem Schlüssel in D5, d.h. dem Wert 24.

- Die Funktion untersucht die erste Zeile des Suchbereichs "Transport", findet aber keinen genau übereinstimmenden Wert. Solange der überprüfte Wert in der Zeile kleiner ist als der Schlüssel, also kleiner als 24, geht die Funktion um eine Spalte nach rechts. Trifft Sie auf einen Wert, der größer ist als 24, hier: 25 in Zelle P24, setzt sie um eine Spalte zurück auf den Wert 20 in Zelle O24.

- Von O24 aus "versetzt" die Funktion um 2 Zeilen nach unten und gibt als Resultat den Wert in Zelle O26, d.h. Bezugskosten in Höhe von 54,50 DM aus.

In der Praxis wird der verbleibende Teil an Dateneingabe unser Beispiel bei weitem übertreffen. Mit jeder neuen Eingabe wird bislang die Tabelle neu berechnet. Ein zeitraubendes Verfahren bei größeren Datenbeständen. Mit der Befehlsfolge *Arbeitsblatt Global Neuberechnen Manuell* stellen Sie sicher, daß erst nach abgeschlossener Gesamteingabe die Neuberechnung stattfindet. Ausgelöst wird die mit der Meldung: KALK angezeigte manuelle Neuberechnung mit der

KALK-Funktionstaste *<F9>*.

7.5 Was-Wäre-Wenn-Tabellen - Planungstechniken

7.5.1 Aufbau und Berechnung von Was-Wäre-Wenn-Tabellen mit einer Variablen

Aufgabe: Zur Planung seiner Bestellungen beabsichtigt der Großhändler, eine Liste aller Bezugspreise unter Berücksichtigung verschiedener Abnahmemengen zusammenzustellen. Als Entscheidungshilfe wünscht er eine Planungstabelle, in der automatisch alle Bezugspreise für alle Abnahmemengen von 1 Stück bis einschließlich 15 Stück ausgewiesen werden.

Die sicherlich einfachste aber völlig ineffektive Methode zur Lösung dieser Aufgabe bestünde darin, in Zelle D5 für die Abnahme eine Menge von 1 einzutragen. Dann würde im Kalkulationsschema der Bezugspreis ausgerechnet, in Zelle D38 angezeigt und in Zelle D14 als Ergebnis übernommen. Dieses Resultat müßte abgelesen und aufgeschrieben werden. Danach würde eine Abnahmemenge von 2, 3, 4 .. .. 15 eingegeben und der entsprechende Bezugspreis jeweils vermerkt.

Suchen wir stattdessen nach einer angemessenen Strategie, das Problem zu lösen. Statt jedes Mal den Wert für die Abnahme neu einzugeben und darüber die Neuberechnung des Bezugspreises auszulösen, stellen wir eine besondere Tabelle auf - eine Datentabelle.

Die Vorarbeit, die Sie nun leisten müssen, besteht darin, die Datentabelle einzurichten. Halten Sie sich bitte genau an die in Abb.7-7 dargestellte Anordnung der Tabelle. Die Zelle oberhalb der ersten Abnahmemenge (T6) bleibt leer. Die Abnahmemengen in den Zellen A:T7..A:T21 können Sie mit *Daten Füll* eingeben. In Zelle U6 geben Sie den Bezug für die Formel ein, die das Ergebnis berechnen soll: Berechnet werden soll der jeweilige Bezugspreis; die Formel für den Bezugpreis steht in Zelle D38. Wie zu Beginn des Fallbeispiels können Sie nun einen Bezug herstellen, indem Sie +D38 eingeben oder -wenn Sie mit Bereichsnamen arbeiten- +BEZUGSPREIS. Zur besseren Abgrenzung wird die Zelle U6 mit *Bereich Format Text* formatiert.

Ziel ist es, ein Verfahren auszulösen, das automatisch neben die Mengenangaben die jeweiligen Bezugspreise setzt (Bereich: A:U7..A:U2).

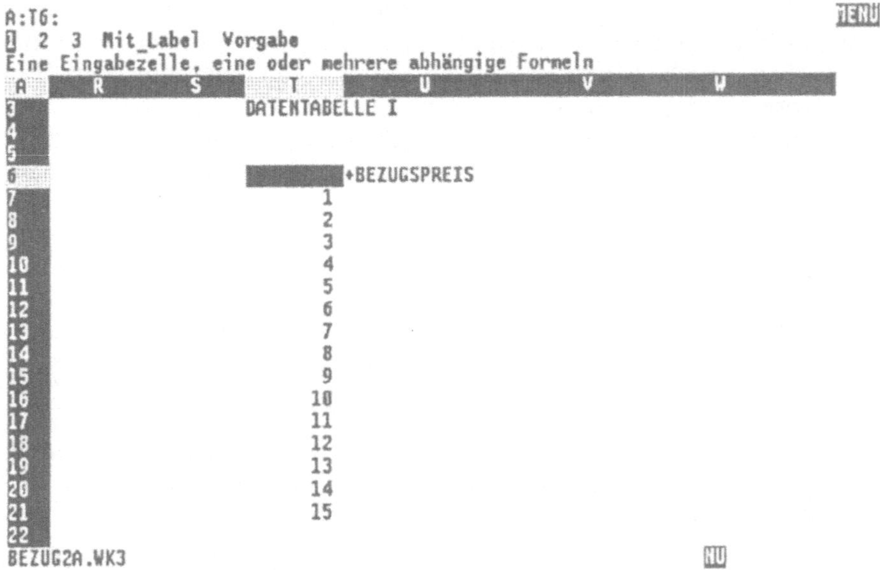

Abb.7-7: Tabellengerüst für Was-Wäre-Wenn-Tabelle mit einer Variablen

VORGEHEN: Was-Wäre-Wenn-Tabelle mit 1 Variablen

- Rufen Sie das Menü auf und wählen Sie die Befehle *Daten Tabelle*.

  Tabelle
  Erstellt eine Wertetabelle

- Wählen Sie die Option *1*

  1
  Eine Eingabezelle, eine oder mehrere abhängige Formeln

- Geben Sie an als *Tabellenbereich:* A:T6..A:U21

- Definieren Sie als *Eingabezelle 1:* A:D5 (=Abnahme)

  Es werden umgehend den jeweiligen Abnahmemengen die berechneten Bezugspreise zugeordnet, die Sie nun abschließend mit *Bereich Format Währung* formatieren können.

Ablauf der Berechnungen mittels einer Was-Wäre-Wenn-Tabelle:

Eingerichtet wurde ein zweispaltiger Tabellenbereich zu dem Zweck, die Berechnungsformel für den Bezugspreis (eine abhängige Formel) daraufhin zu untersuchen, welche Ergebnisse sie bei Veränderung einer ihrer Variablen erzielt. Diese Variable ist in unserem Beispiel die Eingabezelle D5. Eingabezelle deshalb, weil wir auch manuell die jeweilige Menge in diese Zelle "eingegeben" hätten, um den entsprechenden Bezugspreis zu berechnen.

- 1-2-3 geht in die erste Spalte des Tabellenbereichs (Spalte T) und nimmt den ersten Wert (=1);

- und setzt diesen Wert in die Eingabezelle D5 (Abnahme).

- Im Kalkulationsschema wird der Bezugspreis (abhängige Formel) für eine Abnahme von 1 berechnet und in Zelle D38 ausgewiesen.

- Der Bezug in der Datentabelle (+D38 bzw. +Bezugspreis) sorgt dafür, daß das erzielte Ergebnis in derselben Spalte (U) geschrieben wird und zwar neben die Zelle, die den Wert 1 enthält (Zelle U7).

- 1-2-3 nimmt nun den zweiten in der Tabelle eingetragenen Wert (=2 in Zelle T8);

- und setzt diesen Wert in die Eingabezelle D5 (Abnahme).

- Im Kalkulationsschema wird der Bezugspreis für eine Abnahmemenge von 2 berechnet und in Zelle D38 ausgewiesen.

- Der Bezug in der Datentabelle (+D38 bzw. +Bezugspreis) sorgt dafür, daß das erzielte Ergebnis in derselben Spalte (U) geschrieben wird und zwar neben die Zelle, die den Wert 2 enthält (Zelle U8).

- 1-2-3 fährt solange mit dieser Routine fort, bis das Ende des angegebenen Tabellenbereichs erreicht ist.

Nachfolgend wird eine Datentabelle wiederum mit einer Variablen aber mit mehreren abhängigen Formeln zu erstellen sein.

Aufgabe:　　Es soll eine Datentabelle eingerichtet werden, in der in Abhängigkeit von der jeweiligen Abnahmemenge der Fakturierungs- und Bezugspreis ausgewiesen werden.

VORGEHEN:

- Erweitern Sie ihre Datentabelle, indem Sie zunächst in Zelle V6 den Bezug zur Zelle D28, in der der Fakturierungspreis berechnet wird eingeben. Geben Sie entweder die Zelladresse als Bezug ein:+D28 oder den Bereichsnamen: +Fakturierung.

- Formatieren Sie diese Zelle mit *Bereich Format Text*.

- Befehlsfolge *Daten Tabelle 1*. Erweitern sie den Tabellenbereich.

  Tabellenbereich: A:T6..A:V21

- Die Eingabezelle (D5) hat 1-2-3 sich gemerkt; übernehmen Sie sie mit *<Return>*.

  Sie erhalten umgehend das Ergebnis ausgegeben, das Sie nun mit *Bereich Format Währung* formatieren können.

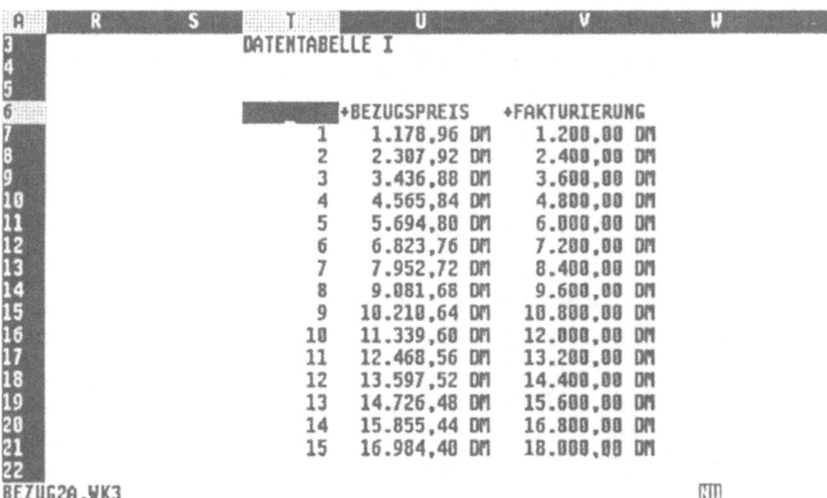

Abb. 7-8: Was-Wäre-Wenn-Tabelle mit einer Variablen und zwei abhängigen Formeln

7.5.2　Aufbau und Berechnung von Was-Wäre-Wenn-Tabellen mit zwei Variaben

Aufgabe:　Nicht nur die Abnahmemenge soll als Variable in einer Was-Wäre-Wenn-Tabelle eingesetzt werden, sondern es soll zudem der Bezugpreis für unterschiedliche Stückpreise (1100 DM, 1150 DM, 1200 DM, 1250 DM, 1300 DM) berechnet werden. Richten Sie dafür eine zweite Datentabelle ein.

VORGEHEN:　Datentabelle mit 2 Variablen

- Richten Sie sich bei der Eingabe des Tabellengerüsts exakt an die Vorgaben in Abb. 7-9. Der Bezug zur Formel, die nun unter Einsatz von zwei Variablen überprüft werden soll, ist in Zelle T49 einzutragen (+Bezugspreis).

  In derselben Spalte direkt unter dem Bezug tragen Sie die Werte für die variablen Abnahmemengen ein. In dieselbe Zeile wie der Bezug (Zeile 49) sind nun die angenommenen variablen Werte für den Stückpreis einzutragen.(Beidesmal mit *Daten Füll*).

- Befehlsfolge *Daten Tabelle 2.*

  2

  Zwei Eingabezellen, eine abhängige Formel

  Tabellenbereich: A:T49..A:Y64

  Eingabezelle 1: D5 (oder mit Bereichsnamen: *Abnahme*)

  Daß die Abnahme zur Eingabezelle 1, also zur ersten Variablen gemacht wird, ergibt sich aus der vertikalen Anordnung der Abnahmewerte unter dem Bezug. 1-2-3 begreift diese Positionierung als Zuordnung zu Eingabezelle 1, während die horizontale Anordnung der Werte neben dem Bezug als Zuordnung zu Eingabezelle 2 begriffen wird.

  Eingabezelle 2: D6 (oder mit Bereichsnamen: *Stückpreis*)

  Bestätigen Sie mit *<Return>* und 1-2-3 gibt umgehend die Ergebnisse in dem definierten Tabellenbereich aus.

```
A:T49: (T) [B13] +BEZUGSPREIS                                      MENU
1 2 3 Mit_Label Vorgabe
Zwei Eingabezellen, eine abhängige Formel
     A        T            U             V             W             X
48
49    +BEZUGSPREIS         1100          1150          1200          1250
50               1    1.078,00 DM   1.127,00 DM   1.176,00 DM   1.225,00 DM
51               2    2.156,00 DM   2.254,00 DM   2.352,00 DM   2.450,00 DM
52               3    3.234,00 DM   3.381,00 DM   3.528,00 DM   3.675,00 DM
53               4    4.312,00 DM   4.508,00 DM   4.704,00 DM   4.900,00 DM
54               5    5.224,40 DM   5.459,60 DM   5.694,80 DM   5.930,00 DM
55               6    6.259,28 DM   6.541,52 DM   6.823,76 DM   7.106,00 DM
56               7    7.294,16 DM   7.623,44 DM   7.952,72 DM   8.282,00 DM
57               8    8.329,04 DM   8.705,36 DM   9.081,68 DM   9.458,00 DM
58               9    9.363,92 DM   9.787,28 DM  10.210,64 DM  10.634,00 DM
59              10   10.346,40 DM  10.814,35 DM  11.282,30 DM  11.750,25 DM
60              11   11.375,89 DM  11.890,64 DM  12.405,38 DM  12.920,13 DM
61              12   12.405,38 DM  12.966,92 DM  13.528,46 DM  14.090,00 DM
62              13   13.434,87 DM  14.043,21 DM  14.651,54 DM  15.259,88 DM
63              14   14.464,36 DM  15.119,49 DM  15.774,62 DM  16.429,75 DM
64              15   15.414,50 DM  16.112,75 DM  16.811,00 DM  17.509,25 DM
65
66
67
BEZUG5.WK3                                                          NU
```

Abb.7-9: Was-Wäre-Wenn-Tabelle mit 2 Variablen

Ablauf der Tabellenberechnung:

- 1-2-3 nimmt den ersten Eingabewert unterhalb der Zelle, die den Bezug zu der zu analysierenden Formel enthält (Zelle T50, Eingabewert 1) und setzt ihn in Eingabezelle 1 (D5=Abnahme);

- sodann nimmt 1-2-3 den ersten Eingabewert neben der Zelle, die den Bezug zu der zu analysierenden Formel enthält (Zelle U49, Eingabewert 1100) und setzt ihn in Eingabezelle 2 (D6= Stückpreis).

- Im Kalkulationsschema wird der Bezugspreis bei einem Stückpreis von 1100 DM und einer Abnahme von einem Stück berechnet und in Zelle D38 ausgewiesen.

- In der Was-Wäre-Wenn-Tabelle wird das Ergebnis im Ergebnisbereich in derjenigen Zelle ausgegeben, die rechts neben dem in Eingabzelle 1 eingetragenen Wert (1) und unter dem in Eingabezelle 2 eingetragenen Wert (1100) plaziert ist.

Es ist ohne weiteres möglich, die Werte der Variablen in Datentabellen zu ändern. Zum Beispiel könnte der Stückpreis von 1150 DM; in Zelle V49 durch einen Preis von 1175 überschrieben werden. Wichtig zu wissen ist, daß in diesem Fall nicht mit *<F9>* die Neuberechnung ausgelöst wird, sondern mit der

TABELLE-Funktionstaste *<F8>*.

Die Neuberechnung von Datentabelle und Arbeitsblattbereichen verläuft unabhängig voneinander.

HINWEIS:
> Wenn Sie sich nicht unbedingt an den vorgeschriebenen Aufbau der Datentabelle halten wollen, geht das mit der Befehlsfolge *Daten Tabelle Mit Label*.

7.6 Schutz von Zellinhalten, Arbeitsblattparametern und Dateien

Ein Arbeitsblatt mit einer sinnvollen Tabellenanordnung zu erstellen, mit Bezügen und unter Einsatz zahlreicher Formeln flexible Berechnungsgrundlagen aufzubauen und die erforderlichen Daten korrekt und richtig plaziert einzugeben erfordert, viel Arbeit und Überlegungen. All das kann zunichte gemacht werden, wenn versehentlich von Dritten Formeln oder Berechnungsraster verändert oder Daten gelöscht werden.

1-2-3 bietet eine Reihe von Sicherungsmaßnahmen, die solch unglückliche Zufälle verhindern helfen können.

7.6.1 Zellinhalte schützen und zur Eingabe wieder freigeben

Aufgabe: Eine Veränderung der Tabellen soll verhindert werden. Alle Zellinhalte bis auf die der Zellen D5 (Abnahme) und D8 (Zahlungausgang) sollen gegen Neueingaben geschützt werden.

VORGEHEN: Schützen von Zellinhalten

- Der erste Schritt ist, generell das gesamte Arbeitsblatt zu schützen mit der Befehlsfolge *Arbeitsblatt Global Schutz Ja*.

Damit kann keinerlei Veränderung an den Zellinhalten vorgenommen werden - auch Eingaben in noch leere Zellen sind nicht mehr möglich. Allerdings können weiterhin Formatierungen erfolgen oder Spaltenbreiten verändert werden.

Im Bedienfeld zeigt ein S den aktivierten Schutz an.

- In einem zweiten Schritt kann für Zellen, deren variable Nutzung notwendig ist (Eingabebereich!), der globale Schutz aufgehoben werden. Befehlsfolge *Bereich Ungesch*

  Bereich, dessen Schutz aufgehoben werden soll: A:D5

  Bewegen Sie den Zellzeiger anschließend auf Zelle D8, wählen wieder die Menübefehle *Bereich Ungesch* und bestätigen die Bereichsangabe D8 mit *<Return>*.

  Der Inhalt von D5 und D8 wird nun in einer anderen Farbe auf dem Bildschirm dargestellt.

Die Wirksamkeit dieser Schutzmaßnahme können Sie überprüfen, indem Sie versuchen, in irgendeine Zelle (außer D5 und D8) Daten einzugeben: Sie werden die Fehlermeldung erhalten: "Geschützte Zelle".

Mit der Befehlsfolge *Bereich Eing* kann zudem noch die Bewegung des Zellzeigers auf die ungeschützten Zellen beschränkt werden; eine Maßnahme, die mit *<Esc>* wieder aufzuheben ist.

HINWEIS:
- Neue Eingaben in die ungeschützten Zellen D5 und D8 bewirken trotz Globalschutz des Arbeitsblattes, daß die Neuberechnungen in den Zellen D38 und D14 korrekt angezeigt werden. Das resultiert daraus, daß mit *Arbeitsblatt Global Schutz* Zellinhalte geschützt werden, in diesem Fall also die Berechnungsformeln. Diese können nicht verändert werden, wohl aber das angezeigte Ergebnis.
- Eine Fehlermeldung ("Geschützte Zelle") würden Sie demgegenüber bekommen, wenn Sie in das Gerüst einer Was-Wäre-Wenn-Tabelle erst nach der Aktivierung des Globalschutzes Berechnungsergebnisse eintragen lassen wollten. Auch wenn der Tabellenbereich bereits vorher über den Befehl *Daten Tabelle* festgelegt worden und die gewählten Eingabezellen ungeschützt wären. Der Zellinhalt der Zellen im Ergebnisbereich ("leer") bliebe geschützt -es sei denn Sie würden den Schutz mit *Bereich Ungesch* wieder aufheben.

7.6.2 Mit einem Siegel ungewünschte Veränderungen der Arbeitsblattparameter vermeiden und die Datei durch ein Kennwort schützen

Der Siegel-Befehl

So leicht wie der Globalschutz des Arbeitsblattes aktiviert werden kann, so leicht kann er mit *Arbeitsblatt Global Schutz Nein* wieder aufgehoben oder mit *Bereich Ungesch* einzelne Zellen freigegeben werden.

Zusätzliche Sicherheit vor jeglicher Veränderung von Arbeitsblattparametern (auch vor Veränderungen der Schutz-Funktion) erreichen Sie mit Hilfe des *Siegel*-Befehls.

Aufgabe: Es soll verhindert werden, daß der Schutz durch Menübefehle aufgehoben werden kann.

VORGEHEN: Schutz von Arbeitsblattparametern durch ein Siegel

- Menübefehle *Transfer Admin Siegel*

  Siegel
  Verhindert Änderungen an den Arbeitsblatt- und Zugriffsparametern

- Wählen Sie die Option *Aktivieren*

  Aktivieren
  Versiegelt eine Datei mit einem Kennwort

- Geben Sie nun ein Kennwort ein, dessen Zeichen mit einer entsprechenden Anzahl an Sternchen im Bedienfeld repräsentiert werden und bestätigen Sie mit *<Return>*. Eine Sicherheitsabfrage verlangt ein nochmaliges Eingeben des Kennwortes

  *Kennwort überprüfen:****   <Return>*

Versuchen Sie nun, weitere ungeschütze Zellen einzuführen oder das Zahlenformat zu ändern ! Sie erhalten die Meldung: "Datei ist geschützt".

Jede das Arbeitsblatt betreffende Änderung kann nun erst dann vorgenommen werden, wenn in Kenntnis des Kennwortes das Siegel deaktiviert wird:

Transfer Admin Siegel Deaktivieren

*Kennwort eingeben:**** <Return>*

Mit einem Kennwort die Datei schützen

Es besteht die Möglichkeit, die Datei beim Speichern mit einem Kennwort zu schützen. Nur bei Eingabe dieses Kennwortes kann dann die Datei geladen werden.

Wählen Sie *Transfer Speich* .

Name der zu speichernden Datei:

C:\123V3\SCHULUNG\BEZUG.WK3

Drücken Sie einmal die Leertaste, um nach dem Dateinamen eine Leerstelle einzufügen und geben Sie dann ein: *G* (für *Geschützt*). Nach Bestätigung mit *<Return>* werden Sie zur Eingabe eines Kennwortes aufgefordert.

*Kennwort eingeben:***** <Return>*

*Kennwort überprüfen:***** <Return>*

7.7 Befehls- und Funktionsübersicht

MENÜBEFEHLE:

Arbeitsblatt Global Format Optionen Automatisch
    legt automatische Zellformatierung für das gesamte Arbeitsblatt fest

Arbeitsblatt Global Schutz
    erlaubt bei Wahl der Option *Ja* die Einschaltung und mit *Nein* das Ausschalten eines globalen Schutzes der Zellinhalte des aktiven Arbeitsblattes

Arbeitsblatt Global Vorgabe Optionen Widerrufen
    aktiviert bei Wahl der Option *Ja* die UNDO-Funktion oder schaltet Sie mit *Nein* wieder aus

Bereich Format Datum

zeigt als serielle Zahlen ausgegebene Datumseingaben in einem auszuwählenden Datumsformat an

Bereich Format Datum Uhr

zeigt Uhrzeiteingaben, die als Zeitseriennummern ausgegeben werden, in einem auszuwählenden Uhrzeit-Format an

Bereich Format Opt Automatisch

legt die automatische Formatierung von definierten Zellbereichen fest

Bereich Schutz

schützt die Zellinhalte von definierten Zellbereichen

Bereich Ungesch

hebt den globalen oder Bereichsschutz von Zellinhalten für einen definierten Zellbereich wieder auf

Daten Tabelle

erstellt eine Tabelle, in der Werte berechnet werden. Bei Wahl der Option 1 eine Tabelle mit einer Eingabezelle und einer oder mehreren abhängigen Formeln, bei Wahl der Option 2 eine Tabelle mit zwei Eingabezellen und einer abhängigen Formel und bei Wahl der Option 3 eine Tabelle mit drei Eingabezellen und einer abhängigen Formel

Transfer Admin Siegel

schützt bei Wahl der Option *Aktivieren* sämtliche Arbeitsblattparameter einer Datei mit einem Kennwort. Bei Wahl der Option *Deaktivieren* und in Kenntnis des Kennworts kann das Siegel wieder aufgehoben werden

FUNKTIONEN:

Zu den Datums- und Uhrzeitfunktionen @HEUTE, @JETZT, @DATUM, @ZEIT, @JAHR, @MONAT, @TAG, @STUNDE, @MINUTE, @SEKUNDE, @DATUMWERT, @ZEITWERT lesen Sie bitte die Übersicht in Abschnitt 7.1.

@VVERWEIS(Schlüssel;Suchbereich;Versatz)
    gehört zu den Funktionen für besondere Zwecke von 1-2-3. Die Funktion sucht vertikal in der ersten Spalte des Suchbereichs nach dem Schlüsselwert und gibt den über Versatz lokalisierten Wert aus

@HVERWEIS(Schlüssel;Suchbereich;Versatz)
    gehört zu den Funktionen für besondere Zwecke von 1-2-3. Die Funktion sucht horizontal in der ersten Zeile des Suchbereichs nach dem Schlüsselwert und gibt den über Versatz lokalisierten Wert aus

@WENN(Bedingung;Dann-Teil;Sonst-Teil)
    gehört zu den logischen Funktionen, mit denen Werte in Abhängigkeit von Bedingungen ausgegeben werden. Das erste Argument enthält die Bedingung. Das zweite Argument wird ausgegeben, wenn es der Bedingung entspricht (=Wahr). Ansonsten wird das dritte Argument ausgegeben

FUNKTIONSTASTEN:

UNDO-Funktionstaste <Alt><F4>
    annulliert bei aktivierter UNDO-Funktion eine oder mehrere zuvor erfolgte Arbeitsblatt-Operation

TABELLE-Funktionstaste <F8>
    aktiviert Neuberechnung einer Datentabelle

KALK-Funktionstaste <F9>
    aktiviert Neuberechnungen Arbeitsblattabellen

8 Fortgeschrittene Techniken der Grafikerstellung

Dieses Kapitel

- *wiederholt am Beispiel einer Testserien-Tabelle Methoden, eine Grafik zu erstellen, sie mit Erklärungen, Titeln und Fußnoten zu versehen, die Grafik zu speichern und schließlich auszudrucken*

- *führt den sinnvollen Einsatz des Typs XY-Grafik vor*

- *ergänzt Möglichkeiten, durch Skalierungsoptionen und Linienbeschriftungen die Aussagefähigkeit der Grafik zu erhöhen*

- *zeigt, wie mit einer zweiten Y-Achse gearbeitet werden kann*

Fallbeispiel: Auswertung von Testdaten

Die Polizei führt im Ballungsbereich "Kamener Kreuz" verstärkt Alkoholkontrollen durch. Um Alkohol-Vergleichswerte auch über eine längere Zeitperiode zur Verfügung zu haben, werden Testserien durchgeführt. Getestet wird, in welchem Maße sich Alkohol während eines bestimmten Zeitablaufs abbaut bzw. welche Rückstände zu welchem Zeitpunkt im Blut meßbar sind. Die Proben von 3 Testprobanden, die in der Tabelle jeweils einen Level repräsentieren, werden aus medizinisch-technischen Gründen nicht in linearen Zeitabständen erhoben.

Laden Sie bitte die Datei **ALKOHOL.WK3**. Die Testserie - gemessen in Minutenabständen - wurde zur besseren Übersicht in Stunden umgerechnet. Aus den Testdaten wurden unter Einsatz von Funktionen bereits Mittelwert und Standardabweichung berechnet.

Die Aufgabenstellung basiert nicht auf realen Werten !

Eine Musterlösung finden Sie in der Datei ALKOHOL1.WK3 auf der beigefügten Übungsdiskette.

Aufgabe: Erstellen Sie aus den gegebenen Testdaten eine aussagekräftige Grafik.

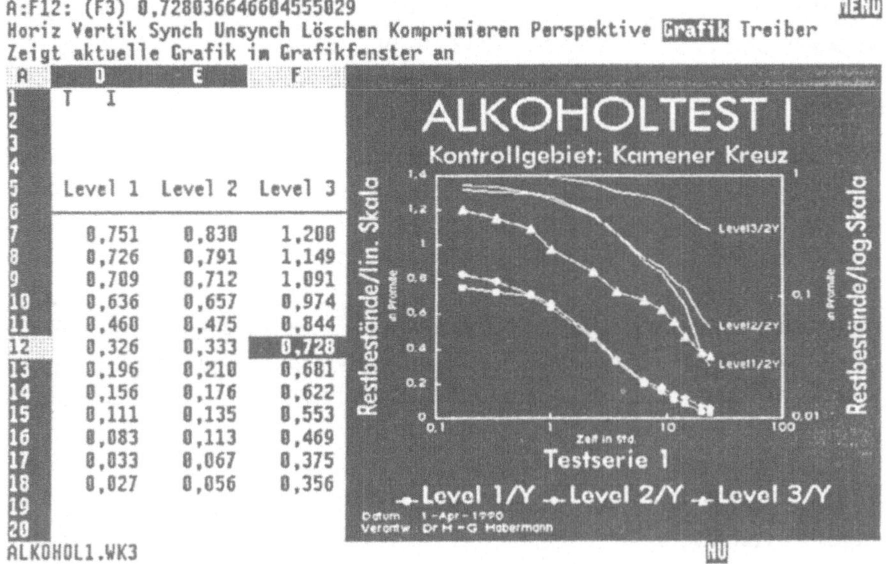

The table visible in the spreadsheet:

	Level 1	Level 2	Level 3
	0,751	0,830	1,200
	0,726	0,791	1,149
	0,709	0,712	1,091
	0,636	0,657	0,974
	0,460	0,475	0,844
	0,326	0,333	0,728
	0,196	0,210	0,681
	0,156	0,176	0,622
	0,111	0,135	0,553
	0,083	0,113	0,469
	0,033	0,067	0,375
	0,027	0,056	0,356

Abb. 8-1: Alkoholtest mit grafischer Auswertung

8.1 Erstellung einer XY-Grafik

Überlegungen zur Wahl des Grafik-Typs

Für die grafische Umsetzung der vorliegenden Tabelle, in der Daten zeitabhängig erfaßt wurden, bietet sich ein Kurvendiagramm an. Aufgrund der nicht-linearen zeitlichen Testabstände würde eine Liniegrafik das Ergebnis verzerren. 12 Datenpunte der Datenreihe würden bei einer Liniengrafik 12 Skalenpunkte auf der X-Achse mit gleichem Abstand ergeben.

Die Aufgabenstellung bedingt die Umsetzung der Tabelle in eine XY-Grafik, in der auch die X-Achse wertemäßig skaliert werden kann.

Methoden der Grafikerstellung

Wie Sie bereits aus Kapitel 5 wissen, kann eine Grafik nach Wahl des Typs und Positionierung des Zellzeigers in dem grafisch umzusetzenden Tabellenteil mittels der Funktionstaste *<F10>* automatisch erstellt werden. Neben den schon bekannten Anforderungen, die bei Anwendung dieser Methode an den Tabellenaufbau gestellt werden, sind noch weitere Besonderheiten zu berücksichtigen:

-   Mit *<F10>* werden nur solche Datenreihen grafisch umgesetzt, die keine Funktionen enthalten. Ein -allerdings aufwendiger- Ausweg wäre, Datenreihen mit Funktionen über die Befehlsfolge *Bereich Wert* zu kopieren und als Werte in einem angegebenen Tabellenbereich ausgeben zu lassen.

-   Die Vorgabe für die grafische Auswertung von Tabellen muß über die Befehlsfolge *Arbeitsblatt Global Vorgabe Grafik* der gewünschten grafischen Umsetzung entsprechend auf *Spaltenweise* oder *Zeilenweise* eingestellt sein.

Für unsere Aufgabe wäre die automatische Grafikerstellung ein zu aufwendiges Verfahren.

Die Anwendung der zweiten Methode, nämlich Datenreihen einzeln den Grafik-Datenbereichen X sowie A-F zuzuordnen, wäre denkbar. Effektiver jedoch und bei dem vorliegenden Tabellenaufbau auch möglich ist die Grafikerstellung im Gruppenmodus.

Aufgabe: Erstellen Sie eine XY-Grafik aus den Daten der Alkoholtabelle, indem Sie in einem Gang die in Stunden umgerechnete Zeit-Datenreihe der X-Achse und die nachfolgenden Datenreihen den Grafik-Datenbereichen A-E zuordnen.

VORGEHEN: Erstellen einer XY-Grafik

     •   Befehlsfolge *Grafik Typ*; wählen Sie die Option *XY*.

     •   Aktivieren Sie den Befehl *Gruppe*, um alle Datenbereiche gleichzeitig zu definieren.

Gruppenbereich: A:C7..A:H18   *<Return>*

- Wählen Sie die Option *Spaltenweise*, damit 1-2-3 den Tabellenbereich spaltenweise auswertet.

  Es wird nun die erste Spalte des angegebenen Bereichs der X-Achse und die nachfolgenden Spalten sukzessive den Datenbereichen A-E zugeordnet.

- Lassen Sie sich das Ergebnis mit *Kontrolle* anzeigen.

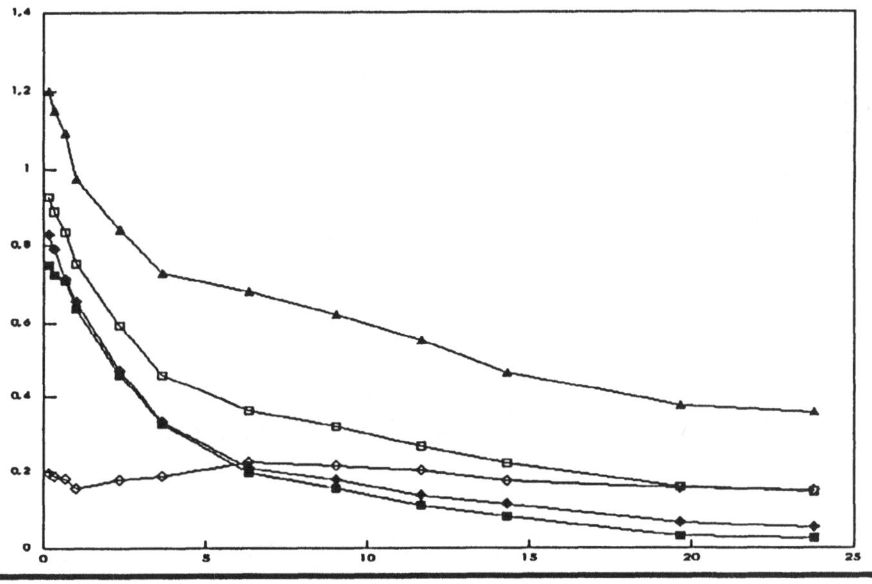

Abb. 8-2: XY-Grafik - Grundform

Notwendige Erklärungen einfügen

Wie Sie sehen, ist die Grafik noch nicht sehr aussagekräftig. Fügen Sie deshalb Grafiktexte ein.

Aufgabe: Fügen Sie als Legenden für die in Linien umgesetzten Datenbereiche die Spaltenüberschriften der jeweiligen Datenreihen ein.

VORGEHEN: Legenden einfügen

- Befehlsfolge *Grafik Optionen Legende*

- Wählen Sie *Grafikdatenbereich*, und bestimmen Sie als
  Bereich, der sämtliche Legenden in der richtigen Reihenfolge
  enthält:

  A:D5..A:H5   <Return>

Sollten Sie einmal eine Tabellenanordnung haben, in der es sich nicht anbie-
tet, die Legenden über die Option *Grafikdatenbereich* zu bestimmen, haben
Sie außer der manuellen Eingabe des Legendentextes für den entsprechenden
Datenbereich noch die Möglichkeiten:

-   nach Eingabe eines backslash den Zellzeiger auf die Zelle zu bewegen,
    die den Legendentext enthät und mit *<Return>* zu bestätigen;
-   oder nach Eingabe des backslash die entsprechende Zelladresse
    anzugeben.

Aufgabe: Die Grafik soll eine Überschrift und die Achsen Bezeichnungen
bekommen.

VORGEHEN: Einfügen von Grafiküberschrift und Achsentiteln

- Befehlsfolge *Grafik Optionen Titel*

- Wählen Sie *Erste*, um die erste Zeile des Grafiktitels zu
  bestimmen und geben Sie ein: Alkoholtest I   *<Return>*

- Bestimmen Sie mit *Titel Zweite* die zweite Zeile des Grafiktitels: Kontrollgebiet Kamener Kreuz   *<Return>*

- Mit *Titel X-Achse* geben Sie der X-Achse die Bezeichnung:
  Testserie 1/Zeit in Std.   *<Return>*

- *Titel Y-Achse*; geben Sie ein: Restbestände in Promille *<Return>*.

- Mit *Titel Fußnote* bestimmen Sie als erste Fußnotenzeile: Datum: 1-Apr-1990 *<Return>*.

  Über *Titel Weiter_Fußnote* die zweite Fußnotenzeile: VERANTW.: Dr.H.-G. Habermann   *<Return>*.

- Ergebnisanzeige mit *Kontrolle* oder *<F10>*.

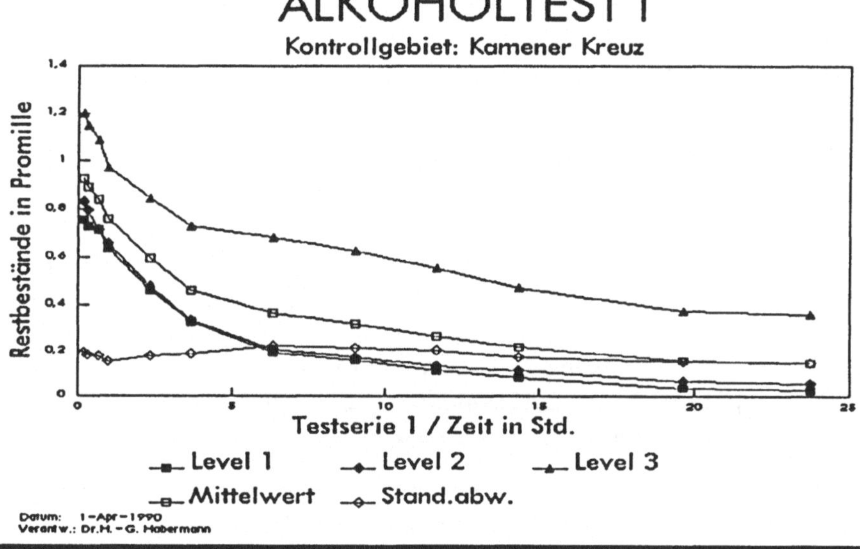

Abb. 8-3: XY-Grafik mit Bezeichnungen

8.2 Die Aussagefähigkeit der Grafik durch Skalierungs- und Gestaltungsoptionen erhöhen

Aufgrund der nicht linearen Zeitabstände der Testserie liegen sehr viele Werte im Bereich der ersten Stunde, wodurch die Aussagekraft der Grafik erheblich eingeschränkt wird. Um diesen Wertebereich zu entzerren und lesbar zu gestalten, wird die X-Achse logarithmisch skaliert.

VORGEHEN: Logarithmische Skalierung der X-Achse

- Befehlsfolge *Grafik Optionen Skalier X-Skala Typ*. Wählen Sie die Option *Logarithmisch*.

  Wie Sie mit *<F10>* oder dem Befehl *Kontrolle* im Grafik-Menü sehen können, sind die in der ersten Stunde erhobenen Testdaten nun entzerrt dargestellt, da die X-Achsen-Aufteilung in Zehnerpotenzen erfolgt.

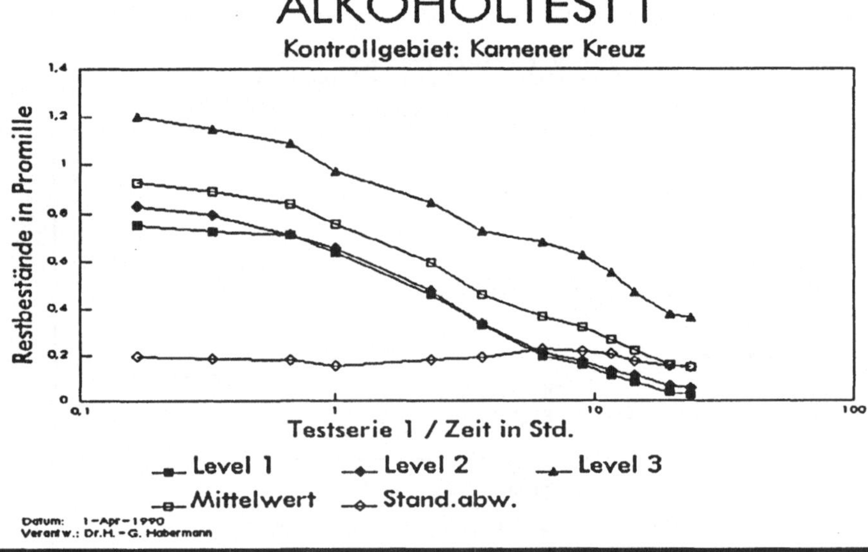

Abb. 8-4: XY-Grafik mit logarithmisch skalierter X-Achse

Grafik präsentieren

Für eine überzeugende Präsentation der Grafik ist es erforderlich, die Liniendarstellung zu differenzieren nach reinen Testdaten-Kurven und Kurven für Mittelwert und Standardabweichung.

Aufgabe: Bestimmen Sie für die Datenbereiche D und E (Mittelwert und Standardabweichung) ein Linienformat ohne Symbole und führen Sie für diese Linien eine Beschriftung ein.

VORGEHEN: Linienformat bestimmen

- Befehlsfolge *Grafik Optionen Format*

- Wählen Sie Datenbereich *D* und bestimmen Sie als Format *Linien*; rufen Sie *E* für Datenbereich E auf und bestimmen Sie als Format ebenfalls *Linien*.

- Mit *<F10>* oder *Kontrolle* im Grafik-Menü können Sie sehen, daß die Darstellung der Mittelwert- und Standardabweichungs-Kurven ohne Symbole diese Datenbereiche besser von den übrigen unterscheidet.

Um sie noch deutlicher herauszuheben, soll direkt neben den entsprechenden Kurven eine Beschriftung angezeigt werden. Dadurch werden zunächst einmal die Legenden für die Datenbereiche D und E überflüssig. Mit *Grafik Optionen Legende D/E* rufen Sie die entsprechenden Legenden in das Bedienfeld und können Sie mit der *<Rücktaste>* löschen.

Das Problem bei der Kurvenbeschriftung besteht darin, daß 1-2-3 dafür keinen direkten Menübefehl bereitstellt. Wir müssen zu einem Trick greifen und die Grafikoption *Beschrift* spezifisch interpretieren.

Diese Option dient eigentlich dazu, die einzelnen Datenpunkte der Kurve mit den zugrundeliegenden Tabellenwerten zu beschriften, d.h., definierte Werte des entsprechenden Datenbereichs jeweils an dem Punkt der Kurve anzuzeigen, der sie repräsentiert. Da in unserem Falle die Kurven jedoch mit Texten beschriftet werden sollen, müssen wir zunächst Hilfsspalten einrichten, in denen wir die Texte unterbringen.

VORGEHEN: Beschriftungen für Kurven einführen

- Text "Mittelwert" in Zelle J7 eingeben.
- Text "Standardabweichung" in Zelle K7 eingeben.

- Befehlsfolge *Grafik Optionen Beschrift*. Rufen Sie Datenbereich *D* auf und geben als Bereich, in dem die Beschriftung steht an:

  Beschriftungsbereich für vierten Datenbereich: A:J7..A:J18 *<Return>*.

- Wählen Sie die Option *Rechts*, und lassen Sie sich mit *<F10>* oder über *Zurück Zurück Kontrolle* das Ergebnis anzeigen.

Jeder Datenpunkt eines Datenbereichs kann auf diese Weise beschriftet werden. Dadurch, daß der Text in der ersten Zelle der Hilfsspalte J steht, wird er dem ersten Datenpunkt des Datenbereichs D, d.h. dem Beginn der Mittelwert-Kurve zugeordnet. Die Option *Rechts* bewirkt, daß der Text rechts von diesem Datenpunkt ausgegeben wird. Je nach Position des Textes in der Hilfsspalte kann die Beschriftung allen anderen Datenpunkten der Kurve zugeordnet werden.

Das gleiche Verfahren gilt für die Kurve der Standardabweichung, Datenbereich E. Gehen Sie vor wie oben beschrieben und bestimmen Sie als Beschriftungsbereich: A:K7..A:K18

Runden Sie das Bild Ihrer Grafik nun noch dadurch ab, daß Sie die Aussagekraft der Achsentitel mit Hilfe von Skalen-Indikatoren erhöhen.

Jeder Achse kann ein einzeiliger Achsentitel zugeordnet werden. Das haben Sie wahrgenommen und als Achsentitel "Restbestände in Promille" (Y-Achse) und "Testserie 1/Zeit in Std." (X-Achse) vergeben. Es dient der Übersichtlichkeit der Grafik, wenn Sie die Angaben "in Promille" und "Zeit in Std." als Indikatoren definieren.

VORGEHEN: Manuelle Indikatorbestimmung

- Befehlsfolge *Grafik Optionen Skalier Y-Skala Indikator Manuell*

  Indikatortext: in Promille   *<Return>*.

- Gehen Sie mit *Zurück* in das Optionen-Menü und rufen Sie die Befehle *Skalier X-Skala Indikator Manuell* auf.

  Indikatortext: Zeit in Std.   *<Return>*.

- Abschließend müssen Sie nun noch im Optionen-Menü mit *Titel X-Achse* bzw. *Titel Y-Achse* die Achsentitel ändern, indem Sie mit der *<Rücktaste>* "/Zeit in Std." bzw. "in Promille" löschen.

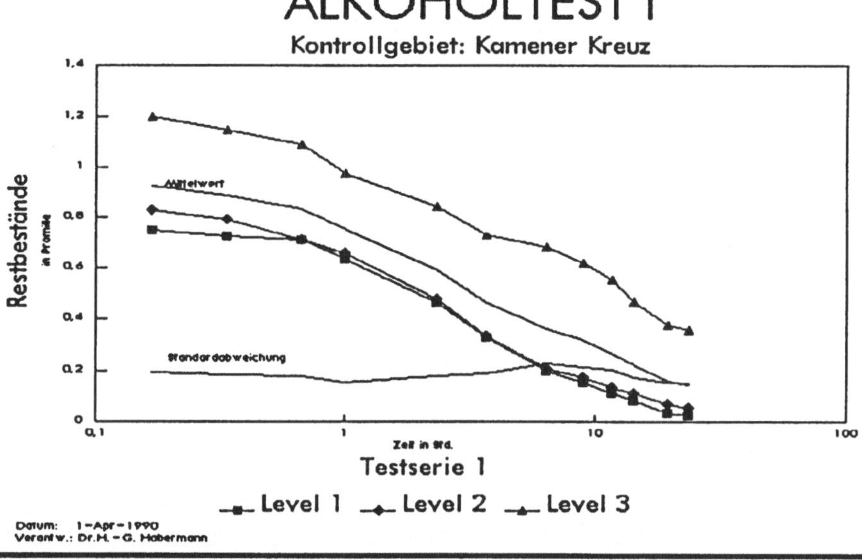

Abb. 8-5: XY-Grafik - Präsentation

Tabelle und Grafik können auch gleichzeitig auf dem Bildschirm angezeigt werden - vorausgesetzt die von Ihnen verwandte Bildschirmkarte läßt das zu. Positionieren Sie den Zellzeiger so neben der Tabelle, daß genügend Raum für die Anzeige der Grafik bleibt. Mit der Befehlsfolge *Arbeitsblatt Fenster Grafik* bewirken Sie, daß die Grafik nun zugleich mit der Tabelle angezeigt wird. Sie können auf diese Weise die Auswirkungen jeder Tabellenänderung auf die grafische Darstellung beobachten (vgl. Abb. 8-1).

8.3   Einführen einer zweiten Y-Achse

Die vorliegende aktuelle Grafik hat einen Nachteil: die Werte von Level 1 und Level 2 liegen ab dem dritten Meßzeitpunkt so nahe beieinander, daß ihre grafische Darstellung ein unübersichtliches Wirrwarr ergibt.

Um diesen Bereich besser grafisch auswerten zu können soll eine zweite 2
Grafik erstellt werden, in der eine zweite Y-Achse mit unterschiedlicher
Skalierung eingeführt wird.

Sichern Sie zunächst die Parameter Ihrer ersten Grafik, indem Sie ihr mit
Grafik Name Erstellen den Namen Graf1 geben.

HINWEIS:

> Sie können eine aktuelle Grafik mit der Befehlsfolge *Grafik Speichern* als Grafikdatei
> auf der Festplatte speichern. Diese Grafik wird dann im Vorgabeformat Metadatei oder
> als PIC-Datei gespeichert. Auf diese Weise kann eine Grafik in andere Programme
> (z.B. in eine Textverarbeitung) eingelesen werden. Meta- oder PIC-Dateien können
> jedoch nicht mit 1-2-3 geladen und weiterbearbeitet werden.

Bisher waren alle Grafik-Datenbereiche (A-E) einer Y-Achse zugeordnet.
Diese Datenbereiche nun zugleich für eine zweite Y-Achse zu bestimmen ist
nicht möglich, weil 1-2-3 maximal sechs Kurven darstellen kann.

Wir verzichten deshalb auf die grafische Darstellung von Mittelwert und
Standardabweichung, die zufriedenstellend in der ersten Grafik erfolgt ist, und
setzen nur die Datenreihen Level 1, Level 2 und Level 3 grafisch um - zugeordnet einer ersten und einer zweiten Y-Achse.

VORGEHEN: Erstellen einer Grafik mit einer zweiten Y-Achse

- Annullieren Sie mit *Grafik Vorgabe D* bzw.*Grafik Vorgabe E*
  die bisher für die Datenbereiche D und E geltenden Bereichs-
  definitionen und Grafikoptionen.

- Die Datenreihen, die als Datenbereiche A, B und C bestimmt
  sind, werden nun zugleich als Datenbereiche D, E und F
  definiert.

  Befehlsfolge *Grafik D*
  Vierter Datenbereich:A:D7..A:D18   *<Return>*.

  E
  Fünfter Datenbereich:A:E7..A:E18   *<Return>*.

  F
  Sechster Datenbereich:A:F7..A:F18   *<Return>*.

- Um eine zweite Y-Achse einzuführen wählen Sie die
  Befehlsfolge *Typ Darstellung 2Y-Bereiche D/E/F*.

- Sehen Sie sich das Ergebnis an mit *<F10>*.

Da die zweite Y-Achse dieselbe -automatisch nach der 1-2-3-Vorgabe einge-
richtete- Skalierung aufweist wie die erste Y-Achse, sehen Sie trotz Definition
von sechs Datenbereichen nur drei Kurven - von denen jede sozusagen
doppelt belegt ist. Eine unserer Zielsetzung entsprechende abweichende Darstellung der der zweiten Y-Achse zugeordneten Datenbereiche E-F, wird erst
durch eine abweichende Skalierung der zweiten Y-Achse erzielt.

VORGEHEN: Logarithmische Skalierung der 2 Y-Achse

- Legen Sie die logarithmische Skalierung der zweiten Y-
  Achse mit der Befehlsfolge *Optionen Skalier 2Y-Skala*

  Typ Logarithmisch fest.

- Setzen Sie die von 1-2-3 automatisch an dem niedrigsten und
  höchsten darzustellenden Wert orientierte Unter- und Obergrenze der Skalierung für die zweite Y-Achse außer Kraft
  durch den Befehl *Man*.

- Bestimmen Sie nun manuell Ober- und Untergrenze der
  Skala*:*

  Untergr
  Untergrenze: 0,01   *<Return>*

  Obergr
  Obergrenze: 1,0   *<Return>*

Mit *<F10>* können Sie in Augenschein nehmen, daß durch die
logarithmische Skalierung und manuelle Bestimmung der Ober- und Untergrenze für die zweite Y-Skala eine Entzerrung der grafischen Darstellung von
dicht beieinanderliegenden Werten stattgefunden hat.

Im Interesse einer zufriedenstellenden Präsentation dieser Grafik sind nun
noch Titel und Indikator für die zweite Y-Skala einzufügen und
Beschriftungen sowie Farboptionen für die dieser Achse zugeordneten
Kurven zu wählen.

VORGEHEN: Grafikpräsentation

- Titel und Indikator für zweite Y-Achse einführen

  Optionen Titel 2Y-Achse.

  Titel zweite Y-Achse: Restbestände/log.Skala

  Befehlsfolge *Skalier 2Y-Skala Indikator Manuell.*

  Indikatortext: In Promille

- Kurvenformatierung und Farbbestimmung

  Gehen Sie mit *Zurück* in das Optionen-Menü und wählen Sie *Format*. Bestimmen Sie für die Datenbereiche D, E und F jeweils das Format *Linien*.

  Mit *Zurück* gelangen Sie wiederum in das Optionen-Menü und rufen nun *Weitere Colorierung* auf. Wählen Sie für die Datenbereiche A und D (die beide den Level 1 darstellen) die Farboption *1*, für B und E (Kurvendarstellung von Level 2) die Farboption *2* und für C und F (Level 3) die Farboption *3*.

- Kurvenbeschriftung

  Gehen Sie in den BEREIT-Modus und bereiten Sie Hilfsspalten für die Text-Beschriftung der Datenbereiche D-F vor.

  Eingabe in Zelle A:L18: Level 1/2Y

  Eingabe in Zelle A:M18: Level 2/2Y

  Eingabe in Zelle A:N18: Level 3/2Y

  Befehlsfolge *Grafik Optionen Beschrift D.*

  Beschriftungsbereich für den vierten Datenbereich:
  A:L7..A:L18
  Rechts.

  Verfahren Sie analog für die Datenbereiche E und F; legen Sie als Beschriftungsbereich fest A:M7..A:M18 bzw. A:N7..A:N18 und bestimmen Sie jeweils mit *Rechts*, daß die Beschriftung rechts von dem entsprechenden Datenpunkt angezeigt wird.

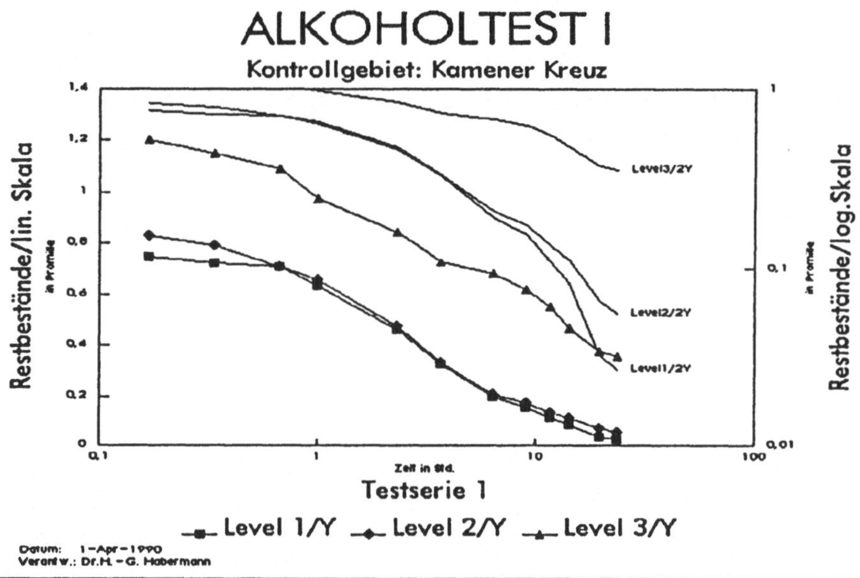

Abb. 8-6: XY-Grafik mit logarithmisch skalierter 2 Y-Achse

In Vorbereitung des Ausdrucks der Grafik können Sie nun noch -wie in Kapitel 5 bzw. der Übung 2 gelernt- über das *Grafik-Optionen-Weitere*-Menü Schriftarten und -größe des Grafik-Textes abweichend von den 1-2-3 Vorgaben bestimmen.

Sichern Sie anschließend die Parameter der nunmehr fertigen zweiten Grafik, indem Sie ihr mit *Grafik Name Erstellen* den Namen Graf2 geben. Welche Grafik Sie sich künftig zu Ihrer Tabelle einblenden lassen wollen, bestimmen Sie mit *Grafik Name Wählen*. Diejenige Grafik, deren Namen Sie aufrufen, wird zur aktuellen Grafik und damit über *<F10>* oder *Kontrolle* angezeigt.

Mit *Transfer Speich Ja* speichern Sie nun die Datei ALKOHOL.WK3, wodurch die beiden von Ihnen erstellten und durch die Vergabe eines Namens gesicherten Grafiken mitgespeichert werden.

8.4 Ausdruck von Grafiken

Aufgabe: Starten Sie einen Probeausdruck, indem Sie beide Grafiken nacheinander als Entwurf ausdrucken.

VORGEHEN: Einfacher Grafikausdruck

- Befehlsfolge *Output Drucker Grafik Benannte Grafik.* Wählen Sie *Graf1.*

- Befehlsfolge *Opt Parameter Grafik Qualität Entwurf.*

- Mit *Zurück Zurück Zurück* gelangen Sie in das *Output-Drucker*-Menü. Setzen Sie mit *Just* den internen Zeilenzähler auf 0 zurück und veranlassen Sie den Ausdruck mit *Drucken.*

- Wählen Sie nun mit *Grafik Benannte Grafik* die Grafik *Graf2* zum Ausdruck, rufen dann *Just* auf und starten den Druck mit *Drucken.*

Die Option *Entwurf* für die Qualität des Grafik-Ausdrucks hat 1-2-3 sich gemerkt, so daß sie für den Ausdruck der zweiten Grafik nicht noch einmal gewählt werden mußte.

Ausdruck von Tabelle und Grafik auf einem Blatt

In der Praxis ist es oft angebracht, Tabelle und Grafik auf einer Druckseite unterzubringen. 1-2-3 ermöglicht dieses Verfahren, indem als Druckbereich die Tabelle angegeben wird und -durch ein Semikolon sowie ein Sternchen getrennt- der Name der Grafik.

Aufgabe: Drucken Sie die Tabelle und die beiden Grafiken mit den Namen Graf1 und Graf2 auf einer Druckseite im Hochformat und in Entwurfsqualität aus.

VORGEHEN: Ausdruck von Tabelle und Grafik auf einer Seite

- Befehlsfolge *Output Drucker Bereich*. Geben Sie ein:

  Druckbereich: A:A1..A:H21;*Graf1;*Graf2

  Es empfiehlt sich, den Druckbereich etwas größer als die Tabelle zu definieren, damit 1-2-3 die erste Grafik nicht zu dicht hinter der Tabelle ausdruckt.

- Verkleinern Sie die Höhe der Grafiken, damit Tabelle und beide Grafiken auf einer Seite Platz finden. Befehlsfolge im Output-Drucker-Menü: *Opt Parameter Grafik Größe Höhenangabe*.

  Grafikhöhe: 25

- Befehl *Qualität*. Wählen Sie die Option *Entwurf*.

- Mit *Zurück Zurück Zurück* gelangen Sie in das Output-Drucker-Menü. Justieren Sie den internen Zeilenzähler (*Just*) und lösen Sie den Druckvorgang aus mit *Drucken*.

HINWEIS:
Während 1-2-3 die erste Grafik direkt nach der Tabelle ausgibt, ist der Abstand zur zweiten Grafik über die Seitenlänge steuerbar. Wenn Sie im *Output-Drucker*-Menü über *Opt Seitenl* die Vorgabeseitenlänge von 72 Standardzeilen auf beispielsweise 66 verkürzen, nimmt 1-2-3 einen kürzeren Vorschub nach Ausdruck der ersten Grafik vor.

Drucken Sie abschließend beide Grafiken in in Präsentationsqualität im Querformat aus.

VORGEHEN: Grafikausdruck im Querformat

- Befehlsfolge *Output Drucker Bereich*. Löschen Sie die die Tabelle betreffende Bereichsangabe, so daß als Druckbereich angegeben ist:

  Druckbereich: *Grafik1;*Grafik2

- Wählen Sie *Opt Parameter Grafik Drehung Ja*, um einen Querformat-Ausdruck zu veranlassen.

- Bestimmen Sie mit *Größe Individuell* die Proportionen der auszudruckenden Grafiken.

  Grafikbreite: 40

  Grafikhöhe: 30

  Durch die individuelle Größenbestimmung wird die von Ihnen zuvor eingegebene Höhenangabe (25) automatisch mit der neuen Höhe (40) überschrieben. Beachten Sie bitte, daß die Höhenangabe bei Querformat-Ausdrucken die Breitenabmessung der Grafik bestimmt.

- Befehl *Qualität*; wählen Sie die Option *Präsentation*.

- Betätigen Sie dreimal die *<Esc>*-Taste, um in das Output-Drucker-Menü zu gelangen, und wählen Sie *Just Drucken*.

Wenn Sie nun abschließend mit *Transfer Speich Ja* die Datei ALKOHOL.WK3 speichern, werden sämtliche von Ihnen zuletzt bestimmte Druckparameter mit gespeichert.

8.5 Befehls- und Funktionsübersicht

MENÜBEFEHLE

> *Arbeitsblatt Global Vorgabe Grafik Spaltenweise*
> bestimmt, daß bei der automatischen Grafikerstellung mit *<F10>* die aktuelle Tabelle spaltenweise ausgewertet wird

Arbeitsblatt Global Vorgabe Grafik Zeilenweise
legt fest, daß die aktuelle Tabelle bei der automatischen Grafikerstellung zeilenweise ausgewertet wird; soll diese Art der Auswertung generell als Vorgabe gelten, muß sie mit *Arbeitsblatt Global Vorgabe Aktual* gespeichert werden

Arbeitsblatt Global Vorgabe Grafik Metadatei
bestimmt als Format einer mit *Grafik Speichern* auf der Festplatte gesicherten Grafik das Metadatei-Format

Arbeitsblatt Global Vorgabe Grafik PIC
bestimmt als Format einer mit *Grafik Speichern* auf der Festplatte gesicherten Grafik das Bildformat PIC

Grafik Name
ermöglicht die Arbeit mit mehreren Grafiken durch Sicherung der Grafikparameter mittels Namensvergabe

Grafik Name Wählen
macht eine über ihren Namen ausgewählte Grafik zur aktuellen Grafik

Grafik Name Erstellen
sichert die Parameter einer aktuellen Grafik, indem dieser ein Name zugeordnet wird

Grafik Name Löschen
löscht eine benannte Grafik

Grafik Name Vorgabe
löscht alle benannten Grafiken der aktuellen Datei

Grafik Name Tabelle
erstellt in einem definierten Bereich des Arbeitsblattes eine Tabelle mit benannten Grafiken

Grafik Optionen Skalier (Skalen) Typ
bestimmt bei Wahl der Option *Standard* eine lineare, bei Wahl der Option *Logarithmisch* eine logarithmische Skalierung der ausgewählten Achse

Grafik Optionen Beschrift (A-F)
ermöglicht die Beschriftung von grafisch dargestellten Datenbereichen durch Bestimmung eines Beschriftungsbereichs für den ausgewählten Datenbereich (A-F). Mit

den Optionen *Zentriert, Links, Oben, Rechts* oder *Unten*
wird die Position der Beschriftung bestimmt

Grafik Optionen Beschrift Gruppe
> legt einen Beschriftungsbereich für alle Datenbereiche
> fest, wobei die Position der Beschriftung mit den Optionen
> *Zentriert, Links, Oben, Rechts* oder *Unten* bestimmt
> werden kann

Grafik Speichern

ermöglicht die Speicherung einer aktuellen Grafik je nach
Vorgabe-Einstellung in einer Meta- oder einer PIC-Datei
zum Einsatz dieser Grafik in anderen Programmen

Grafik Typ Darstellung 2Y-Bereiche
> bestimmt die Datenreihen, die als Datenbereiche einer
> zweiten Y-Achse zugeordnet werden sollen

Grafik Vorgabe

annulliert optional entweder alle aktuellen
Grafikparameter, den X-Datenbereich oder einen der
Datenbereiche A-F, sämtliche Datenbereiche auf einmal
oder alle mit *Grafik Optionen* festgelegten
Grafikparameter

Output Drucker Opt Parameter Grafik Größe
> erlaubt Größe und Proportionen der Grafik beim Ausdruck
> zu bestimmen über die Unterbefehle *Automatisch* (1-2-3
> druckt die größtmöglichen Ausmaße der Grafik zwischen
> linkem und rechtem Seitenrand), *Höhenangabe* (die Höhe
> der Grafik kann individuell bestimmt werden) und
> *Individuell* (Breite und Höhe des Grafik-Ausdrucks
> werden individuell bestimmt)

9 Arbeiten mit mehreren Arbeitsblättern

Dieses Kapitel

- *erläutert den sinnvollen Einsatz von mehreren Arbeitsblättern innerhalb einer Datei und führt in die Anwendung von Menübefehlen für dreidimensionale Bereiche ein*

- *zeigt, wie Daten aus anderen Dateien mit einzelnen Arbeitsblättern kombiniert werden*

- *führt vor, wie Daten aus verschiedenen Arbeitsblättern in einem weiteren Arbeitsblatt konsolidiert werden können.*

Fallbeispiel: Erweiterte Vereinsrechnung

Ein Verein hat seine laufenden Monatseinnahmen für das 1. Quartal dieses Jahres zusammengestellt. Ziel ist es, die erstellte Tabelle als Raster für alle folgenden Quartale zu verwenden. Die fehlenden Formeln und Formatierungen sollen für alle 4 Quartale übernommen werden, so daß lediglich die jeweiligen aktuellen Monatsdaten einzulesen sind. Die Quartalssummen der Einnahmen sollen in einer Jahresübersicht in einer gesonderten Tabelle zusammengefaßt werden.

Gespeichert ist die in Abb. 9-1 dargestellte Tabelle auf der beigefügten Übungsdiskette unter dem Namen **QUARTAL1.WK3**. Formatierungen sind bereits vorgenommen worden für die Bereiche A:B8..A:E12 (*Bereich Format Währung* 2) und A:F8..F12 (*Bereich Format Prozent* 1).

Eine Musterlösung finden Sie in der Datei QUARTALE.WK3.

```
A:C4: [B12] 'EINNAHMEN-TABELLE                                          BEREIT
```

```
 A        A           B           C           D           E         F
3
4                            EINNAHMEN-TABELLE
5
6
7                     JANUAR      FEBRUAR        MÄRZ           1.QUARTAL
8  Spenden         4.100,00 DM 5.200,00 DM 4.500,00 DM
9  Veranstaltungen  955,00 DM 1.211,00 DM 1.023,00 DM
10 Info-Verkauf      88,80 DM    50,00 DM    67,60 DM
11 Beitrag          200,00 DM   200,00 DM   200,00 DM
12 Summe
13
14
```

Abb. 9-1: Einnahmentabelle 1.Quartal

9.1 Erstellen einer Datei mit mehreren Arbeitsblättern

Einfügen und Löschen von Arbeitsblättern

Anstatt die Tabellen für die noch fehlenden drei Quartale in ein und demselben Arbeitsblatt unterzubringen, wird für jedes Quartal ein eigenes Arbeitsblatt eingerichtet. Der Vorteil liegt zum einen in der übersichtlicheren Anordnung der Tabellen, die insbesondere bei größeren Datenbeständen wirksam wird. Zum anderen lassen sich auf diese Art Fehler vermeiden, die durch Befehle entstehen, deren Auswirkungen das gesamte Arbeitsblatt betreffen (z.B. Einfügen/Löschen von Zeilen oder Spalten).

VORGEHEN: Einfügen von Arbeitsblättern

- Befehlsfolge *Arbeitsblatt Einfügen Blatt.*

  Blatt
  Fügt vor/hinter aktuellem Arbeitsblatt ein/mehrere leere
  Arbeitsbl. ein

- Da es sich um Folgequartale handelt, werden die Arbeitsblätter hinter dem aktuellen Arbeitsblatt A eingefügt. Wählen Sie also die Option *Hinter*.

- Als Anzahl der einzufügenden Arbeitsblätter geben Sie ein: 3.

Eingefügt werden können bis zu 255 Arbeitsblätter oder anders formuliert: eine Datei kann maximal 256 Arbeitsblätter enthalten - vorausgesetzt der Speicher reicht. Jedem Arbeitsblatt wird von 1-2-3 ein Buchstabe zugewiesen. Die Datei Quartal1.WK3 besteht nun aus den vier Arbeitsblättern: A,B,C und D.

Nachdem die Arbeitsblätter eingefügt wurden steht der Zellzeiger in der Zelle A1 des Arbeitsblattes B. Die folgende Übersicht zeigt, wie Sie den Zellzeiger zwischen den Arbeitsblättern bewegen können.

<table>
<tr><td colspan="3"><u>ÜBERSICHT: Zellzeigerbewegung in den Arbeitsblättern</u></td></tr>
<tr><td>Letzte Zelle/akt.Bereich</td><td>==></td><td>*<Ende>+<Strg><Pos1>*</td></tr>
<tr><td>Erste Zelle/A:A1</td><td>==></td><td>*<Strg>+<Pos1>*</td></tr>
<tr><td>Vorhergehendes Blatt</td><td>==></td><td>*<Strg>+<Bild unten>*</td></tr>
<tr><td>Nachfolgendes Blatt</td><td>==></td><td>*<Strg>+<Bild oben>*</td></tr>
</table>

Zelladressen müssen - wenn nicht das aktuelle Arbeitsblatt gemeint ist - mit dem Buchstaben des entsprechenden Arbeitsblattes versehen werden. Testen Sie mit Hilfe der GEHEZU-Funktionstaste *<F5>*, wie Sie den Zellzeiger direkt zu einer bestimmten Adresse in einem der Arbeitsblätter bewegen können.

Adresse zu der gegangen werden soll: C12

Der Zellzeiger springt zur Zelladresse C12 im aktuellen Arbeitsblatt.

Adresse zu der gegangen werden soll: D:C12

Der Zellzeiger springt zur Zelladresse C12 im Arbeitsblatt D.

Falls Sie sich bei der Anzahl der einzufügenden Arbeitsblätter geirrt haben, können Sie das mit der UNDO-Funktion *<Alt><F4>* insgesamt rückgängig machen - wenn Sie diese Funktion mit *Arbeitsblatt Global Vorgabe Optionen Widerrufen Ja* aktiviert haben. Oder Sie löschen ein bestimmtes Arbeitsblatt, indem Sie nach Aufruf der Befehlsfolge

Arbeitsblatt Löschen Blatt

den zu löschenden Arbeitsblattbereich eingeben.

Achtung: Obwohl der Befehl eine Bereichsangabe verlangt, wird das gesamte Arbeitsblatt gelöscht !

9.1.1 Kopieren von Daten über mehrere Arbeitsblätter

Es ist zweckmäßig, sich vorab zu überlegen, ob für alle Arbeitsblätter innerhalb einer Datei das gleiche Tabellenraster eingesetzt werden kann. Ist das der Fall, kann ein in einem Arbeitsblatt erstelltes Raster mit sämtlichen Parametern (Spaltenbreiten, Zahlenformate etc) in die übrigen Arbeitsblätter kopiert werden.

Kopieren von Texten, Werten und Arbeitsblattparametern über mehrere Arbeitsblätter

Im Falle der Vereinsrechnung kann das Tabellenraster für das erste Quartal in Arbeitsblatt A für die übrigen Quartale übernommen werden. Um die bereits eingestellten Spaltenbreiten, Zahlenformate und Justierungen auch auf die folgenden Arbeitsblätter übertragen zu können, ermöglicht 1-2-3, in einen **GRUPPEN**-Modus umzuschalten. Der Gruppen-Modus übernimmt die eingestellten Arbeitsblattparameter des aktuellen Arbeitsblattes für alle übrigen Arbeitsblätter. Umgeschaltet in diesen Modus wird mit

Arbeitsblatt Global Gruppe Ja

Auf dem Bildschirm erscheint die Meldung: Gruppe.

Wenn Sie den Zellzeiger jetzt mit *<Strg><Bild unten>* in das Arbeitsblatt A bewegen, kann das Raster des 1.Quartals in alle folgenden Arbeitsblätter kopiert werden.

Aufgabe: Kopieren Sie die Tabelle des 1.Quartals in die eingefügten drei Arbeitsblätter

VORGEHEN: Kopieren in einen dreidimensionalen Bereich

- Wählen Sie den Menübefehl *Kopie*

  Bereich, aus dem kopiert werden soll: A:A4..A:F12 *<Return>*

  Bereich, in den kopiert werden soll:B:A4..D:A4 *<Return>*

Der Kopiervorgang unterscheidet sich vom bisherig angewendeten Verfahren nur dadurch, daß als Zielbereich ein dreidimensionaler Bereich angegeben wird. Der Zielbereich umfasst die Arbeitsblätter B, C und D, weshalb die Zelladressen vollständig, d.h. mit den Buchstaben der Arbeitsblätter angegeben werden müssen

Kopiert wurden nicht nur das Tabellengerüst und die Parameter, sondern ebenso Daten, die ausschließlich das erste Quartal betreffen. Diese Daten können in einem Gang gelöscht werden, indem man einen dreidimensionalen als zu radierenden Bereich angibt.

> *Bereich Radier*
> *Zu radierender Bereich*: B:B7..D:F11

Wie bekannt, werden mit dem Radier-Befehl nur die Zellinhalte, nicht jedoch die Formatierungen gelöscht.

HINWEIS:
> Für dreidimensionale Bereiche können auch Bereichsnamen vergeben werden. Z.B. *Bereich Name Erstellen* DATEN B:B7..D:F11. Als zu radierender Bereich wäre dann einzugeben gewesen: DATEN.

Vervollständigen Sie bitte das 2., 3. und 4. Quartal, indem Sie die Monatsnamen und das jeweilige Quartal eingeben.

Das Ergebnis Ihrer Bemühungen, können Sie sich über eine Fensteraufteilung des Bildschirms anzeigen lassen. Setzen Sie den Zellzeiger in das Arbeitsblatt A und lassen sich mit Hilfe der Menübefehle

Arbeitsblatt Fenster Perspektive Ja

Ausschnitte der ersten drei Quartale auf dem Bildschrim zeigen.

Beachten Sie bitte, daß es sich um eine Fenstertechnik handelt, die lediglich eine andere Sichtweise der Tabellen bewirkt. Da sich der Bildschirm maximal in drei, in ihrer Größe nicht zu verändernde Fenster unterteilen läßt, kommt dieser Technik nur ein begrenzter Stellenwert zu. In unserem Falle mußte zum Beispiel das Arbeitsblatt D (als viertes Arbeitsblatt) unberücksichtigt bleiben.

Wie gewohnt kann jedoch der Zellzeiger zwischen den Fenstern mit der Fenster-Funktionstaste *<F6>* hin und her bewegt werden. Mit der ZOOM-Funktionstaste *<Alt><F6>* kann das aktuelle Arbeitsblatt auf volle Bildschirmgröße vergrößert werden. Aufheben läßt sich die Perpektivsicht mit *Arbeitsblatt Fenster Löschen*.

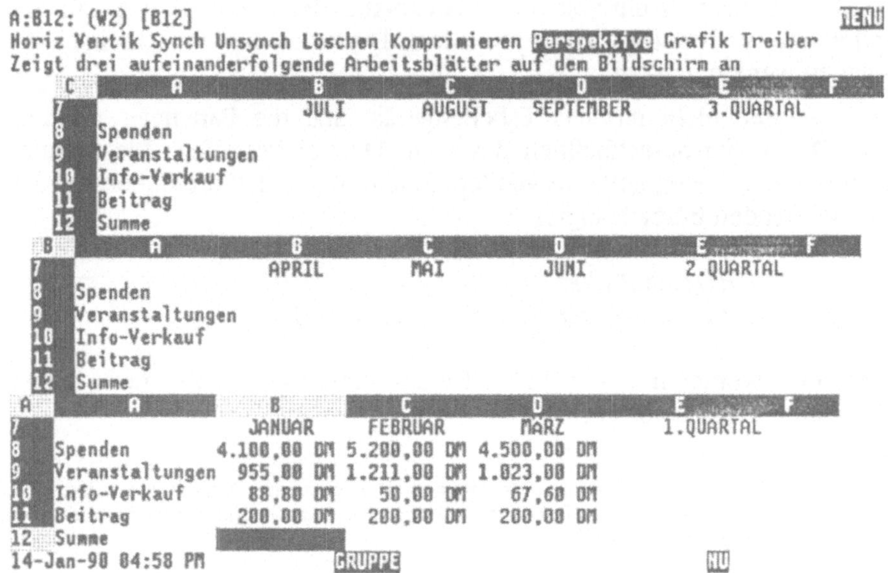

Abb. 9-2: Perspektivsicht

Kopieren von Formeln über mehrere Arbeitsblätter

Nachdem die Tabellenraster soweit vorliegen, gehen wir dazu über, die Berechnungen durchzuführen. Wie bekannt wird als Erstes eine Formel erstellt, die im Anschluß daran kopiert werden kann.

Aufgabe: Erstellt werden soll eine Formel für die Einnahmensumme im Januar, die, kopiert, die Berechnung aller übrigen Monatssummen ausführt.

Die Formel -in Zelle B12 des Arbeitsblattes A zu erstellen- unterscheidet sich nicht vom bislang Bekannten. Die Kopie erfolgt in einen dreidimensionalen Bereich.

VORGEHEN: Kopieren von Formeln über mehrere Arbeitsblätter

- Setzen Sie den Zellzeiger in die Zelle A:B12 und geben die Formel ein: @SUMME(A:B8..A:B11).

- Rufen Sie den den Kopierbefehl auf.

  Kopie
  Bereich, aus dem kopiert werden soll: A:B12   *<Return>*
  Bereich, in den kopiert werden soll: A:B12..D:E12 *<Return>*

Die Zelle A:B12 ist nicht nur die Quellzelle, sie mußte auch in den Zielbereich der Kopie aufgenommen werden. Ansonsten wäre in die Zelladressen B12 der Arbeitsblätter B, C und D keine Kopie erfolgt.

Anstatt Arbeitsblatt-Zelladressen als Zielbereich für die Kopie einzugeben, hätten Sie auch im ZEIGEN-Modus verfahren können. Dazu hätten Sie die Markierung mit einem Punkt (.) auf Adresse A:B12 verankern und mit der *<Pfeiltaste rechts>* bis A:E12 erweitern müssen; anschließend wäre die Markierung mit dreimaliger Betätigung von *<Strg><Bild oben>* über die drei nachfolgenden Arbeitsblätter zu ziehen gewesen.

Nachdem die Monatssummen berechnet sind, können im nächsten Schritt in der Tabelle des ersten Quartals kopierfähige Formeln zur Berechnung der Quartalssumme/Spenden sowie des prozentualen Anteils der Spenden an der Gesamt-Quartalssumme erstellt werden.

Aufgabe: Erstellt werden soll die Formel zur Berechnung der Spendensumme im 1.Quartal und die Formel zur Berechnung ihres prozentualen Anteils an den Gesamteinnahmen/1.Quartal. Beide Formeln sollen so formuliert werden, daß sie, kopiert, zur Berechnung aller restlichen Quartalsummen des Jahres einsetzbar sind.

In Zelle A:E8 ist die Summenformel einzugeben:

@SUMME(A:D8..A:B8).

Mit dem Befehl *Kopie* kopieren Sie diese Formel sodann in den dreidimensionalen Bereich A:E8..D:E11.

Schwieriger wird es bei der Erstellung einer kopierfähigen Formel zur Prozentberechnung in Zelle A:F8:

Bekannt ist die Formel aus dem 2. Kapitel wie folgt:

+E8/$E$12.

E8 wird relativ adressiert, weil die Adresse während des Kopiervorgangs angepasst werden muß, damit die anderen Einnahmeposten korrekt berechnet werden. $E$12 wird absolut adressiert, weil sich der Bezug zu den Gesamteinnahmen nicht ändert. Zu beachten ist, daß nunmehr das Ziel der Kopie ein dreidimensionaler Bereich ist oder anders formuliert: über mehrere Arbeitsblätter geht. Gleich bleibt der Bezug zur Zelle $E$12 im jeweiligen Arbeitsblatt, es ändert sich indes das Arbeitsblatt, in dem sich diese Zelle befindet. Konkret: das Arbeitsblatt selbst muß relativ adressiert werden, damit während des Kopiervorgangs die entsprechende Anpassung erfolgt.

Die Formel in A:F8 muß daher lauten:

> +E8/A:$E$12

VORGEHEN: Kopieren von Formeln mit gemischter Adressierung in einen dreidimensionalen Zielbereich

- Rufen Sie den Kopierbefehl auf.

    Kopie
    Bereich, aus dem kopiert werden soll: A:F8..A:F8 *<Return>*
    Bereich, in den kopiert werden soll: A:F8..D:F12 *<Return>*

Die Zelle A:F8 gehört wiederum zum Zielbereich, weil ansonsten nicht in die Zellen B:F8..D:F8 kopiert würde. Solange den drei Restquartalen noch keine Daten zur Verfügung stehen, ergeben sich nach der Kopie der Prozentformel zunächst Fehlermeldungen.

9.2   Einlesen von Daten aus anderen Dateien

Die Dateneingabe gehört zu den langwierigen und wenig interessanten Tätigkeiten bei der Computerarbeit. Von daher sollte darauf geachtet werden, daß benötigte und bereits eingegebene Daten für die eigene Arbeit genutzt, d.h. nicht nochmals eingegeben, sondern eingelesen werden. Oftmals werden die benötigten Daten vom Großrechner zur Verfügung gestellt. Später werden Sie kennenlernen, in welcher Form Daten vorliegen müssen, damit 1-2-3 sie weiterverarbeiten kann. Gehen wir jetzt einmal davon aus, daß die Daten bereits im WK3-Format bereitgestellt werden.

Für das 2., 3. und 4. Quartal liegen die Daten gespeichert in den Dateien DATA2.WK3, DATA3.WK3, DATA4.WK3 auf der beigefügten Übungsdiskette vor.

Daten en bloc einzulesen und weiterzuverarbeiten setzt voraus, daß ihre Anordnung mit den Tabellenrastern übereinstimmt. Im vorliegenden Fall besteht die einzulesende Tabelle aus drei Spalten und vier Zeilen, d.h. sie stimmt genau überein mit den Tabellenrastern der jeweiligen Arbeitsblätter in der Datei QUARTAL1.WK3.

Aufgabe: Lesen Sie aus der Datei DATA2.WK3 die aktuellen Daten für das 2.Quartal ein.

VORGEHEN: Einlesen von Daten aus einer anderen Datei

- Bewegen Sie den Zellzeiger in Arbeitsblatt B zur Zelle **B8**. Es ist unabdingbar, den Zellzeiger an die richtige Position zu setzen, denn diese Zelle markiert den Beginn des Bereichs, in den die Daten eingelesen werden sollen.

- Befehl *Transfer Kombin.* Damit kann die aktuelle Datei mit Daten aus einer anderen Datei kombiniert werden.

- Wählen Sie die Option

  Kopieren
  Kopiert Daten aus einer Datei auf der Platte in die aktuelle Datei.

- Da die Datei DATA2.WK3 auschließlich die Daten für das 2.Quartal enthält, kann die ganze Datei kombiniert werden. Option

  Ganze Datei
  Bezieht ganze Datei in die aktuelle Datei ein

- Geben Sie als Namen der zu kombinierenden Datei ein: C:\123V3\SCHULUNG\DATA2   *<Return>*

Das gleiche Verfahren können Sie einsetzen, um in die Arbeitsblätter C und D der aktuellen Datei die Daten aus den Dateien DATA3.WK3 bzw. DATA4.WK3 einzulesen. Denken Sie daran: der Zellzeiger muß vor der Aktion in derjenigen Zelle des jeweiligen Arbeitsblattes positioniert sein, die den Bereichsbeginn für die zu übernehmenden Daten darstellt.

```
B:B8: [B12] 2300                                                    MENÜ
Laden  Speich  Kombin  Extrakt  Radier  Dateiliste  Fremd  Index  Neu  Öffnen  Admin
Nimmt Daten aus einer Datei auf Platte in der aktuellen Datei auf
   B          A            B            C            D            E            F
   4                               EINNAHMEN-TABELLE
   5
   6
   7                           APRIL        MAI          JUNI        2.QUARTAL
   8    Spenden                  2300         3500         4700   10.500,00 DM     80,0%
   9    Veranstaltungen           345          579          813    1.737,00 DM     13,2%
  10    Info-Verkauf               56           89          145      290,00 DM      2,2%
  11    Beitrag                   200          200          200      600,00 DM      4,6%
  12    Summe              2.901,00 DM 4.368,00 DM 5.858,00 DM 13.127,00 DM     100,0%
  13
  14
  15
```

Abb. 9-3: Eingelese Daten für das 2.Quartal

Das Kombinieren von Dateien ist nicht -wie in unserem Fall- auf das Kopieren von Daten beschränkt, sondern erlaubt (ebenfalls mit der Option *Kopieren* des Transfer Kombin-Befehls) das Einlesen von Formeln aus anderen Dateien. Vorstellbar ist zum Beispiel auch eine Zusammenfassung aller Quartale zu einer Gesamtübersicht in einer eigenständigen Datei zu erstellen. In diese Datei könnten die Quartalsdaten mit

> *Transfer Kombin Addieren*

zu einer Gesamtsumme addiert werden.

Mit *Addieren/Subtrahieren* werden Werte zweier Dateien kombiniert, mit *Kopieren* können Formeln und Werte in die aktuelle Datei eingelesen werden.

Außer der Möglichkeit, ganze Dateien miteinander zu kombinieren, gibt es die Option, bestimmte Bereiche aus einer Datei auf der Platte einzulesen mit:

Transfer Kombin Kopie / Addieren / Subtrahieren Benannter / Angegebener Bereich.

Bevor wir näher darauf eingehen, welche weiteren Möglichkeiten bestehen, verschiedenen Dateien miteinander zu verbinden, wird unser Quartalsbeispiel zu Ende geführt.

Mit dem Gruppen-Modus die Quartale zur Präsentation vorbereiten

Nachdem die Tabellenraster so weit entwickelt wurden, können die eingelesenen Werte formatiert und zur besseren Übersicht der Tabellen Trennlinien eingefügt werden.

Sie haben gesehen, daß die Quartalsdaten an den richten Stellen der jeweiligen Arbeitsblätter eingelesen wurden - allerdings unformatiert. Die Formatierung (Währung 2), die Sie anfangs durch die Kopie des Tabellenrasters/1.Quartal im GRUPPEN-Modus für die Arbeitsblätter B-D übernommen hatten, wurde durch die unformatierten Zellen der eingelesenen Daten überschrieben.

Durch den GRUPPEN-Modus ist es leicht, die Formatierungen für alle drei Arbeitsblätter in einem Gang wiederherzustellen. Denn auch im Nachhinein werden bei eingeschaltetem GRUPPEN-Modus sämtliche Parameter-Veränderungen in einem Arbeitsblatt für alle anderen automatisch übernommen.

HINWEIS:
> Welche Arbeitsblattparameter gelten, können Sie aus einer Übersicht entnehmen, die Ihnen 1-2-3 über die Befehlsfolge *Arbeitsblatt Param* auf dem Bildschirm anzeigt.

<u>Währungsformat für die eingelesenen Daten</u>
Bereich Format Währung 2 B:B8..B:D11

Diese Befehlsfolge bewirkt im GRUPPEN-Modus, daß der Bereich B8..D11 in den Arbeitsblättern C und D ebenfalls mit dem Währungssymbol formatiert wird.

<u>Einfügen von Spalten und Zeilen, sowie Bestimmen der Spaltenbreite</u>

Für das Einziehen der senkrechten und waagerechten Trennlinien müssen zunächst leere Zeilen und Spalten eingefügt werden.

Wie bekannt, fügt 1-2-3 Leerzeilen oberhalb und Leerspalten links neben der Zellzeigerposition ein. In welchem der Arbeitsblätter Sie nun den Datenteil der Tabelle mit Leerzeilen von Monatsbezeichnungen und Monatssummen bzw. mit Leerspalten von Einnahmeposten und Quartalssummen trennen, ist unerheblich: Bei eingeschaltetem GRUPPEN-Modus wird mit der Befehlsfolge *Arbeitsblatt Einfügen Spalte* bzw. *Zeile* in allen 4 Arbeitsblättern eine Spalte bzw. Zeile eingefügt.

Mit *Arbeitsblatt Spalte Bestimmen* 1 reduzieren Sie die Spaltenbreite auf die benötigte Breite von einem Zeichen, um die vertikale Trennlinie anzuzeigen.

VORGEHEN: Einfügen von Trennlinien

- Zellzeiger auf A:A8 positionieren. Geben Sie nach Eingabe eines backslash das Trennungssymbol ein (\-). Eine durchgehende Linie erhalten Sie bei gedrückter *<Alt>*-Taste durch Eingabe des Codes: 196 im numerischen Block.

- Befehl *Kopie*.

  Bereich, aus dem kopiert werden soll: A:A8
  Bereich, in den kopiert werden soll: A:A8..D:H8

  Rufen Sie nochmals *Kopie* auf, und kopieren Sie die Trennlinie aus dem Bereich A:A8..A:H8 in den Bereich A:A13..D:H13.

- Verfahren Sie analog, um die senkrechten Trennlinien (*<Alt>* und Zahlenfolge 179 auf dem numerischen Tastaturblock) zu erzeugen und in alle Tabellen zu kopieren.

```
A:G9: (W2) [B13] @SUMME(E9..C9)                              BEREIT
```

C					
		JULI	AUGUST	SEPTEMBER	3.QUARTAL
9	Spenden	1.957,33 DM	3.523,00 DM	4.244,00 DM	9.724,33 DM
10	Veranstaltungen	401,00 DM	234,00 DM	858,00 DM	1.493,00 DM
11	Info-Verkauf	90,00 DM	545,00 DM	120,00 DM	755,00 DM
12	Beitrag	200,00 DM	200,00 DM	200,00 DM	600,00 DM

B					
		APRIL	MAI	JUNI	2.QUARTAL
9	Spenden	2.300,00 DM	3.500,00 DM	4.700,00 DM	10.500,00 DM
10	Veranstaltungen	345,00 DM	579,00 DM	813,00 DM	1.737,00 DM
11	Info-Verkauf	56,00 DM	89,00 DM	145,00 DM	290,00 DM
12	Beitrag	200,00 DM	200,00 DM	200,00 DM	600,00 DM

A					
		JANUAR	FEBRUAR	MÄRZ	1.QUARTAL
9	Spenden	4.100,00 DM	5.200,00 DM	4.500,00 DM	13.800,00 DM
10	Veranstaltungen	955,00 DM	1.211,00 DM	1.023,00 DM	3.189,00 DM
11	Info-Verkauf	88,80 DM	50,00 DM	67,60 DM	206,40 DM
12	Beitrag	200,00 DM	200,00 DM	200,00 DM	600,00 DM

```
14-Jan-90 05:05 PM             GRUPPE                         NU
```

Abb. 9-4: Präsentation der Tabellen

9.3 Konsolidieren von Tabellen aus verschiedenen Arbeitsblättern

Der GRUPPEN-Modus ist immer dann nützlich, wenn die Tabellenraster völlig übereinstimmen. Bei Einrichtung von Arbeitsblättern mit unterschiedlichen Parametern wirkt er störend. Genau das ist der Fall, wenn wir unsere Quartale in einer Jahresübersicht als Tabelle in einem eigenen Arbeitsblatt zusammenfassen wollen.

Aufgabe: Vor dem 1.Quartal soll ein weiteres Arbeitsblatt eingefügt werden, in dem die Quartalsübersichten in einer Jahrestabelle konsolidiert werden.

```
A:B11: (W2) [B16] @SUMME(B:G14..E:G14)                    BEREIT
```

```
 A    A         B         C    D        E              F
 7
 8
 9    JAHR      TOTAL          Spenden   Veranstaltungen  Info-Verkauf
10
11    1989   60.849,73 DM     48.470,33 DM   7.950,00 DM   2.029,40 DM
12    ------------------------------------------------------------------
13    1990
14    1991
15    1992
16    1993
17    1994
18    ------------------------------------------------------------------
19    1995
20    1996
21    1997
22    1998
23    1999
24
25
26
14-Jan-90 05:08 PM                                        NU
```

Abb. 9-5: Konsolidierungraster in einem eigenen Arbeitsblatt

VORGEHEN: Erstellen eines Tabellenrasters in einem neuen Arbeitsblatt

- Schalten Sie den GRUPPEN-Modus aus mit
  Arbeitsblatt Global Gruppe Nein

- Bewegen Sie den Zellzeiger in Arbeitsblatt A und wählen Sie die Menübefehlsfolge

  Arbeitsblatt Einfügen Blatt Vor 1

- Geben Sie die Jahreszahlen in Spalte A des neuen Arbeitsblattes A mit Hilfe der Befehlsfolge *Daten Füll* ein.

  Zu füllender Bereich: A:A11..A:A21

  Anfang: 1989   *Schritt*: 1   *Ende*: 1999

- Übernehmen Sie die Titel der Spalten D bis G (Einnahmeposten) aus einem der anderen Arbeitsblätter. Da die Bezeichnungen hier horizontal angeordnet werden sollen, können Sie nicht den Kopier-Befehl einsetzen. Wählen Sie die Befehlsfolge *Bereich Transp*

  Transp
  Kopiert einen Bereich und vertauscht Spalten, Zeilen oder Arbeitsblätter

  Ausgangsbereich: B:A9..B:A12
  Zielbereich: A:D9..A:G9

Vervollständigen Sie bitte die Tabelle entsprechend der Vorgabe in Abb.9-5, indem Sie die noch fehlenden Eingaben nachholen, die Spalten D-G mit *Arbeitsblatt Spalte Modifizieren* in einem Gang verbreitern und Trennlinien einfügen. Wenn Sie diese Aufgabe beendet haben, können die Formeln zur Berechnung der Jahressummen eingegeben werden.

Aufgabe: Berechnet werden sollen die Jahresgesamteinnahmen, sowie die Jahressumme der einzelnen Einnahmenposten.

VORGEHEN: Formeln mit dreidimensionalen Argumenten erstellen

- Geben Sie in Zelle A:B11 zur Ermittlung der Jahressumme/Einnahmen die Summenfunktion mit einem dreidimensionalen Bereich als Argument ein:

  @SUMME(B:G14..E:G14)

- In Zelle A:D11 geben Sie die Summenformel zur Berechnung der Spenden/Jahr ein: @SUMME(B:G9..E:G9)

Verfahren Sie analog zur Berechnung der Jahressummen für Einnahmen aus Veranstaltungen (B:G10..E:G10), Info-Verkauf (B:G11..E:G11) und Beiträgen (B:G12..E:G12).

Runden wir das Fallbeispiel noch insofern ab, daß die Tabellenraster so ausgelegt werden, daß beim späteren Einlesen der Quartalsdaten für 1990 die Jahressummen automatisch im Arbeitsblatt A ausgewiesen werden.

Aufgabe: Die Summenformeln für das Jahr 1989 sollen zur Berechnung der Jahressummen 1990 eingesetzt werden.

Bevor die Summenformeln im Arbeitsblatt A (Jahressumme/TOTAL und Jahressummen/Einnahmeposten) zur Berechnung für das Jahr 1990 nach unten kopiert werden, müssen sie mit absoluten Adressen versehen werden, weil ja auch für 1990 dieselben Zellbezüge gelten.

Für die Jahressumme/TOTAL beispielsweise lautet die absulut adressierte Formel: @Summe(B:$G$14..E:$G$14)

Der Kopiervorgang erfolgt wie immer. Das Resultat ist, daß für beide Jahre erst einmal die gleichen Werte, nämlich die für 1989 ausgewiesen werden.

Was würde nun geschehen, wenn die Quartalsdaten für 1990 eingelesen würden. Für beide Jahre würden wieder die gleichen Werte, dieses Mal diejenigen von 1990 angezeigt werden. Mithin muß ein Weg gefunden werden, um die Werte für 1989 erhalten und gleichzeitig die für 1990 neu berechnen zu können.

Damit für das fertig berechnete Jahr 1989 mit Eingabe neuer Daten keine Neuberechnungen mehr erfolgen können, wandeln wir die Berechnungsformeln in Werte um.

1-2-3 stellt dafür einen eigenen Kopierbefehl zur Verfügung:

> *Bereich Wert*
>
> *Bereich aus dem kopiert werden soll*: A:B11..A:G11
> *Bereich in den kopiert werden soll*: A:B11

Nach dieser Maßnahme können die Daten für 1990 eingelesen und automatisch in der Jahresübersicht in Arbeitsblatt A aufsummiert werden, ohne daß sich an dem für 1989 festgehaltenen Jahresergebnis etwas ändert. Auch ohne neue Daten können Sie das testen, indem Sie die Quartalsdaten löschen. Die Jahresübersicht 1990 wird dann 0-Werte anzeigen.

HINWEIS:
>   Über die Befehlsfolge *Arbeitsblatt Global 0* können Sie bestimmen, ob die 0-Werte in
>   Zellen angezeigt oder durch Leerstellen ersetzt werden sollen. Darüberhinaus können
>   Sie die Zahl 0 durch ein Label ersetzen. *Arbeitsblatt Global 0 Nein/Ja/Label.*

Ein Tip am Rande: Setzen Sie den Zellzeiger auf die Zelle A:D11 und wählen
Sie die Befehlsfolge *Arbeitsblatt Titel Beide*. Sie fixieren dadurch die ersten
drei Spalten und die ersten 10 Zeilen des Arbeitsblattes und erreichen über
das Rollen des Bildschirms eine Übersicht auch über entfernte Teile der
Tabelle. Mit *Arbeitsblatt Titel Annulieren* heben Sie die Fixierung wieder auf.

```
A:D13: (W2) [B14] @SUMME($B:$G$9..$E:$G$9)                          BEREIT


  A    A             B           C       D            E              F
  6
  7
  8
  9    JAHR          TOTAL               Spenden      Veranstaltungen  Info-Verkauf
 10
 11    1989      60.849,73 DM        48.470,33 DM    7.950,00 DM     2.029,40 DM
 12
 13    1990          0,00 DM             0,00 DM         0,00 DM         0,00 DM
 14    1991
 15    1992
 16    1993
 17    1994
 18
 19    1995
 20    1996
 21    1997
 22    1998
 23    1999
 24
 25
14-Jan-90 05:11 PM                                                      NU
```

Abb. 9-6: Konsolidierung in einem neuen Arbeitsblatt

Das Raster kann nun für alle Folgejahre nach dem gleichen Schema
verwendet werden. Mit der Möglichkeit, die Konsolidierung in einer
eigenständigen Datei - unabhängig von den Quartalsbereichen - vorzunehmen,
werden Sie im folgenden Kapitel vertraut gemacht.

Bevor Sie nun die einzelnen Arbeitsblätter Ihrer Datei ausdrucken, sollten Sie
mit *Transfer Speich Ja* zwischenspeichern.

9.4   Drucken einer Datei mit mehreren Arbeitsblättern

Aufgabe: Aus der Datei QUARTAL1.WK3 sollen Arbeitsblatt A (die Konsolidierungstabelle) und die Arbeitsblätter B-E (Quartalstabellen) ausgedruckt werden. Die Konsolidierungstabelle soll im Querformat im Standardzeichenabstand, die übrigen Tabellen im komprimierten Zeichenabstand hochformatig auf einer Seite ausgegeben werden. Beide Druckseiten sollen mit erklärenden Kopfzeilen versehen werden.

1-2-3 bietet dafür eine elegante Lösung: ähnlich wie bei der Sicherung von Grafiken über die Vergabe von Grafik-Namen können auch einmal bestimmte Druckparameter mit einem Namen versehen und damit gesichert werden.

VORGEHEN: Druckparameter festlegen und benennen

- Befehlsfolge *Output Drucker Bereich*. Legen Sie als auszudruckenden Bereich die Tabelle in Arbeitsblatt A fest:

  Druckbereich: A:A1..A:G24

- Aktivieren Sie im Output-Drucker-Menü die Befehlsfolge *Opt Parameter Layout Format* und wählen Sie die Option *Querformat*.

- Gehen Sie mit *Ende* und *Zurück* oder zweimal *<Esc>* in das Opt-Menü zurück und wählen Sie den Befehl *Kopfz*. Geben Sie ein:

  Verein XY, Jahresübersicht - Stand 31.1.1990   *<Return>*.

- Im Opt-Menü wählen Sie die Befehlsfolge *Name Erstellen*.

  Erstellen
  Speichert aktuelle Parameter als benannte Druckparameter

- Geben Sie als Name der Druckparameter ein: Verein/Konsol.
  <Return>

> Damit sind die Druckparameter für den Ausdruck der Konsolidierungstabelle (Bereichsangabe, Querformatfestlegung, Kopfzeile) unter dem Namen Verein/Konsol. gespeichert.

- Mit *Zurück* gelangen Sie in das Output-Drucker-Menü, justieren mit *Just* und starten den Ausdruck mit *Drucken.*

Sollte Ihr Drucker nicht in der Lage sein, Querformate auszugeben, wird der entsprechende Befehl ignoriert und die Tabelle im Hochformat gedruckt.

Nun können Sie dazu übergehen, die Tabellen in den Arbeitsblättern B bis D für den Druck vorzubereiten.

VORGEHEN: Ausdruck eines dreidimensionalen Bereichs

- Befehlsfolge *Output Drucker Bereich.*
  Druckbereich: B:A1..E:H14

- Befehlsfolge *Opt Kopfzeile.* Löschen Sie mit der *<Rücktaste>* den eingegebenen Text bis Verein XY und geben Sie ein: Quartalstabellen 1989 - Stand 31.1.1990

- Aktivieren Sie im Opt-Menü die Befehlsfolge *Parameter Layot Pitch* und wählen Sie die Option *Komprimiert.*

- Im Layout-Menü wird nun der Befehl *Format* aufgerufen und mit Wahl der Option *Hochformat* die zuvor für die Konsolidierungstabelle gewählte Querformat-Option außer Kraft gesetzt.

- Mit *Ende* und *Zurück* (bzw. *<Esc> <Esc>*) kommen Sie in das Opt-Menü zurück und können nun mit *Name Erstellen* die neuen Parameter speichern. Geben Sie als Namen ein: Verein/Quartal.

- *Zurück* bringt Sie in das Output-Drucker-Menü, justieren Sie mit *Just* und drucken Sie mit *Drucken.*

Mit *Transfer Speich Ja* können Sie nun Ihre Datei speichern: die benannten Druckparameter werden mit gespeichert. Bei einem späteren Neu-Ausdruck können die jeweils benötigten Druckparameter mit *Output Drucker Opt Name Wählen* als aktuelle Parameter aufgerufen werden. Nicht mehr benötigte benannte Druckparameter können mit *Output Drucker Opt Name Löschen* gelöscht werden. Die Option *Vorgabe* in diesem Menü bewirkt, daß alle benannten Druckparameter der aktuellen Datei gelöscht werden.

9.5 Befehls- und Funktionsübersicht

MENÜBEFEHLE

    Arbeitsblatt Einfügen Blatt
        ermöglicht, eines oder mehrere Arbeitsblätter vor oder hinter dem aktuellen Arbeitsblatt in die Datei einzufügen

    Arbeitsblatt Löschen Blatt
        löscht eines oder mehrere mit einer Bereichsbezeichnung definierte Arbeitsblätter der aktuellen Datei

Arbeitsblatt Titel
    fixiert mit der Option *Horizontal* Zeilen, mit der Option *Vertikal* Spalten und mit der Option *Beide* Zeilen und Spalten am oberen linken Bildrand, so daß diese beim Rollen des Bildschirms sichtbar bleiben

    Arbeitsblatt Titel Annullieren
        hebt die Spalten/Zeilen-Fixierung am oberen Bildschirmrand wieder auf

    Arbeitsblatt Fenster Perspektive
        zeigt Ausschnitte von bis zu drei aufeinander folgenden Arbeitsblättern am Bildschirm an

Arbeitsblatt Param
    gibt eine Liste der eingestellten Arbeitsblatt-Parameter auf dem Bildschirm aus

Bereich Wert
    kopiert einen definierten Bereich in einen anderen oder denselben Bereich, wobei Formeln in Werte umgesetzt werden

Bereich Transp

kopiert einen definierten Bereich in einen anderen Bereich, wobei Formeln in Werte umgesetzt werden und die Anordnung der Daten verändert werden kann

Transfer Kombin

liest über den Unterbefehl *Kopieren* Daten und Formeln aus einer auf der Festplatte gespeicherten Datei in die aktuelle Datei ein oder rechnet über die Unterbefehle *Addieren* bzw. *Subtrahieren* mit Werten aus einer anderen Datei in der aktuellen Datei. Optional kann eine *Ganze_Datei* oder ein *Benannter/Angegebener Bereich* mit der aktuellen Datei kombiniert werden

Output Drucker Opt Name

ermöglicht mit dem Unterbefehl *Erstellen,* die aktuellen Druckparameter durch Vergabe eines Namens zu speichern. Der Unterbefehl *Wählen* ruft benannte als aktuelle Druckparameter auf. Gelöscht werden können benannte Druckparameter mit dem Unterbefehl *Löschen.* Mit dem Unterbefehl *Vorgabe* werden sämtliche benannten Druckparameter gelöscht.

10 Datenaustausch

Im zehnten Kapitel lernen Sie:

- *Daten aus anderen 1-2-3 Dateien in ein Arbeitsblatt einzulesen;*
- *mit mehreren verbundenen Dateien zu arbeiten;*
- *mehrere Dateien zu konsolidieren;*
- *einen Datentransfer zwischen 1-2-3 und anderen Tabellenkalkulations-Programmen vorzunehmen;*
- *Dateien im ASCII-Format zu speichern und einzulesen;*
- *Daten mit Hilfe des TRANSLATE-Programms zu konvertieren.*

10.1 Arbeiten mit mehreren 1-2-3 Dateien

Fallbeispiel: Kostenstellenrechnung

Ein Betrieb verteilt die entstandenen Gemeinkosten auf 4 Kostenstellen: Material, Fertigung, Verwaltung und Vertrieb. Jede Kostenstelle enthält eine Aufteilung der Kostenarten für den Monat Januar. In einem Betriebsabrechnungsbogen (BAB) wird die Summe der Gemeinkosten/Januar für jede Kostenstelle erfasst.

In die Zieldatei BAB.WK3 werden aus vier Quelldateien - den Kostenstellen - Daten eingelesen. In Erweiterung des im vorigen Kapitel kennengelernten *Transfer Kombin*-Befehl, sind die Ziel- und Quelldateien miteinander verbunden. Das bedeutet, daß Änderungen in einer der Quelldateien zu Anpassungen in der Zieldatei führen. Im folgenden Abschnitt werden Sie kennenlernen, wie solche Verbindungen zwischen Dateien herzustellen sind.

Eine Musterlösung dieser Aufgabe finden Sie in der Datei **BAB1.WK3** auf der beigefügten Diskette.

10.1.1 Auf Daten anderer 1-2-3-Dateien zugreifen - Verbinden von Dateien

Aufgabe: Die Dateien BAB.WK3, MGK.WK3 und FGK.WK3 sollen von der Übungsdiskette in den Arbeitsspeicher geladen werden.

Kopieren Sie sich die Dateien von der Übungsdiskette in Ihr Unterverzeichnis auf der Festplatte (C:\123V3\SCHULUNG) und laden Sie in 1-2-3 die Datei **BAB.WK3**.

> *Transfer Laden* C:\123V3\SCHULUNG\BAB.WK3 *<Return>*

```
A:D9: (W2) [B16]                                        BEREIT

   A      A        B       C       D       E       F       G       H       I

1
2
3        Betriebsabrechnungbogen  (BAB)  für Monat Januar
4
5
6
7   KOSTENSTELLEN:        Material      Fertigung      Verwaltung
8
9   SUMME GEMEINKOSTEN:
10                           MGK           FGK            VwGK
11
12  Zuschlagsgrundlagen:  Fertigungs-    Fertigungs-      Herstellkos
13                        material       löhne            des Umsatz
14                        200.000,00 DM  100.000,00 DM
15
16  Zuschlagssätze:
17
18
19
20
14-Jan-90 05:13 PM                                      NU
```

Abb. 10-1: Betriebsabrechnungsbogen (BAB.WK3)

Der BAB ist so aufgebaut, daß in

Zelle A:D9 die Summe der Materialgemeinkosten,

Zelle A:F9 die Summe der Fertigungsgemeinkosten,

Zelle A:H9 die Summe der Verwaltungsgemeinkosten und in Zelle A:J9 die Summe der Vertriebsgemeinkosten eingelesen werden soll.

Bislang wurde ausschließlich mit einer Datei gearbeitet. Sobald eine neue Datei geladen wurde (*Transfer Laden*), wurde die vorherige aus dem Arbeitsspeicher gelöscht. Hier geht es darum, beide Dateien in den Arbeitsspeicher zu holen. Die Datei **MGK.WK3** wird zusätzlich geladen.

VORGEHEN: Öffnen von Dateien

- Rufen Sie das Menü auf und wählen Sie die Befehlsfolge

  Transfer Öffnen.

- Lesen Sie die Datei der Kostenstelle Material hinter den BAB ein mit

  Hinter
  Lädt eine Datei hinter der aktuellen Datei in den Speicher

- Name der zu öffnenden Datei:
  C:\123V3\SCHULUNG\MGK.WK3   *<Return>*

- Wiederholen Sie den Vorgang, indem Sie mit *Transfer Öffnen Hinter* die Datei FGK.WK3 hinter den beiden schon geladenen Dateien in den Arbeitsspeicher holen.

Es befinden sich nun drei aktive Dateien im Arbeitsspeicher, in denen Sie den Zellzeiger beliegig versetzen können.

> <u>Übersicht: Zellzeigerbewegung zwischen mehreren aktiven Dateien</u>
>
> *<Strg><Ende>+<Pos1>*
> > Setzt den Zellzeiger in die erste aktive Datei.
>
> *<Strg><Ende>+<Ende>*
> > Setzt den Zellzeiger in die letzte aktive Datei.
>
> *<Strg><Ende>+<Strg><Bild oben>*
> > Setzt den Zellzeiger in die nächste aktive Datei.
>
> *<Strg><Ende>+<Strg><Bild unten>*
> > Setzt den Zellzeiger in die vorherige aktive Datei.

Außerdem kann die bereits bekannte GEHEZU-Funktionstaste *<F5>* dazu genutzt werden, zwischen den Dateien zu wechseln. Geben Sie als Adresse, zu der gegangen werden soll zunächst in spitzen Klammern den Dateinamen, dann die Zelladresse innerhalb der Datei an. Zum Beispiel:

<F5>
Adresse, zu der gegangen werden soll:

<<BAB.Wk3>>A:A1

Analog zum Arbeiten mit mehreren Arbeitsblättern, können Sie sich die geladenen Dateien mit *Arbeitsblatt Fenster Perspektive* hintereinander anzeigen lassen.

HINWEIS:
> Falls Sie die Fenster-Perspektive eingeschaltet haben, können Sie mit der Tastenkombination *<Alt><F6>* das aktuelle Fenster auf volle Bildschirmgröße zoomen und wieder in die Perspektive zurücksetzen.

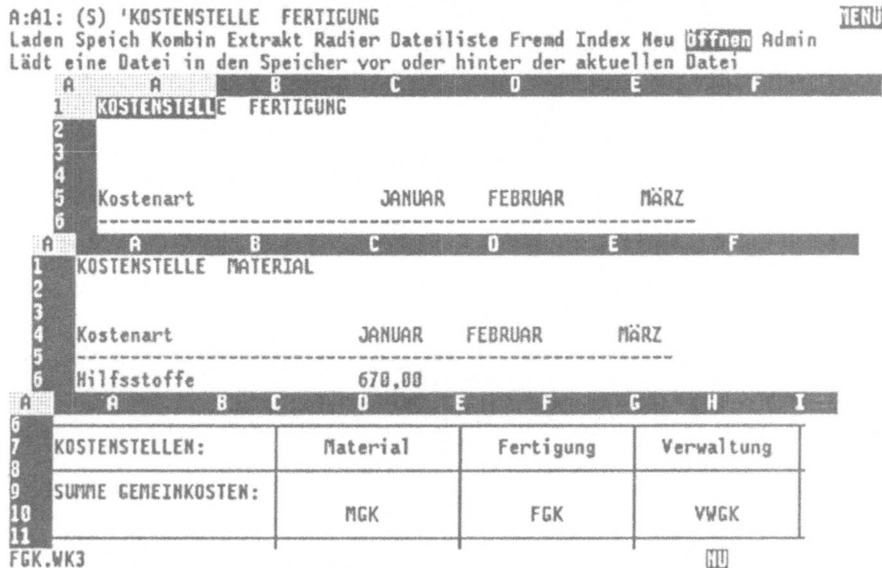

Abb. 10-2: Drei aktive Dateien im Arbeitsspeicher

Beachten Sie bitte den Unterschied: im vorigen Kapitel wurde mit mehreren Abeitsblättern (A, B, C, D) in einer Datei gearbeitet. Hier arbeiten wir mit drei Dateien mit jeweils einem Arbeitsblatt (A).

Wenn Sie mit mehreren Dateien arbeiten, ist es sinnvoll, die Datums- und Uhranzeige im linken unteren Bildschirmrand durch die Anzeige des Dateinamens zu ersetzen. Geben Sie dazu die Befehlsfolge ein: *Arbeitsblatt Global Vorgabe Optionen Uhr Dateiname.*

Aufgabe: Die Summe der Material- und Fertigungsgemeinkosten/Januar soll aus den einzelnen Kostenstellen in den Betriebsabrechnungsbogen eingelesen werden.

VORGEHEN: Verbinden von Dateien

- Setzen Sie den Zellzeiger in die Datei **BAB.WK3** und bewegen ihn zur Zelle **A:D9**, in die die Summe der Materialgemeinkosten eingelesen werden soll.

- Geben Sie ein Plus-Zeichen (+) ein, gehen mit *<Strg><Bild oben>* in die Datei **MGK.WK3**, bewegen den Zellzeiger zur Zelle **A:C15** (Summe der Materialgemeinkosten) und schließen mit *<Return>* ab.

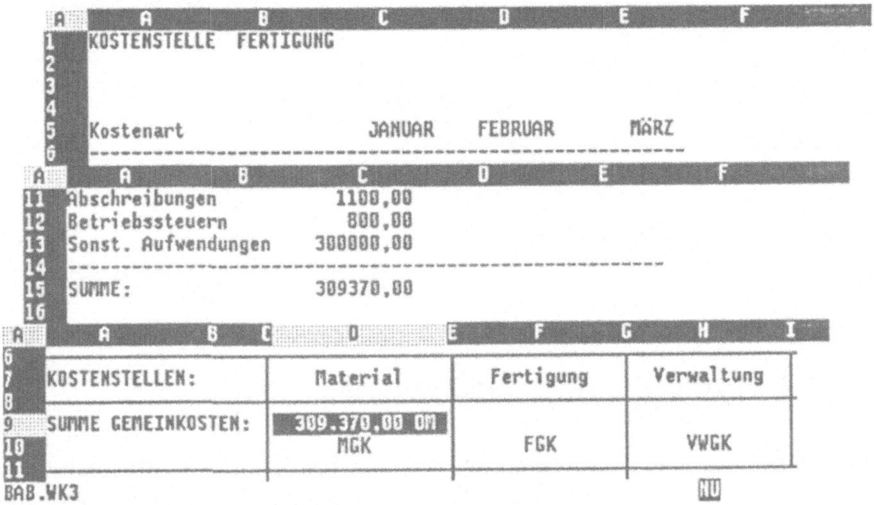

Abb. 10-3: Zwei miteinander verbundene Dateien

Eingelesen werden die MGK durch einen externen Bezug, der den Inhalt der Zelle C15 im Arbeitsblatt A der Datei MGK.WK3 liest, die im Verzeichnis C:\123V3\SCHULUNG gespeichert ist. Pfad und Dateiname werden als externer Bezug durch die spitzen Klammern gekennzeichnet.

+<<C:\123V3\SCHULUNG\MGK.WK3>>A:C15..A:C15

Aus bestimmten Gründen haben sich die Sonstigen Aufwendungen in der Kostenstelle Material von 1.000 DM auf 7.800 DM erhöht. Weil beide Dateien miteinander verbunden sind, setzen Sie den Feldzeiger in die Zelle A:C13 der Datei MGK.WK3, geben den neuen Wert von 7800 ein und können sofort den aktualisierten Wert nicht nur in der Datei MGK.WK3, sondern ebenso in der Zelle A:D9 der Datei BAB.WK3 ablesen.

10.1.2   Verbinden von Dateien mit Hilfe von Formeln

Aufgabe: Die Summe der Fertigungsgemeinkosten, die noch nicht berechnet vorliegt, soll in den BAB eingelesen werden.

Sie könnten das gleiche Verfahren wie vorher anwenden, wenn Sie in der Datei **FGK.WK3** zunächst die Summe berechnen würden und dann den externen Bezug herstellten. Es geht auch anders, indem Sie direkt in der Datei BAB.WK3 eine Formel aufstellen, die beide Dateien miteinander verbindet.

VORGEHEN: Verbinden von Dateien mit einer Formel

- Setzen Sie den Zellzeiger in die Zelle A:F9 der Datei BAB.WK3.

- Geben Sie ein: @SUMME(

- setzen den Zeiger mit *<Strg><Ende>+<Ende>* in die Datei FGK.WK3 und bewegen ihn dann zur Zelle A:C14.

- In dieser Zelle verankern Sie mit dem Punkt und markieren mit der *<Pfeiltaste oben>* den Bereich bis zur Zelle A:C7.

- Schließen Sie die Berechnung ab, indem Sie Funktion mit der Klammer schließen und mit *<Return>* bestätigen. In der Zelle A:F9 der Datei BAB.WK3 erscheint das Ergebnis von 100.000 DM.

Im Vorgehen wurde die von 1-2-3 optisch unterstützte Methode im ZEIGEN-Modus gewählt. Natürlich kann ebenso die Formel eingegeben werden:

@SUMME(<<C:\123V3\SCHULUNG\FGK.WK3>>A:C7..A:C14)

Der externe Bezug wird zum Argumentteil der Summenfunktion.

10.1.3   Einlesen von Daten von der Platte

Bislang wurde der externe Bezug mit Hilfe der Zelladressen hergestellt. Die Möglichkeit, für Zelladressen Bereichsnamen zu vergeben, ist auch im Zusammenhang mit dem Verbinden von Dateien wirksam. Insbesondere empfiehlt sich die Arbeit mit Bereichsnamen, wenn der Bezug zu einer Datei hergestellt wird, die sich auf der Platte befindet.

Stellen wir zunächst mittels Bereichsnamen einen Bezug zu einer geöffneten Datei her.

Aufgabe: Öffnen Sie die Datei VWGK.WK3 hinter den Fertigungsgemeinkosten und stellen den Bezug zur Datei BAB.WK3 mit Hilfe eines Bereichsnamens her.

VORGEHEN: Verbinden von Dateien über Bereichsnamen

- Setzen Sie den Zellzeiger in die letzte Datei FGK.WK3 und öffnen die Datei VWGK.WK3 mit der Befehlsfolge *Transfer Öffnen Hinter*.

- Bewegen Sie dann den Zellzeiger zur Zelle A:C16 dieser Datei und vergeben Sie für die Zelle den Namen "VERWALTUNG" mit der Menübefehlsfolge *Bereich Name Erstellen*.

- Setzen Sie den Zellzeiger in die Zelle A:H9 der Datei BAB.WK3 und geben den Bezug ein:

  +<<C:\123V3\SCHULUNG\VWGK.WK3>>VERWALTUNG

  Bestätigen Sie mit *<Return>*.

Nachdem die Datei BAB.WK3 Bezüge zu drei anderen Dateien enthält, speichern Sie bitte die Dateien mit *Transfer Speich.* 1-2-3 gibt Ihnen die Möglichkeit, alle aktiven Dateien, die aktualisiert wurden, in einem Zug zu speichern:

Name der zu speichernden Datei: [Alle geänderten Dateien]

Falls Sie beabsichtigen, nur eine bestimmte Datei zu sichern, führt *<Esc>* Sie zur gewohnten Speichermeldung zurück.

Nach der Aktualisierung, löschen Sie bitte alle Dateien aus dem Arbeitsspeicher mit *Arbeitsblatt Löschen Datei*. Im Anschluß daran, laden Sie bitte die Datei **VTGK.WK3**.

HINWEIS:
   Sollten Sie die Datei VTGK.WK3 laden, bevor die anderen Dateien gelöscht sind, wird nur die aktive Datei ersetzt.

Bewegen Sie den Zellzeiger zu A:C16 und vergeben Sie für diese Zelle mit *Bereich Name Erstellen* den Namen "VERTRIEB". Speichern Sie die aktualisierte Datei und laden dann wieder die Datei BAB.WK3.

VORGEHEN: Einlesen von Daten von der Festplatte

- Geben Sie in Zelle **A:J9** der Datei BAB.WK3 den externen Bezug ein:

  +<<C:\123V3\SCHULUNG\VTGK.WK3>>VERTRIEB

  und bestätigen Sie mit <Return>

  Von der Festplatte wird die Summe der Vertriebsgemeinkosten in Höhe von 78.000 DM eingelesen.

Sie können überprüfen, mit welchen Dateien die Datei BAB.WK3 verbunden ist, indem Sie sich von 1-2-3 eine Liste in das Arbeitsblatt eintragen lassen. Setzen Sie dazu den Zellzeiger in eine freie Zelle neben der Tabelle, z.B. in A:L7, und wählen Sie die Befehlsfolge

Transfer Admin Tabelle
Verbundene

Listet alle mit der aktuellen Datei verbundenen Dateien auf

Bereich: A:L7 <Return>

C:\123V3\SCHULUNG\MGK.WK3   NV   NV   NV

C:\123V3\SCHULUNG\FGK.WK3   NV   NV   NV

C:\123V3\SCHULUNG\VWGK.WK3   NV   NV   NV

C:\123V3\SCHULUNG\VTGK.WK3   NV   NV   NV

HINWEIS:
> Die Meldung "NV" steht für nicht verfügbar, d.h. daß sich die Dateien derzeit nicht im Arbeitsspeicher befinden. Werden die verbunden Dateien geöffnet, wird dafür eingetragen: Datum, Uhrzeit und Bytezahl der Datei. Datum und Uhrzeit werden als Seriennummer ausgegeben, die noch mit *Bereich Format Datum* formatiert werden müssen.

Daß Veränderungen in den Quelldateien automatisch zur Anpassung in der Zieldatei BAB.WK3 führen, wenn die Dateien alle geöffnet sind, wurde bereits gezeigt. Wie verhält es sich nun, wenn eine Veränderung in der Datei VTGK.WK3 stattfindet, ohne daß die Datei BAB.WK3 geöffnet ist.

Aufgabe: Die Abschreibungen in der Kostenstelle Vertrieb haben sich von 1.000 DM auf 5.600 DM erhöht. Nehmen Sie die notwendigen Änderungen vor, laden dann den Betriebsabrechnungsbogen und bewirken die notwendige Aktualisierung der Summe/Vertriebsgemeinkosten.

VORGEHEN: Aktualisieren einer Datei mit einem externen Bezug zu einer Datei auf der Festplatte

- Laden Sie die Datei VTGK.WK3 mit *Transfer Laden* und ändern Sie den Wert in Zelle A:C12 von 1000 in 5600.

- Speichern Sie die aktuelle Fassung der Kostenstelle Vertrieb mit *Transfer Speich* ab und laden die Datei BAB.WK3.

- Aktualisieren Sie die Summe der Vertriebsgemeinkosten in Zelle A:J9 mit

Transfer Admin Verbindung Aktual

Die Summe verändert sich auf den aktualisierten Wert von 82.600 DM.

```
A:J9: (W2) [B14] +<<C:\123v3\schulung\vtgk1.wk3>>VERTRIEB          BEREIT
```

Material	Fertigung	Verwaltung	Vertrieb
10.450,00 DM	100.000,00 DM	143.000,00 DM	82.600,00 DM
MGK	FGK	VwGK	VtGK
Fertigungs-material	Fertigungs-löhne	Herstellkosten des Umsatzes	
200.000,00 DM	100.000,00 DM		
5,2%	100,0%		

BAB1.WK3   ZOOM   NU

Abb. 10-4:   Betriebsabrechnungsbogen mit eingelesenen Gemeinkosten

10.2 Datenaustausch zwischen 1-2-3 und anderen Anwenderprogrammen

Im folgenden lernen Sie die Möglichkeiten von 1-2-3 kennen, Daten von anderen Anwenderprogrammen einzulesen und Daten für andere Anwenderprogramme bereitzustellen.

Beschrieben wird das Verfahren des Datentransfers, nicht die Weiterverarbeitung mit den jeweiligen Programmen.

10.2.1 Datenaustausch mit anderen Tabellenkalkulations-programmen

Wie Daten zwischen Tabellenkalkualtionsprogrammen verschiedener Software-Anbieter ausgetauscht werden können, wird im folgenden anhand des Anwenderprogramms MICROSOFT EXCEL beschrieben.

Datenaustausch zwischen 1-2-3 und MS EXCEL

EXCEL ist in der Lage, WK1-Dateien, d.h Dateien der Version 2 von LOTUS 1-2-3 direkt einzulesen. Speichern Sie von daher Ihre WK3-Datei in diesem Format, indem Sie als Erweiterung WK1 eingeben.

Dieses Vorgehen trifft nicht zu, wenn Ihre Datei mehr als ein Arbeitsblatt enthält oder versiegelt ist. Bei einer Datei mit mehr als einem Arbeitsblatt müssen Sie die Umsetzung von einem WK3- in ein WK1-Format über das *Translate*-Programm (Startmenü) durchführen. Funktionen, die es nur in Version 3 von 1-2-3 gibt, gehen bei der Umsetzung verloren.

Wenn ein Anwenderprogramm nicht direkt 1-2-3 Dateien laden kann, hilft es oft weiter, das Text- bzw. ASCII-Format als Mittler einzusetzen. Im folgenden wird beschrieben, wie Sie eine 1-2-3 Datei im ASCII-Format speichern können und wie Sie eine ASCII-Datei laden und in die gewünschte Spalten-Zeilen-Organisation umsetzen können.

10.2.2 Datenaustausch zwischen 1-2-3 und Anwenderprogrammen im ASCII-Datei

Das ASCII-Format dient oft als Mittler zwischen den verschiedenen Anwenderprogrammen. Zum Beispiel lassen sich über diesen Weg 1-2-3 Tabellen in Textsysteme übernehmen. Dazu muß die WK3-Tabelle in einer speziellen Druckdatei gespeichert werden, die dann von einem Textprogramm wie MS WORD eingelesen werden kann.

Die Tabelle im ASCII-Format speichern

Eine Textdatei erstellen Sie mit 1-2-3 über die Befehlsfolge *Output ASCII-Datei*.

VORGEHEN: Erstellen einer Datei im ASCII-Format

- Befehlsfolge *Output ASCII-Datei*

- Der eingegebene Name der Druckdatei erhält von 1-2-3 die Erweiterung **PRN**.

- Löschen Sie mit *Opt Weitere Unformatiert* mögliche Kopfzeilen, Fußzeilen und Seitenumbrüche.

- Setzen Sie den linken Rand mit *Ränder Links* auf 0, damit das erste Zeichen der Tabelle im Textprogramm an den Zeilenanfang geschrieben wird.

- Stellen Sie den richtigen rechten Rand für das Textprogramm ein.

- Bestimmen Sie den auzudruckenden Bereich und speichern die PRN-Datei mit *Drucken* und beenden Sie den Vorgang mit *Zurück*.

Dateien im ASCII-Format einlesen

Nicht nur bei Text- und anderen Anwenderprogrammen ist das ASCII-Format als Mittler nützlich. Oftmals liegen auch Daten, die von Großrechnern kommen, in diesem Format vor.

Mit der Menüfolge *Transfer Fremd Text* laden Sie die Textdatei in den Arbeitsspeicher. Zumeist besteht das Problem, daß die eingelesenen Daten aus Texten und Zahlen bestehen, aber von 1-2-3 als lange Labels in eine Spalte geschrieben werden. Um die gewohnte Zeilen-Spalten-Organisation sowie die verschiedenen Datentypen herauszufiltern ist es notwendig, den Text zu analysieren und auf mehrere Spalten aufzuteilen. Für diesen Zweck stehen Ihnen die Menübefehle *Daten Datenanalyse* zur Verfügung.

Analysieren wir die Daten anhand eines kleinen Beispiels. In der Datei ZUGANG.PRN liegen Daten in Testformat vor. Laden Sie bitte die Datei mit *Transfer Fremd*. Die Daten werden als einziger Text in die Zelle A:A8 geschrieben. Sowohl werden dadurch die einzelnen Datentypen (Text,Wert,Datum) unterschlagen, als auch die Aufteilung über mehre Zellen bzw. Spalten.

Setzen Sie zur Analyse der Daten den Zellzeiger in die Zelle, die die Textzeile enthält, A:A8 und wählen Sie die Befehle *Formatzeile Erstellen*.

```
L>>>>>*** D>>>>>>>>****   W>>>>*   L>>>>>>>>>>>>>>
Zugang    01.04.90        30000    Lieferung/Köln
```

1-2-3 gibt Ihnen einen Vorschlag zur Datenanalyse aus, sowohl den Datentyp (L,W,D), als auch die Breite der Spalte (>,*) betreffend.

```
L    =    Label
W    =    Wert
D    =    Datum
>    =    Anzahl der Zeichen
*    =    Leerstelle
```

Wenn der Vorschlag nicht zutreffend ist, kann er mit *Formatzeile Ändern* korrigiert werden.

Nach Erstellen der Formatzeile wird über die Option *Eingabespalte* die zu analysierende Textspalte angegeben, die ja in der Praxis nicht aus einer Zeile besteht. Enthalten muß dieser Bereich auf jeden Fall die Formatzeile (A:A7..A:A8).

Als *Ausgabebereich* wird derjenige angegeben, in den die analysierten Daten geschrieben werden sollen (A:A8..A:E8).

Über den Befehl *Starten* wird die Analyse ausgeführt.

10.2.3 Das Translate-Programm

Das TRANSLATE-Programm, das Sie im Startmenü aufrufen können, dient dazu,

-   1-2-3 Dateien in Formate für andere Arbeitsblatt- oder Datenbankprogramme umzusetzen (DBF-, DIF-Formate),

-   Dateiformate von anderen Arbeitsblatt- und Datenbankprogrammen in Dateien für 1-2-3 Version 3 zu transformieren (DBF-, DIF- und SLK-Formate),

-   1-2-3 Dateien der Version 3 in frühere Dateiformate von 1-2-3 (WKS, WK1) und Lotus Symphony (WRK, WR1) umzusetzen.

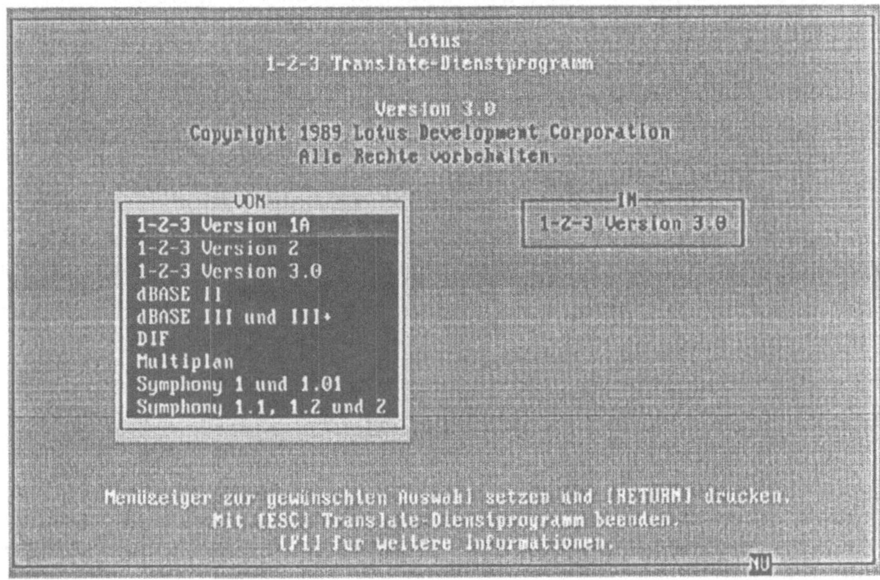

Abb. 10-5: Dateiformate, die in 1-2-3 Dateien Version 3.0 umgesetzt werden können

10.3   Befehls- und Funktionsübersicht

MENÜBEFEHLE:

>   *Arbeitsblatt Global Vorgabe Optionen Uhr Dateiname*
>   ersetzt die Datums-/Zeitanzeige am unteren Bildschirm-rand durch die Anzeige des Dateinamens

Arbeitsblatt Löschen Datei
    löscht eine aktive Datei aus dem Arbeitsspeicher

Daten Datenanalyse
> setzt eine Spalte des aktuellen Arbeitsblattes, in der eine
> Textdatei in Form von langen Labels eingelesen wurde, in
> einen Bereich mit einzelnen Datentypen um

> *Daten Datenanalyse Formatzeile Erstellen*
> > erstellt eine Formatzeile, mit der die Unterteilung des ein-
> > gelesenen Textes in Datenblöcke mit unterschiedlichen
> > Datentypen bestimmt wird. Mit der Option *Ändern* kann
> > die Formatzeile den Erfordernissen entsprechend abgeän-
> > dert werden

> *Daten Datenanalyse Eingabespalte*
> > definiert den Bereich (die Spalte), in der die Textdatei ein-
> > gelesen wurde. Die Bereichsangabe muß auch die Format-
> > zeile umfassen

> *Daten Datenanalyse Ausgabebereich*
> > definiert den Bereich des aktuellen Arbeitsblattes, in den
> > die analysierten Daten ausgegeben werden sollen

> *Daten Datenanalyse Start*
> > gibt die in der Eingabespalte analysierten Daten gemäß
> > den Vorgaben der Formatzeile in dem Ausgabebereich aus

Output ASCII-Datei
> bereitet die Speicherung der aktuellen Datei als Textdatei
> durch Vergabe eines Druckdateinamens vor

> *Output ASCII-Datei Bereich*
> > bestimmt den in einer Druckdatei abzulegenden Bereich
> > der aktuellen Datei

> > *Output ASCII-Datei Opt Weitere Unformatiert*
> > > bestimmt, daß die aktuelle Datei in der Druckdatei ohne
> > > Fuß- und Kopfzeilen sowie ohne Seitenumbrüche gespei-
> > > chert wird

> *Output ASCII-Datei Drucken*
> > speichert die Druckdatei

Transfer Speich
> ermöglicht bei mehreren in den Arbeitsspeicher geladenen
> Dateien deren Speicherung in einem Gang

Transfer Fremd
> lädt eine Textdatei und liest sie ab der Zellzeigerposition
> in das aktuelle Arbeitsblatt ein; mit der Option *Text* wer-
> den die Datenzeilen als Label eingelesen

Transfer Öffnen
> lädt eine Datei optional *Vor* oder *Hinter* der aktuellen Da-
> tei in den Arbeitsspeicher

Transfer Admin Tabelle
> gibt in einem zu definierenden Bereich des aktuellen Ar-
> beitsblattes eine Tabelle mit Dateiinformationen aus

Transfer Admin Tabelle Verbundene
> gibt eine Liste der mit der aktuellen Datei verbundenen
> Dateien aus

Transfer Admin Verbindung_Aktual
> aktualisiert die aktuelle Datei, nachdem in verbundenen
> Dateien Änderungen erfolgt sind

Sachwortverzeichnis

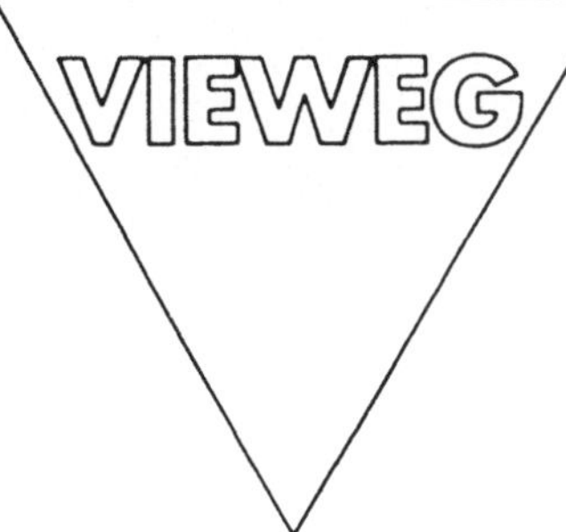

BITEF (Hrsg.)

Intensivschulung Word 5.0

Bearbeitet von F. Tworek, I. Herrmann und H. Raddatz-Löffler.

1990. XII, 239 Seiten mit einer 5 1/4"-Diskette für IBM PC und Kompatible. Gebunden.

Das Buch richtet sich án alle, die sich in möglichst kurzer Zeit und gleichwohl intensiv mit dem Textverarbeitungsprogramm WORD 5.0 vertraut machen wollen. Ziel ist es, dem Leser einen sicheren und geübten Umgang mit den verschiedenen Anwendungen von WORD 5.0 zu vermitteln, um dieses Anwenderprogramm effektiv für die Bearbeitung unterschiedlicher Texte nutzen zu können.

Langjährige praktische Erfahrungen im Bereich der Aus- und Weiterbildung – speziell auf dem Gebiet der EDV-Schulungen – bestimmen das didaktische Konzept des Buches. Zum Selbststudium eignet es sich ebenso wie als begleitende Schulungsunterlage in Seminaren. Praxisbezogene Übungsbeispiele leiten den Nutzer von der einfachen Texterfassung bis hin zur anspruchsvollen Textgestaltung und -bearbeitung. Anhand von Aufgabenstellungen werden die wesentlichen Befehle und Funktionen des Programms schrittweise erarbeitet.

Anwender, deren Ansprüche über übliche Einführungen in Textverarbeitung hinausgehen, finden in diesem Buch die richtigen Informationen in geeigneter Form.

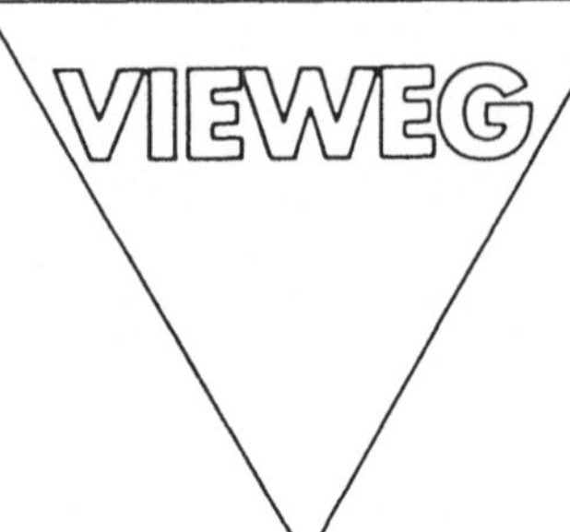

Van Wolverton

MS DOS

Das optimale Benutzerhandbuch von Microsoft für das Standardbetriebssystem des IBM PC und alle kompatiblen Personal-Computer. Mit Version 4.0 und der neuen DOS-Shell. Aus dem Amerikanischen übersetzt von G. Pommranz. Ein Microsoft Press/Vieweg-Buch.

4., überarbeitete und erweiterte Auflage 1989. XX, 628 Seiten. Kartoniert.

Nunmehr liegt die 4., überarbeitete und erweiterte Auflage des erfolgreichen Benutzerhandbuches zum Betriebssystem MS-DOS von Microsoft Press vor. Die Presse schreibt zur 1. Auflage des Buches:

„Die ausführliche Beschreibung aller Problembereiche und der dazugehörigen Befehle, zahlreiche Anregungen und viele Beispiele machen auch die deutsche Ausgabe des hervorragend ausgestatteten Buchs zu einem Lesevergnügen, wie es nicht allzuoft im Mikrocomputerbereich zu finden ist.“ (micro)

„Der Unterschied dieses Buches zu den mit den Systemen mitgelieferten Handbüchern? Keine Befehlsauflistung, sondern ein strukturierter Aufbau mit didaktischem Flair. Kein Buch zum Lesen – ein Buch zum Anwenden!“ (Faszination)